最新改正
会社法

永田 均 編著

遠藤喜佳　西尾幸夫　首藤 優　松井英樹
大川 俊　阿部信一郎　三浦 治

八千代出版

まえがき

　本書の刊行に当たり、編著者・永田均さん(以下彼と略す)の人となりの一端を紹介させていただきます。彼は、若いときから会社法に関心をもち、私が代表の立命館大学商法研究会に参加されていました。きわめて研究熱心で、人間関係を大切にする彼は、会員の共同出版に加わり、『外国為替判例研究』においては「外為法違反行為の私法上の効力」、『国際取引と法』では「貿易に関わる契約のいろいろ」などの執筆を担当されました。

　平成13年頃からは、単著『企業構造と病理』、共編著『企業行動と現代消費者法のシステム』等のほかに、広い範囲にわたるテーマで多数の論文を発表し、現在は国士舘大学法学部教授です。これまで各地の裁判所の司法委員や調停委員のほか、公正取引委員会の独占禁止政策協力委員、金融庁の金融行政アドバイザリー等の行政関係の委員も委嘱されています。

　このような彼は、裁判や行政の実務体験も活用して、広い視野に立ち、鋭い視点で総合的に判断する能力を備えられています。

　この本が高い評価を受け、多数の方の目に触れて、お役に立つことを希って止みません。

　　　　　　　　　　　　　　　　　　　　　　　平成28年4月吉日
　　　　　　　　　　　　　　　　　　　　立命館大学名誉教授　塩田　親文

目　　次

まえがき　*i*
略記一覧　*vii*

I部　会社の基本概念と設立

1章　会社とは何か … *2*
【導入判例】　法人格否認の法理（最判昭和44年2月27日民集23巻2号511頁）　*2*
1　会社という企業形態を選択する意義とは　*4*
2　会社の法的性質とは　*6*
3　権利能力の範囲は　*7*
4　会社の種類と特徴　*9*
5　「有限会社」廃止から「特例有限会社」へ　*15*
6　会社形態以外にどのような企業体があるか　*16*

2章　会社の設立はどのように行われるか … *19*
【導入判例】　見せ金による払込みの効力（最判昭和38年12月6日民集17巻12号1633頁）　*19*
1　株式会社の設立　*20*
2　設立関与者の責任　*31*
3　払込みの仮装行為（預合いと見せ金）　*33*
4　設立の無効　*36*

II部　株式と会社支配

3章　株式会社とは何か … *40*
【導入判例】　一人株主による譲渡制限株式の譲渡承認の効力（最判平成5年3月30日民集47巻4号3439頁）　*40*
1　株式の意義　*41*
2　株券の発行・不発行と株式の譲渡　*43*
3　株主名簿と基準日　*47*
4　非公開会社における株式の譲渡　*49*
5　株式の質入（株式の担保）　*53*

6　自己株式と親会社株式の取得制限　*55*

　7　無額面株式、株式の消却・併合・分割・無償割当て　*60*

4章　会社支配と事業承継とは　……………………………………………………　*65*

【導入判例】　MBOにおける全部取得条項付種類株式　ホリプロ事件抗告審決定（東京高決平成25年10月8日金判1429号56頁、1457号2頁）　*65*

　1　株式の基本的権利と種類株式　*66*

　2　なぜ会社法は特別な内容の株式や種類株式の発行を認めているのか　*67*

　3　発行する全部の株式の内容として定める事項　*68*

　4　権利の内容の異なる2以上の種類の株式（9種の種類株式）　*69*

　5　みなし種類株式（属人的種類株式）　*82*

　6　相続人等に対する売渡請求　*82*

　7　種類株式と種類株主総会　*83*

　8　種類株式活用における問題点　*84*

　9　事業承継における相続と種類株式の活用　*85*

5章　株主権とは何か　……………………………………………………………　*87*

【導入判例】　株主代表訴訟の対象となる取締役の責任の範囲（最判平成21年3月10日民集63巻3号361頁）　*87*

　1　株主権とは　*88*

　2　少数株主権等の行使と個別株主通知　*91*

　3　議決権と単元株制度　*93*

　4　株主の権利行使に関する利益供与の禁止　*94*

　5　株主権のもつ監視機能と株主代表訴訟　*95*

　6　株式の相続・共有と株主権行使　*98*

Ⅲ部　会社機関と運営システム

6章　基本的機関としての株主総会　………………………………………………　*102*

【導入判例】　説明義務の程度（東京地判平成16年5月13日金判1198号18頁）　*102*

　1　会社の機関設計　*104*

　2　株主総会の権限　*106*

　3　株主総会の招集　*106*

　4　議決権の行使　*110*

　5　株主総会の議事　*112*

　6　株主総会の決議　*114*

7　種類株主総会　*117*

　　8　利益供与の禁止　*117*

7章　株主総会の運営と訴訟とは　………………………………………………………　*119*
　　【導入判例】　株主総会決議の取消しと裁量棄却　日本サーモ・エレメント株主総会決議取消事件（最判昭和46年3月18日民集25巻2号183頁）　*119*

　　1　株主総会決議の瑕疵　*120*

　　2　株主総会決議取消しの訴え　*121*

　　3　株主総会決議無効確認の訴え　*129*

　　4　株主総会決議不存在確認の訴え　*130*

　　5　判決の効力　*131*

8章　会社の業務運営と監督はどのように行われるか　………………………………　*134*
　　【導入判例】　取締役の善管注意義務と経営判断の原則　アパマンショップ株主代表訴訟事件（最判平成22年7月15日判時2091号90頁）　*134*

　　1　株式会社の業務執行・会社代表　*136*

　　2　取締役会　*142*

　　3　代表取締役　*146*

　　4　取締役の報酬規制　*148*

　　5　取締役の一般的な義務　*151*

　　6　取締役の競業取引規制　*151*

　　7　利益相反取引規制　*153*

　　8　役員等の会社に対する責任　*155*

　　9　役員等の第三者に対する責任　*159*

9章　会社の監査機関と新たなガバナンスシステムとは　……………………………　*164*
　　【導入判例】　監査役の任務懈怠責任と責任限定契約（大阪高判平成27年5月21日金判1469号16頁）　*164*

　　1　監査役　*165*

　　2　監査役会　*168*

　　3　会計監査人　*170*

　　4　会計参与　*173*

　　5　指名委員会等設置会社　*175*

　　6　監査等委員会設置会社　*178*

IV部　企業会計と資金調達

10 章　企業会計のルールとは ……………………………………………… *184*

【導入判例】　公正なる会計基準（公正ナル会計慣行）と虚偽記載（最判平成 20 年 7 月 1 日刑集 62 巻 7 号 2101 頁、判時 2019 号 10 頁）　*184*

1　会社の計算　*186*
2　会計帳簿　*187*
3　計算書類　*189*
4　資本金と準備金　*194*
5　剰余金の配当　*197*

11 章　会社はどのように資金を調達するのか ……………………………… *199*

【導入判例】　非公開会社における募集株式の発行と株主総会の決議（最判平成 24 年 4 月 24 日民集 66 巻 6 号 2908 頁）　*199*

1　総　　説　*200*
2　募集株式発行等の手続　*203*
3　新株予約権　*211*
4　社　　債　*214*

V部　会社間連携と組織再編

12 章　ホールディングシステムとは ………………………………………… *220*

【導入判例】　福岡魚市場株主代表訴訟事件判決（福岡高判平成 24 年 4 月 13 日金判 1399 号 24 頁）　*220*

1　ホールディングシステムとは　*221*
2　ホールディングシステムと会社法との関係　*224*

13 章　企業組織再編はどのように行われるか …………………………… *232*

【導入判例】　事業譲渡規制の会社分割への類推適用（最判平成 20 年 6 月 10 日判時 2014 号 150 頁）　*232*

1　定款変更　*233*
2　資本金の額等の減少　*234*
3　組織変更　*237*
4　組織再編行為　*238*

14章　会社の倒産と再生とは …………………………………………………… *257*

【導入判例】　倒産時における倒産解除特約の有効性（最判平成20年12月16日判時2040号16頁）　*257*

1　会社と倒産との交錯　*258*
2　事業の再生　*260*
3　再建の手法—私的整理手続　*264*
4　再建の手法—法的整理手続　*267*

罰則規定：会社財産を危うくする罪（963条）　*32*
罰則規定：取締役等の特別背任罪等の罰則規定（960条・967条）　*162*
罰則規定：虚偽文書行使等の罪（961条）　*217*

あとがき　*271*
判例索引　*272*
事項索引　*276*

略記一覧

1. 法　　令

会更法	会社更生法
会施規	会社法施行規則
会計規	会社計算規則
会社令	会社法施行令
金商法	金融商品取引法
刑	刑法
刑訴法	刑事訴訟法
商	商法
商登	商業登記法
整備法	会社法の施行に伴う関係法律の整備等に関する法律
非訟	非訟事件手続法
振替法	社債、株式等の振替に関する法律
振替法施行令	社債、株式等の振替に関する法律施行令
民	民法
民訴費	民事訴訟費用等に関する法律
民訴法	民事訴訟法
民保	民事保全法
民再法	民事再生法

2. 判　　例

［判例の略称］

最大判	最高裁判所大法廷判決
最判（決）	最高裁判所判決（決定）
高判（決）	高等裁判所判決（決定）
地判（決）	地方裁判所判決（決定）
大判	大審院判決

［判例集、法律雑誌の略称］

刑集	大審院・最高裁判所刑事判例集
民集	大審院・最高裁判所民事判例集
裁判集民	最高裁判所裁判集民事編
下民集	下級裁判所民事裁判例集
判時	判例時報
判タ	判例タイムズ
平〇〇年重判	平成〇〇年度重要判例解説
会社百選	会社法判例百選
金判	金融・商事判例
金法	旬刊金融法務事情

Ⅰ部

会社の基本概念と設立

1 章

会社とは何か

【導入判例】 法人格否認の法理（最判昭和 44 年 2 月 27 日民集 23 巻 2 号 511 頁）

〔事実〕 X（原告・被控訴人・被上告人）は、その所有する店舗を、①Y 会社（被告・控訴人・上告人）との間で昭和 36 年 2 月に 5 年間賃貸する契約を締結した。Y 会社は、本来訴外甲が同人の経営した「電気屋」についての税金の軽減を図る目的のため設立した株式会社で、甲自らがその代表取締役となり、会社とはいうもののその実質はまったく甲の個人企業にほかならないものであった。X としても、「電気屋」の甲に右店舗を賃貸したと考えていた。②その後、昭和 41 年 X が右店舗を自己の用に供する必要上、甲に対しその店舗の明渡しを請求し、甲が同年 8 月 19 日までに必ず明け渡す旨の個人名義の念書を X に差し入れた。

しかし、③その明渡しがされないので、X は甲を被告として右店舗明渡しの訴訟を提起し、当事者間に甲は昭和 43 年 1 月末日限りその明渡しをなすべき旨の裁判上の和解が成立した。

その後は、④甲は会社の使用している部分は明け渡さないと主張したため、X は Y 会社を相手として右店舗の明渡しを求めた。

原判決（東京高判昭和 43 年 6 月 3 日民集 23 巻 2 号 523 頁）は、甲個人はもとより、Y 会社もその代表取締役である甲を通じて店舗を明け渡すことを X に約したものとして、Y 会社の控訴を棄却した（X の勝訴、第一審〔民集 23 巻 2 号 517 頁〕も同じ）。

そこで Y 会社は上告し、その理由は、原判決は、個人甲と Y 会社とを混同し、X と Y 会社との間の賃貸借契約の合意解除を認めたのは違法であるというものであった。

〔判旨〕 およそ社団法人において法人とその構成員たる社員とが法律上別個の人格であることはいうまでもなく、このことは社員が 1 人である場合でも同様である。しかし、およそ法人格の付与は社会的に存在する団体についてその価値を評価してなされる立法政策によるものであって、これを権利主体として表現せしめるに値すると認めるときに、法的技術に基づいて行われるものなのである。

したがって、法人格がまったくの形骸にすぎない場合、またはそれが法律の適用を回避するために濫用されるがごとき場合においては、法人格を認めることは、法人格なるものの本来の目的に照らして許すべからざるものというべきであり、法人格を否認すべきことが要請される場合を生じるのである。

そして、この点に関し、株式会社については、特に次の場合が考慮されなければなら

ないのである。

　思うに、株式会社は**準則主義**によって容易に設立され得、かつ、いわゆる一人会社すら可能であるため、株式会社形態がいわば単なる藁人形にすぎず、会社即個人であり、個人即会社であって、その実質がまったく個人企業と認められるがごとき場合を生じるのであって、このような場合、これと取引する相手方としては、その取引が果たして会社としてなされたか、または個人としてなされたか判然しないことすら多く、相手方の保護を必要とするのである。

　ここにおいて次のことが認められる。すなわち、このような場合、会社という法的形態の背後に存在する実体たる個人に迫る必要を生じるときは、会社名義でなされた取引であっても、相手方は会社という法人格を否認してあたかも法人格のないのと同様、その取引をば背後者たる個人の行為であると認めて、その責任を追求することを得、そして、また、個人名義でなされた行為であっても、相手方はあえて商法504条を俟つまでもなく、直ちにその行為を会社の行為であると認め得るのである。けだし、このように解さなければ、個人が株式会社形態を利用することによって、いわれなく相手方の利益が害されるおそれがあるからである。

　今、本件について見るに、……右事実を前示説示したところに照らして考えると、上告会社〔Y〕は株式会社形態をとるにせよ、その実体は背後に存する個人（甲）にほかならないのであるから、被上告人（X）は個人（甲）に対して右店舗の賃料を請求し得、また、その明渡請求の訴訟を提起し得るのであって（もっとも、訴訟法上の既判力については別個の考察を要し、甲が店舗を明け渡すべき旨の判決を受けたとしても、その判決の効力は上告会社〔Y〕には及ばない）、被上告人（X）と甲との間に成立した前示裁判上の和解は、個人（甲）名義にてなされたにせよ、その行為は上告会社（Y）の行為と解し得るのである。しからば、上告会社（Y）は、右認定の昭和43年1月末日限り、右店舗を被上告人（X）に明け渡すべきものというべきである。

〔問題のポイント〕

　①　**準則主義**による法人格の付与と濫用。法によって法人格が付与されたものの、法の趣旨に反しながら法人格の独立性をなおも主張することは、法によって法人格を認めた法の趣旨に反し法の矛盾となる。**解散命令（824条）**のように法人格の全体の存在自体を否定するのでなく、問題となっている特定の事項に限って法人格を否認する法理である。

　このように、**法人格否認の法理**とは、特定の法律関係について会社のベールを剥奪して、その背後にある実態を捉えて法律関係を処理し、法人格を有する会社の形式的独立性を貫くことが正義公平に反すると認められる場合にその法人格を否定するとする法理である（民1条2項3項参照）。

　②　法人格否認の法理の適用事例。会社とその背後にいる個人とが取引上も財産関係上も明確に区別されず両者が実質的に同一の存在と解される「**法人格の形骸化**」と、会社法人格を悪用する「**法人格濫用**」事例の場合がある（最判昭和44年2月27日民集23

巻 2 号 511 頁）。濫用事例では、取引相手からの債務履行請求手続を誤らせるため営業財産や商号・代表取締役・営業目的・従業員など旧会社と変わらない新会社を設立した事案につき会社制度の濫用に当たり、信義則上新旧両会社の別人格性を主張できないとしている（最判昭和 48 年 10 月 26 日民集 27 巻 9 号 1240 頁）。法人格の形骸化について分析不足や法理の適用範囲の無限定性に対する批判があり、信義則違反との構成の可能性も主張される（最判昭和 48 年 10 月 26 日民集 27 巻 9 号 1240 頁）が、しかし、法人格否認の法理は小規模企業や法人でない場合への展開の可能性を有しており、単に上記の 2 つの例に限定されることなく、判例上では家族間の紛争処理に、同族会社や姉妹会社間など小規模企業において法人格否認の法理が大いに活用されている。

③ **第三者異議の訴えと法人格否認の法理**。第三者異議の訴えについて、法人格否認の法理によっても法執行の実効性を確保している。従来、判決の既判力および執行力の範囲については、法人格否認の法理を適用して判決に当事者として表示されていない会社にまでこれを拡張することは許されないとされていたが、しかし、第三者異議の訴えについて、法人格否認の法理の適用を排除すべき理由はなく、法人格が執行債務者に対する強制執行を回避するために濫用されている場合には、執行債務者と別個の法人格であることを主張して強制執行の不許を求めることは許されないとの法人格否認の法理を執行法の分野に展開し、実効性ある法理となっている（最判平成 17 年 7 月 15 日民集 59 巻 6 号 1742 頁、判時 1910 号 99 頁、判タ 1191 号 193 頁）。

1　会社という企業形態を選択する意義とは

　継続的・反復的に営利行為を実行する独立の経済的単位とされる企業を、その企業活動においてどのような経営形態を採用するかは、企業の創設を決定する者の判断に基づくものの、単独での経営する個人企業なのか、複数人の結合体としての組合やその他の形態にするのか、また法人格をもつ会社組織を選択するのかは重要な決定である。このような企業形態の選択は、企業を取り巻く社会的諸要因、経営組織選択のメリット・デメリットの比較、資金調達・金融対策、利益分配・損益分担、経営責任上のリスク管理等考慮されなければならない要素は多い。企業形態の選択は、組織選択の後も組織変更ができるとはいえ、企業活動の在り方に大きな差異をもたらす重要な選択になる。

（1）個人・組合企業と法人企業形態との違いは

1）個人・組合と会社の差異

　①個人事業では、その営業資金となるのは個人自身の資金が元手であり、個人的信用・財産担保に基づく事業への比較的小規模な出資や借入れ等に限られるのが一般的であり、また、経営者である自然人としての病気、死亡等によって企業経営は影響を受ける。②組合企業は、民法上の組合契約を基にして個人的色彩の濃い集合体である。しかし、名称は組合としながら組合出資者の無限責任とは異なり有限責任を導入する組合形態もあり、法人格はないものの経営の利便性を飛躍させている組合形態企業もある。これに対し、③会社は、会社機関・出資形態の多種類化によって大きな差異はあるが、個人の信用を超えた法人事業それ自体への発展可能性に呼応した多人数の資金提供者（出資者、社債、融資など各種の資金調達）を募り、有限責任を基本に個人的信用を超えた規模の大きな資金を会社に集め、永続的で個人ではできない大規模な事業ができる可能性を有する制度である。

2）各企業体の責任の差異について

　事業活動から生じる債務について、①個人事業では、個人財産を責任財産として**無限責任**を負う。②組合企業も、各組合員は組合の債務につき無限責任を負い分割債務ではない（大判昭和11年2月25日民集15巻281号）が、組合員は損失分担割合に応じて負担する。さらには、その団体性・共同事業の積極的展開のため組合出資者の出資を限度とした有限責任性を導入している（有限責任事業組合、投資事業有限責任組合）。③会社形態では出資者（社員）はその出資を基本として、原則的にその出資の範囲内で**有限責任**を負う（無限責任社員のいる合名会社のように、会社の種類によって責任の在り方は異なる）。特に株式会社では、出資の範囲を限度にして責任を負うという有限責任の原則によってリスクの分配と資金調達が容易に実現できる。このような有限責任は、株式会社・合同会社の特色になっており、統計上も多くの会社が株式会社形態をとっていることからも理解できる。有限責任の原則は、出資後には追加出資の責任を負うことがないために株主無責任の原則とも表現されることもある。

3）企業利益の分配

　①個人事業の場合には、収益も債務もすべて個人が取得し負担するものの、

②組合企業は、組合契約を基に分配が行われる（定めがない場合は出資の割合による。民674条）。③株式会社の場合には、出資者は出資額に応じて配当を取得し債務を負うのを原則とし、出資者である社員が追加出資も要求されず、個人責任を負うことはない。

4) 法 人 成 り

　個人事業から会社法人への事業形態への変更によって、法人の利点を利用する**法人成り**がある。これは、法人の継続性に加え、変更の一般的な利点として、1. 個人の無限責任から法人の責任が有限責任であること。2.「株式会社」名称による金融での信頼性、社会的認知度の取得。3. 税務対策上の理由。例えば、事業主の給与は必要経費にはならないが、役員報酬とすれば毎月定額で受け取れ、損金に算入ができて給与所得控除も受けることができる。事業主と同一生計内の親族へ退職金を支払うことはできないが、経営者または経営者の家族へ退職金を支払うことができるなど。もっとも税務だけに着目することなく、個人のような相続はなく、事業の継続性、企業会計の明確さ、会社経営のガバナンスの強化など全体的な法人化の利点が検討されるべきではある。

2　会社の法的性質とは

　会社は、法人として、自然人と同様に権利能力を有し権利義務の主体であり、会社法上権利能力を有する法人として、株式会社、合名会社、合資会社、合同会社の4種類がある。これらの会社の特色として、⑴ 営利性、⑵ 社団性、⑶ 法人性等が挙げられている。

(1) 営 利 性

　改正前商法52条「会社は営利を目的とする社団である」は削除されたが、会社は営利を追求するのを目的とし、その営利とは事業行為の商行為（5条。会社の行為はその事業のためにするものと推定され、これを争うものが立証責任を負う。最判平成20年2月22日判時2003号144頁）により利益を得ることに加えて、配当可能範囲で出資者の社員に「分配」することにより会社は営利性を有している。このような利益（剰余金）配当請求権や残余財産分配を受ける権利である株主の

基本的権利をまったく与えない定款の定めは無効とされている（105条）。

(2) 社 団 性

　複数人の集合体で団体的処理を行う団体をいう。社団との社員関係により各構成員が社団を通じて間接に結合することにより、団体運営や団体処理を簡便に行う。これに対し構成員の個性を強く認める組合の場合では、各構成員が契約により相互に密接に結合し、構成員の権利義務は他の全構成員に対して権利義務の形をとる。株式会社は前者の、持分会社は後者の性質を有している。また社団性は複数人の集合体を前提に簡便な団体処理をいうものの、社員が1人の会社を容認している（**一人会社**。471条・639条参照）。とはいえ社員が1人でなぜ「社団」といえるのかは、理論と実務との狭間で検討が求められるが、社員の増加を予定あるいは、その可能性を有し「社団性」を容認しているとも考えられる。

(3) 法人性（3条）

　自然人と同様に権利能力を有し権利義務の主体となる法的地位を取得することである。会社自体が取引における権利を取得し義務を負い、独立の取引主体として会社が存在することになる。財産管理移転、登記、登録、訴訟等会社名義にて行えることになる。

3　権利能力の範囲は

　法人は法により権利能力が認められているが（3条）、その法人の行為が、法人の権利能力、行為能力の範囲内に属するかの判断（定款目的・27条、目的の範囲・民34条）は、その行為が法令および定款の規定に照らして法人としての活動上必要な行為か否かを客観的抽象的に観察して決するとされる（最判昭和27年2月15日民集6巻2号77頁、最判昭和44年4月3日民集23巻4号737頁、最判昭和45年7月2日民集24巻7号731頁参照）。

(1) 会社献金は権利能力の範囲内か

　法的存在である会社がどの範囲で権利能力をもっているかは、複雑な社会での企業行動と多様な商活動を行う中で困難な問題であるが、社会通念上、地域や社会で期待あるいは要請される事柄もあるだろう。しかし社会的通念を超える会社規模、収益、経営状況など不適切な行為となれば、善管・忠実義務等を負う役員等の責任も発生する可能性がある。会社献金について赤字会社の政治献金に取締役の善管注意義務違反を認めたものもある（福井地判平成15年2月12日判時1814号151頁）。最高裁は**八幡製鉄政治献金事件**で、「会社といえども政治資金の寄附の自由を有する」として企業の政治献金を法的に許容し、会社が政党または政党資金団体に政治資金を寄付することも会社の定款所定の目的の範囲内の行為としている（最判昭和45年6月24日民集24巻6号625頁）。

　南九州税理士会政治献金事件（最判平成8年3月19日民集50巻3号615頁）では、

◎ notice：法人への名誉毀損・侮辱罪は成立するか

　法人に対する侮辱罪については、侮辱罪は法人を被害者とする場合にも成立し、刑法231条にいう「人」には法人も含まれるとされている（最判昭和58年11月1日刑集37巻9号1341頁）。事実は、知人の交通事故に関し、N火災海上保険株式会社の顧問弁護士Iと交渉を続け、IおよびN火災海上保険関係者に圧迫を加えて交渉を有利に進めようと企て数名の者と共謀のうえ、ビル玄関柱に「T海上の関連会社であるN火災は、悪徳弁護士と結託して被害者を弾圧している、会社は責任を取れ！」と記載したビラ12枚を糊で貼付し、公然N火災海上保険株式会社およびIを侮辱したものであった。

　大審院の諸判例および通説は、名誉毀損罪の保護法益と同じく、人の社会的評価ないし社会的地位であるとして法人等についても名誉毀損罪はもとより侮辱罪の成立を認める（侮辱罪の保護法益を主観的な名誉感情ないし名誉意識と解し、名誉感情、名誉意識を有しない法人等には侮辱罪は成立せず、両罪の差異を事実摘示の有無に求める有力説もある。小野1970、251頁。団藤1990、246頁等）。大審院は「名誉毀損罪又ハ侮辱罪ハ或特定セル人又ハ人格ヲ有スル団体ニ対シ其ノ名誉ヲ毀損シ又ハ之ヲ侮辱スルニ依リテ成立スル」としている（大判大正15年7月5日刑集5巻8号303頁、大判昭和2年11月26日刑集6巻11号468頁、東京高判平成24年12月17日判時2190号27頁、インターネット利用による会社の名誉毀損の不法行為を認めた関連判例として、最判平成24年3月23日民集240号149頁、最判平成22年3月15日刑集64巻2号1頁）。

税理士会が政党など政治団体に金員の寄付をするために会員から特別会費を徴収する旨の決議は無効としている。これに対し**群馬司法書士会復興支援特別負担金徴収事件**（最判平成 14 年 4 月 25 日判時 1785 号 31 頁、判タ 1091 号 215 頁）では、兵庫県司法書士会に復興支援拠出金を寄付することは、権利能力の範囲内であり、公序良俗に反するなど会員の協力義務を否定すべき特段の事情がある場合を除き、多数決原理に基づき自ら決定することができるとしている。

(2) 権利能力なき社団

　社団としての性格をもちながら、法人のように権利義務の主体でなく、社団法人でも組合でもない権利能力なき社団が判例上容認され、その主要な点を窺い見ることができる。「権利能力のない社団というためには、団体としての組織を備え、多数決の原則が行われ、構成員の変更にもかかわらず団体そのものが存続し、その組織によって代表の方法、総会の運営、財産の管理その他団体としての主要な点が確定しているものでなければならない」としている（最判昭和 39 年 10 月 15 日民集 18 巻 8 号 1671 頁）。

　社団所有の財産は、個人財産から明確に区別され総構成員に所属し、不動産登記は代表個人名で可能であり、内部的規約が構成員に適用され、債権者に対しては有限責任とされる（最判昭和 44 年 6 月 26 日民集 23 巻 7 号 1175 頁、最判昭和 47 年 6 月 2 日民集 26 巻 5 号 957 頁、最判平成 12 年 10 月 20 日判時 1730 号 26 頁）。具体例としては、設立中の会社、学会、ゴルフクラブ、サークルなどがある。

4　会社の種類と特徴

　会社の形態には株式会社のほかにも、合名会社・合資会社・合同会社の 4 種類の会社がある（図表 1-1、1-2、1-3）。株式を発行する「株式」会社に対し、他の 3 種類の会社は株式を発行しないが、均一でない単一の持分を出資者が有するということで「持分」会社として分類される。各会社の違いは、株式の発行の有無や社員の地位の譲渡の難易、社員への利益分配の在り方、責任の態様などによって異なっている。

　株式会社の「株式」は出資者である社員としての法律上の地位であり、均一

I部　会社の基本概念と設立

図表 1-1　会社種類

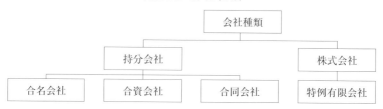

図表 1-2　組織別・資本金階級別法人数

区分	1,000万円以下	1,000万円超1億円以下	1億円超10億円以下	10億円超	合計	構成比
(組織別)	社	社	社	社	社	%
株式会社	2,110,271	336,571	16,948	5,588	2,469,378	95.1
合名会社	3,901	180	8	3	4,092	0.2
合資会社	19,824	728	0	1	20,553	0.8
合同会社	28,066	256	39	9	28,370	1.1
その他	51,700	20,062	1,229	519	73,510	2.8
合計	2,213,762	357,797	18,224	6,120	2,595,903	100.0
構成比	(85.3)	(13.8)	(0.7)	(0.2)	(100.0)	—

注）平成 25 年度分。

図表 1-3　資本金階級別法人数の累年比較

区分	1,000万円以下	1,000万円超1億円以下	1億円超10億円以下	10億円超	合計	伸び率	指数
	社	社	社	社	社	%	
平成15年分	1,393,557	1,120,107	32,175	7,296	2,553,135	0.1	100.0
16	1,418,157	1,114,917	31,759	7,255	2,572,088	0.7	100.7
17	1,433,125	1,112,546	32,212	7,150	2,585,033	0.5	101.2
18	1,450,005	1,101,999	32,655	7,255	2,591,914	0.3	101.5
平成18年度分	1,449,591	1,102,245	33,301	7,210	2,592,347	—	101.5
19	1,453,189	1,101,107	32,519	7,399	2,594,214	0.1	101.6
20	1,500,226	1,072,658	23,069	7,412	2,603,365	0.4	102.0
21	1,569,056	1,009,756	31,247	7,005	2,617,064	0.5	102.5
22	1,477,618	1,070,760	31,632	6,872	2,586,882	▲1.2	101.3
23	2,182,799	370,158	19,244	6,392	2,578,593	▲0.3	101.0
24	2,167,543	343,120	18,336	6,273	2,535,272	▲1.7	99.3
25	2,213,762	357,797	18,224	6,120	2,595,903	2.4	101.7

注）平成 25 年度分。
出典）図表 1-1、1-2、1-3 とも国税庁ホームページより。

に細分化された割合的単位という投資や管理のしやすい形をとっている。持分会社の「持分」は、株式と異なり、単一ではあるが均一でない包括的な出資であり、株式のように均一に細分化されていない、平均化されていない単一の出資による社員の地位である。

(1) 合名会社とは
1) 社員・出資・責任
　無限責任社員のみで構成された閉鎖的会社（576条2項）である。旧商法では2人以上の社員が要求されていたが、無限責任社員1名のみで設立が可能。原則として社員全員が会社の代表者となり、いわば個人事業者の集まりのようで、会社債務は社員全員が連帯責任を負う。そのため家族・同族など密接な関係者による少人数での小規模の会社に適している。合名会社は、米国では信用の厚い会社である会社形態とされ、沖縄はこれにならい一番多く存在している。合名会社や合資会社は、出資は現金だけでなく信用・労務や現物出資が認められており設立が容易である（576条1項参照）。反面、社員（出資者）は会社債権者に対して連帯直接責任を負い、まず会社資産で返済が、不十分であれば無限責任社員の個人資産に及ぶ（580条）。合名会社は個人事業に最も近い会社といえる。投下資本の回収は、出資金の払戻請求ができる（624条）。社員の持分譲渡、退社、持分の払戻し等規定がある（585条・606条以下）

2) 機関・業務執行
　出資者である社員は、会社を所有し業務執行権限ももつが、複数社員がいる場合は、定款に別段の定めがない限り、業務意思決定は社員の過半数で決定する（590条）。業務執行社員を定款で定めた場合においては、その過半数で決定する（591条）。各社員は業務および財産の状況を調査できる（592条）。社員の中から持分会社の代表者を定めることができるが、代表社員は業務に関する一切の裁判上または裁判外の行為をする権限を有する（599条）。決算公告の義務がなく、株式会社のように毎年決算時に会社の決算書の公表は必要がない。

(2) 合資会社とは
1) 社員・出資・責任

　無限責任社員と有限責任社員の各1名の2名で構成される閉鎖的会社である（576条3項）。有限責任社員は出資により事業を経済的に支援し、無限責任社員は事業経営を行う会社である。いずれも定款記載事項である（576条1項）。このように、社員は資金提供はしてもよいが事業経営には関心がない者と、資金は十分ではないがアイデアをもって事業経営をしたい者とで構成する会社で、ベンチャーや新規事業展開に活用できる会社でもある。

　合名会社と同様に閉鎖的で緊密な関係者により設立される会社で、無限責任社員の出資は信用・労務や現物出資が認められる。無限責任社員は合名会社の社員と同様の責任を負うが、有限責任社員は出資以上の責任は負わない（58条2項）。社員が1名になれば、合名会社や合同会社等に組織変更することができるが、社員を増やせば会社を維持できることになる。また、合資会社の有限責任社員は有限責任を負うが、未履行の出資額については会社債権者に対して直接有限責任を負う。持分の譲渡は、全社員の同意が必要であるが、有限責任社員の場合は、業務執行社員全員の同意があればよい（585条2項）。退社、持分の払戻しは合名会社と同様である。

2) 機関・業務執行

　業務執行は合名会社と同様である（590条）。業務執行は各社員が行うが、業務執行担当社員を定めてもよく、その場合には意思決定はその社員の過半数による（591条）。業務執行担当社員を定めた場合には、各社員は業務執行権限を有しない場合でも、業務および財産の状況の調査権をもつ。従来、合資会社の有限責任社員は、業務執行を担当することができない規定があったが、現会社法では、同規定は削除され、有限責任社員も業務執行社員になることができる。会社の決算書の公表は必要がない（会計規614条以下等）。

(3) 新しい会社形態の合同会社（LLC）
1) 社員・責任・出資

　「合同」会社との名称であるが有限責任社員が1名から設立できる閉鎖的会社である（576条4項）。平成18年5月商法改正により株式会社を軽量化し、ま

た有限会社に代わる会社として、米国における LLC（Limited Liability Company）を参考に新設された会社組織である。

　合同会社は、社員全員が有限責任社員であることから信用や労務による出資は認められないなど合名会社・合資会社とは異なる。出資は全額払込みを要する。合同会社においては、出資の自由譲渡性は重視されていないため、出資者の権利（例えば、配当の分配割合）などを自由に決めることができ、出資の割合と異なる割合で配当することが可能である柔軟な設計に特徴をもつ。すなわち利益や権限の配分を出資割合ではなく、出資者毎に自由に設定が可能。それに加え有限責任であるため社員への個人的責任を回避できる利用しやすい会社でもある。定款自治の大幅な拡大を可能としている制度設計をしている。

2）機関・業務執行

　株主総会や一般的な取締役会（基本的には任意機関）等の機関設置が不要で広く定款自治に委ねられている。株式会社のように出資割合に応じた細分化された社員権としての議決権はなく、合名・合資会社と同様に持分会社として定款に別段の定めがある場合を除き、基本的に総社員の同意によって会社の意思決定を行い、全員が業務執行権限を有する。役員の任期の定めはなく、役員改選の変更登記が不要である。業務および財産の調査権、代表社員の裁判権限は、持分会社の社員として共通に有している。

　合同会社の計算に関する規定および利益配当に係る財源規制については、株式会社と同様とされており（625条以下）、合同会社を含む持分会社の会計は、一般に公正妥当な企業会計の慣行によって行われ、貸借対照表・損益計算書・社員持分変動計算書等の計算書類を作成し、作成時から10年間保存義務がある（615条）。また決算公告の義務がなく、株式会社のように毎年決算時に会社の決算書の公表義務はない。社員の持分の譲渡および加入や退社については、他の社員全員の同意により認められるが、非業務執行者の譲渡は業務執行者全員の承諾があればよい（585条・604条）。各会社形態と組織変更の柔軟化・自由化が認められ、持分会社は株式会社への組織変更が可能である。

> ◎ notice：株式会社と持分会社の社員の地位と譲渡
> 　株式会社の社員の地位は、出資者の出資の割合に応じて細分化された社員の地位を株式として発行するのに対して、持分会社は、細分化された割合的単位でなく、出資全額を1つの均一されていない持分と観念される。
> 　社員の地位の譲渡は、株式の譲渡によって簡単に投下資本の回収が確保される（株式譲渡自由の原則。127条）。そのため閉鎖会社でも譲渡制限は認められるものの譲渡禁止は認められていない。持分会社では、密接な人的関係による人的信用を基礎にする会社のため（人的会社）、社員の地位譲渡は、残存会社の在り方に大きな影響を与えるために総社員の同意が原則必要である（585条）。投下資本の回収を図るため、出資の払戻し（624条）、退社（606条）、退社に伴う払戻請求権（611条）などの規定がある。

（4）株式会社

1) 社員・責任・出資

　有限責任社員のみで構成され株式を発行する会社である。細分化された割合的単位の株式を発行して、特定・不特定の人々から出資のしやすい少額の遊資や大きな資金を集めて個人ではできない事業を行うことができる。設立は1人でも可能で（**一人会社**）、出資者は個人・法人を問わない。

　持分会社では出資者による所有と経営が一体化しているが、株式会社では、経営と所有の分離が行われ、会社の実質的な経営は株主総会で選出される取締役が行い、株主である出資者は株主総会を構成し会社の基本的意思決定を行う。投下した資本としての株式は、回収を確保するために自由に株式を譲渡できる（**株式譲渡自由の原則**）。ただ、小規模会社では、その閉鎖性を維持するために会社経営に参画する者を株式の譲渡制限によって制限することができる（136条以下）。

2) 機関・業務執行

　機関としての株主総会・取締役は、すべての株式会社で必ず設置しなければならない必要最低限の機関である（295条以下）。取締役は、最低1人は必要で、取締役会を設置する場合には3人以上で構成される。取締役会および監査役の設置は任意で、株主総会のほか取締役1人のみの機関設計も可能であり、会計参与や会計監査人は必要に応じて設置可能であるなど定款自治を広く認めてい

る。決算は公告の義務があるため決算書の公開が毎年必要である。役員の任期は2年で、非公開会社は10年にできる（332条）。

5 「有限会社」廃止から「特例有限会社」へ

　有限会社は平成18年5月の法改正により株式会社制度に包摂され廃止された。既存の有限会社には**特例有限会社制度**が適用され、引き続き「有限会社」の商号使用が認められる経過措置が設けられて、会社法上の株式会社として存続する（整備法2条1項）。特例有限会社となるために特段の手続等は必要なく、自動的に特例有限会社に移行し存続期間の制限もない。そのための定款変更や登記申請等は原則として不要。「有限会社の定款」は「株式会社の定款」に、「社員」は「株主」に、「持分や出資口数」は「株式や株式数」に読み替えられる。

　特例有限会社は、①株主総会で商号変更について定款変更決議で「株式会社」を用いたものに変更し、②当該旧有限会社についての解散の登記および商号変更後の株式会社設立の登記をすることにより、株式譲渡制限会社へ移行し、これまでの有限会社制度に準じた簡易な規制を選択することができる。特例有限会社の規制では50名の社員数制限の廃止、最低資本金制度撤廃、新株予約権や社債の発行が可能になることなどがある（図表1-4）。

図表1-4　会社比較図表

	社員数	出資分の譲渡	意思決定	業務執行者
株式会社	有限責任社員1人以上	原則として自由	株主総会	取締役1人以上
合名会社	無限責任社員1人以上	無限責任社員全員の承諾必要	全社員の過半数	各社員（業務執行社員）
合資会社	無限責任社員と有限責任社員各1人以上	無限責任社員全員の承諾。非業務執行有限責任社員は執行担当者全員の承諾	全社員の過半数	各社員（業務執行社員）
合同会社（LLC）	有限責任社員1人以上	有限責任社員全員の承諾	全社員の過半数	各社員（業務執行社員）

6 会社形態以外にどのような企業体があるか

(1) 有限責任事業組合（LLP, Limited Liability Partnership）

　経済産業省は平成17年8月1日に、創業を促し企業同士の**ジョイント・ベンチャー**や専門的な能力をもつ人材の共同事業を振興するために、民法組合の特例として、法人格を有しないが、組合員2人以上で資本金は2円以上から設立可能で、①出資者全員は有限責任であり経営も行う、②内部自治の徹底、③**構成員課税**（パススルー課税）の適用等の特色をもつ有限責任事業組合を創設した（経産省ホームページ参照）。

　本組合形態は所有と経営が分離されておらず、組合員全員が業務執行権を持ち、事業の運営に関与する監査役などの経営者を監視する機関の設置は強制されず、運営方法は自由に決定できる。そのため、利益や損失の分配方法も出資比率によって拘束されることはなく、当事者間で自由に決めることが可能である。民法の組合とは異なり、有限責任性の導入に本組合の特色を有している。

　「会社」の場合には、会社に対し法人税を課し、さらに配当金などで出資者に税を課すが、LLPの場合では構成員課税制度を採用し、組織の所得には税を課さず、その構成員（＝出資者）のみに税を課すため二重課税を回避できる。

　従来の事業組織にない「法人」と「組合」の中間に位置する柔軟な事業組織として位置づけられている。LLPは新規起業や中小企業同士の連携や産学連携の一手段として有用であり、特に人的資産を活かす事業に適しているとされ、シンガポールでも同様の法律が平成17年に成立と報じられている。

(2) 組　　　合

　民法上の組合（民667条以下）は、共同出資をして共同事業を行うことを内容とする組合契約によって成立するが法人格はない。出資は出資金のほか労務・信用もできる（民667条2項）。組合の債務は、各組合員が原則的に無限責任を負うが、損失負担割合を組合契約で定めることが可能である。債権者は組合あるいは組合員に直接請求できる。業務執行は組合員の過半数で決定する。また機能的運営のため業務執行者を定めることができるが、選任した組合員は正当

事由がなければ辞任・解任できない（民672条）。業務執行権を有しないときでも組合員は業務・財産状況検査権を有する。組合財産は、組合員の共有であり、財産分割は許されない。組合活動による損益の分担は、組合員による決定によるが、定めがなければ出資割合による。その他、組合員の脱退、脱退時の持分払戻し、除名、組合の解散、解散請求などの諸規定がある。

(3) 匿 名 組 合

　匿名組合は、民法上の組合でなく商法上の組合である。民法上の組合は、組合員相互の人的結束が強く、共同の出資による共同事業経営というものであるが、匿名組合は、出資者の匿名性に特色をもつ出資契約である。当事者の一方が匿名で出資をし（**匿名組合員**）、他方が事業を行う（営業者）という意味での共同事業としての組合を構成し、その営業活動から生ずる利益を分配することを約する契約である（商535条以下）。出資者の匿名組合員と事業を行う営業者との二者間での匿名組合契約によって成立する。そのため同一事業での複数人の匿名組合員は、営業者と各々別個の匿名組合契約をすることになり、契約は併存することになる（図表1-5）。

　一般的な例として**リース会社**が投資を募り、資金提供する出資者との間で匿名組合契約を締結し、リース事業による利益を匿名組合員に分配するというものである（東京地判平成7年3月28日判時1557号104頁）。その他、新薬の事業開発、映画の製作・配給、ビデオ・ゲームの開発などの事業が考えられる。

　営業は営業者が行うために意思決定・業務執行は事業者が行う。事業についての債権者は事業を行う営業者に請求する。

　組合員は営業監視権を有する。組合員と事業者との約定により利益・損失分配が行われる。その他、組合契約の解除、終了事由の規定がある。

図表1-5　匿名組合の仕組み

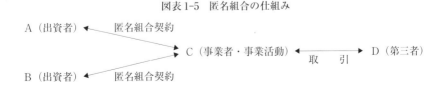

（4）投資事業有限責任組合（LPS, Limited Partnership Act for Investment）

ファンド法（投資事業有限責任組合契約に関する法律）ともいわれ、平成 16 年に創設、組合数は平成 22 年 12 月現在約 2000 組合が存在、同年 11 月に投資事業有限組合モデル契約が作成されている（経産省ホームページ、平成 10 年中小企業等投資事業有限責任組合〔**中小ベンチャーファンド法**〕が制定されている）。事業に対する出資や融資などの投資事業を行うための組合契約で、事業者への円滑な資金供給の促進を目的としている（同組合契約法 1 条）。パススルー課税で、組合契約成立後登記をする。投資・金銭貸し付けを事業とする組合である（同 3 条）。投資事業有限責任組合は**無限責任組合員**（ゼネラルパートナー）と**有限責任組合員**（リミテッドパートナー）で構成され、組合の業務執行は原則無限責任組合員の過半数の意思決定で行う。組合員は、財務諸表等の閲覧権（同 8 条）、業務および財産の状況の検査権を有している（同 16 条）。組合員は出資以外の責任は負わない。組合契約員の出資 1 口の金額は均一でなければならない（同 6 条）。無限責任組合員は連帯責任を負う（同 9 条）。

設　問

① 法人格否認の法理は、会社法人に限らず企業体の紛争解決の場合にも、法理の展開（適用）は可能か。
② 一人会社にも、会社としての社団性および法人格否認の法理は適用されると考えるべきか。
③ 会社法上の法人会社形態と、法人以外の企業体とは、どのような差異があるか。

【参考文献】
江頭憲治郎『株式会社法（第 6 版）』有斐閣、2015 年
大隅健一郎「法人格否認の法理」『会社法の諸問題（新版）』有信堂高文社、1983 年
小野清一郎『刑法に於ける名誉の保護』有斐閣、1970 年
田中誠二「法人格否認法理の問題点　上」『旬刊商事法務研究』560 号、2 頁
田中誠二「法人格否認法理の問題点　下」『旬刊商事法務研究』563 号、11 頁
団藤重光『刑法綱要　各論』創文社、1990 年

2章

会社の設立はどのように行われるか

【導入判例】 見せ金による払込みの効力（最判昭和38年12月6日民集17巻12号1633頁）

〔事実〕　A社は、資本金200万円全額払込済みの株式会社として昭和24年11月5日に設立登記を経由したが、Yは発起人総代として自ら主債務者となりB銀行名古屋支店から200万円を借り受け、その200万円を払込取扱銀行である同銀行支店に株式払込金として一括払込み、同支店から払込金保管証明書の発行を得て設立手続を進め、会社成立後、A社は同銀行支店から株金200万円の払戻しを受けて、これをYに貸し付け、Yは同銀行支店に対する前記借入金200万円の返済に充てた。A社に対して売掛金債権を有するXは、A社に資力がないために弁済を受けることができず、A社がYらに対して有する払込担保責任に基づく支払を会社に代位して求める訴えを提起した。一審はXの請求を認容したが、控訴審は以上のような払込みが必ずしも虚偽仮装のものとはいえないとして一審判決を取り消してXの請求を棄却した。X上告。

〔判旨〕　一部破棄差戻し

「当初から真実の株式の払込として会社資金を確保するの意図なく、一時的の借入金を以て単に払込の外形を整え、株式会社成立の手続後直ちに右払込金を払い戻してこれを借入先に返済する場合の如きは、右会社の営業資金はなんら確保されたことにはならないのであって、かかる払込は、単に外見上株式払込の形式こそ備えているが、実質的には到底払込があったものとは解し得ず、払込としての効力を有しないものといわなければならない」。

〔問題のポイント〕

① 見せ金と預合いの違い

　典型的な預合いは発起人と払込取扱銀行の役員等との通謀による仮装払込みであり、借入金を設立中の会社の預金に振り替え、その借入金の返済までは会社成立後も預金を引き出さないとする払戻制限の特約を付していた。法は預合い防止のためにその特約の効力を認めず（64条2項）、関係者に対する刑事罰を規定した（965条）。この法規制を免れる方法として、発起人が払込取扱銀行以外の金融機関から借入れを行い、現実に株式の払込みに充てて会社成立後、短期間のうちに預金の全額を引き出し発起人の借入金の返済に充てる、というのが見せ金である。本件は払込取扱銀行からの借入れではあったが、実際に金員の移動が認められ、預合いの法規制を潜脱するための一連の仕組み

（見せ金）と評価できるだろう。

②　見せ金による出資行為の有効性

見せ金による株式の払込みでは成立する会社のための資金が確保されたとはいえず、資本充実の原則に反するものとして払込みの有効性を否定する見解が支配的である。しかし現実の資金移動があることから、払込みの外形を装ったものと認めるためには借入金返済までの期間や会社資金としての運用事実、会社の資金関係への影響の有無等による総合的な判断が求められる。また払込みの有効性を認めたうえで、預金の払戻しと借入金返済への会社財産流用の点に会社役員の法的責任を問う見解も主張されている。

③　仮装払込みによる関係者の法的責任

出資の履行を仮装した者の責任とこれに関与した者の責任が平成26年改正法で規定されている（52条の2第1項2項・102条の2第1項・103条2項）。「出資の履行をしない」（36条3項）、または「払込みをしない」（63条3項）場合には失権の措置がとられるが、一応外形的に払込みは行われたがそれを出資の履行と評価できない本件のような仮装行為の場合には、仮装払込みを行った発起人・引受人には払込義務が認められ、仮装払込みに関与した発起人・取締役にも払込金額・出資財産相当価額の支払義務が課されることになる。

1　株式会社の設立

株式会社の設立とは、社団としての実体を形成し、設立登記によって会社を成立させ（49条）法人とすること（3条）である。

（1）設立行為の特色

現代の営利企業の仕組みの中で、株式会社という組織はわが国で最も選択される企業形態の一つということができる。1602年のオランダの東インド会社にその淵源をもつとされるこの会社形態を選択する企業は、今日の日本において約164万社に及ぶ。そして一定の規則に従って手続を進め、法定の要件を満たせば誰でも株式会社を設立することが可能である（準則主義）。現代では、最初から株主1名のみの株式会社（**一人設立**）も認められるが、本来、広く資本を社会に求め、多くの者からの出資金を集めて所有と経営の分離の下に事業活動を遂行するための企業組織が株式会社であり、その設立手続は厳格な法定の設立要件を満たすことが必要とされている（図表2-1）。

2章　会社の設立はどのように行われるか

図表2-1　株式会社設立手続

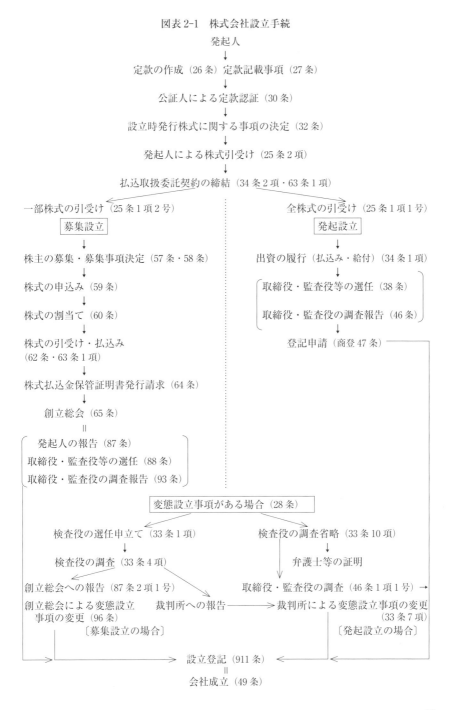

1) 発 起 人

　このような株式会社の設立手続を円滑に進めるために重要な役割を担う者が発起人である。発起人は1名でもよいが、必ず会社定款に、その氏名・名称、住所が記載されなければならない（27条5号）。自然人以外に法人も発起人となることができる。また発起人は、少なくても会社設立時の発行株式1株以上を引き受け（25条2項）、払い込まなければならず、会社成立時の最初の株主となる。株式会社の設立では、設立手続の中で発起人以外の者にも出資を募り、株式を引き受けてもらう会社設立の方法（募集設立）と、設立時に発行する株式すべてを発起人だけが引き受ける会社設立の方法（発起設立）との2つの方法が認められる（25条1項）。

　発起人が複数いる場合には、その発起人間に**発起人組合**が認められる。発起人組合は民法上の組合契約（民667条）に基づくものであり、株式会社の設立という目的のために発起人が行う設立行為（定款作成・株式引受け・設立事務等）は組合契約の履行行為と考えられる。発起人組合は設立中の会社とは異なるが、発起人の行為が同時に組合契約の履行行為であるとともに、設立中の会社のための執行行為であるという二面性を有すると考えられる。発起人組合は会社の成立により、その目的を達成して解散する（民682条）。

2) 発 起 設 立

　株式会社の設立方法として発起設立は、募集設立よりも簡潔な設立手続であり、株式会社が新たに設立される場合の多くはこの方法に従っている。以下、発起人が行う設立行為を段階的に説明する。まず、発起人が株式会社の定款を作成し、公証人の認証を受ける（26条・30条）。次に、株式発行事項を決定し（32条）、発起人が設立時発行株式の全部を引き受ける。そして発起人は、その引き受けた株式の全額払込み・全部給付を行う（34条1項）。出資の履行後、発起人は設立時取締役等の役員を選任する（38条）。設立時取締役は、設立手続の調査を行い、調査事項に法令・定款違反、不当性が認められる場合には発起人に通知する（46条）。最後に、会社を代表すべき者（代表取締役など）が設立の登記を申請する（商登47条）。この方法による会社設立に要する期間は、最短ならば1日ということもあり得る。

3）募集設立

　募集設立は、設立に当たって発行される株式についての募集が行われ（57条・58条）、発起人以外の者による株式の引受け・払込みがされて（62条・63条1項）、設立時株主による創立総会の手続が加わる株式会社設立の方法である。株式の引受人を確定するための一連の手続や、払込取扱金融機関への株式払込金保管証明書発行の請求（64条）、創立総会の開催とその決議案件の処理に日時を要し、この方法による会社設立は最短でも4、5日、通常は2週間程度の期間を要する。

(2) 設立手続の概要

　株式会社設立の手続は、定款の作成・財産の形成・機関の具備、という段階を踏んで、最後に設立登記に至る一連のプロセスである。設立登記により法人としての株式会社が成立する（49条）。

1）定款の作成

　発起人が最初に作成することを義務づけられている株式会社の**定款**は、文書への記載または電磁的な記録により作成されるものであり、これから設立しようとする会社が行う事業の種類や規模、組織の内容についての基本的事項を定めている。会社の組織・活動に関する根本規則（実質的意義の定款）を記載・記録する書面・電磁記録（形式的意義の定款）は、公証人により認証され、発起人の指定場所（会社成立後は本店および支店）に備え置かれて閲覧可能である（31条）。当該記載を欠く場合または不適法な記載の場合に定款自体の無効を招くところの絶対的記載事項には、①目的、②商号、③本店の所在地、④設立時の出資財産価額またはその最低額、⑤発起人の氏名・名称および住所（27条）、⑥発行可能株式総数（授権株式数。37条）がある。①目的とは、これから会社が営もうとする事業内容のことであり、「食品の製造・販売およびこれに関連する事業」というように、ある程度具体的な記載が求められる。この目的の範囲は、法人の権利能力の問題にも関わるために（民34条）、いくつかの事業目的を具体的に列挙したうえで「これに付帯する一切の事業」という文言を付すのが一般的である。なお目的は登記事項でもある（911条3項1号）。②**商号**とは、会社の名称である（6条1項）。株式会社の商号中には、株式会社という文字を用いなけ

ればならない（6条2項）。数種の営業を会社が営む場合でも、会社の商号は1つである。③本店の所在地とは、会社の住所であり（4条）、裁判管轄の決定の基準ともなる（835条1項・848条）。定款には、所在地として最小独立行政区画の記載（例えば東京都港区）を示せばよいとされる。登記事項としての本店の所在場所（911条3項3号）は地番まで示される。④設立時の出資財産価額またはその最低額とは、会社の設立に際して調達されるべき出資財産額またはその下限とされる金額である。約束した出資をしない者が出る場合に備えて出資財産の下限額を定める方法が認められている。会社法には**最低資本金**の定めはないので、この価額をいくらにするかは任意である。会社法以前の規定（旧商166条1項6号）では、定款の絶対的記載事項として設立時に発行される株式の総数を記載することが求められていたが、現行の規定では定款に設立時の発行株式数を記載する必要はない。ただし、公開会社では設立時発行株式数は、発行可能株式総数の4分の1以上でなければならない（**4倍ルール**）とされる（37条3項）。⑤発起人の氏名・名称および住所は、発起人を特定するために記載することが求められている。発起人の同一性を確認できる記載が必要とされる。⑥発行可能株式総数とは、設立される会社が将来にわたって発行することのできる株式の総数である。この記載事項は、他の絶対的記載事項とは違い、公証人の認証を受ける時点で定款に記載されている必要はないが、会社成立のときまでに、発起設立では発起人全員の同意により（37条1項）、募集設立では創立総会の決議により（98条）定めなければならない。

　そのほか定款に記載しないとその効力が認められない相対的記載事項、例えば変態設立事項（28条）や公告方法（2条33号・939条）などがある。また定款以外の取締役会の規則等で定めてもその効力は認められるが、規定内容を明確にして当該事項を変更するのに定款変更手続を要するようにするため定款に記載されるところの任意的記載事項、例えば株主総会議長や取締役の員数などもある（29条）。

2）財産の形成と構成員の確定

　会社財産の最初の形成は、設立時に発行される株式の引受けと金銭の払込みまたは現物の給付により行われる。この株式引受人は会社成立時の株主となる（50条1項・102条2項）のであり、その出資による会社財産の形成は、同時に会

社構成員たる株主を確定する行為ともなる。一連の株式引受けと払込みによる会社財産の形成が着実に行われることが、株式会社の設立手続では特に重要である。株式会社成立後の事業活動の引当てとなるのは、この会社財産だからである。設立時に発行する株式の数は、公開会社の場合には、会社の発行できる株式の総数（発行可能株式総数）の4分の1以上である（37条3項）。残りの未発行部分は、会社成立後に募集株式発行（199条以下）などの手続により、主に資金調達のために順次発行される（**授権資本制度**）。

　募集設立においては、発起人が設立時発行株式の一部を引き受けた後、残りの株式につき株主を募集する（57条・58条）。この募集に対して申込みがなされ（59条）、発起人による割当てが行われる（60条）。これにより引受けが確定し（62条）、引受人が払込みをすると（63条）、その者は会社成立時に株主となる（102条2項）。以上の株式引受けの法的性質については、申込みは設立中の会社への入社契約の申込みであり、割当てはこれに対する承諾と解される。そのために民法の意思表示に関する一般原則の適用が前提となるが、設立行為における法的安定性の顧慮から特則が認められている。すなわち株式の申込み・割当ての意思表示には心裡留保・通謀虚偽表示に関する規定の適用がない（102条5項）。また会社成立後または創立総会・種類創立総会で議決権を行使した後は、錯誤による引受けの無効、詐欺・強迫による引受けの取消しはできない（102条6項）。なお発起人自身の株式引受けの法的性質は合同行為とされているが、同じく民法の意思表示規定に対する特則が認められている。すなわち設立時発行株式の引受けに係る意思表示については、民法の心裡留保（民93条ただし書）、通謀虚偽表示（民94条1項）の規定は適用されない（51条1項）。また発起人についても会社成立後は、錯誤による株式引受けの無効主張、詐欺・強迫による株式引受けの取消しを認めない（51条2項）。

3）機関の具備

　会社設立時の役員等（株式会社の設立に際して取締役・監査役・会計参与・会計監査人などになる者）は、発起設立の場合には発起人により選任される（38条）。募集設立の場合には、創立総会の決議により選任される（88条）。選任された設立時取締役（監査役）は、設立手続が法令・定款に違反していないこと（変態設立事項の検査役調査免除の場合における現物出資財産等の価額相当性、専門家による証明の相

当性、出資履行の完了など）に関する調査を行わなければならず、発起設立の場合は法令・定款違反、不当な事項を認めた場合には発起人に通知する（46条）。募集設立の場合は、調査結果を創立総会に報告する（93条）。

4）創立総会（募集設立の場合）

募集設立の場合に設立時株主（50条1項・102条2項）となる株式引受人により構成される決議機関であり、株式会社の設立に関する事項について決議することができる（66条）。発起人は、払込みの期日または期間の末日のうち最も遅い日以後、遅滞なくこの創立総会を招集しなければならない（65条1項）。招集通知は、原則として創立総会の日の2週間前までに発しなければならない（68条1項）。創立総会において、原則として設立時株主は引き受けた設立時発行株式1株につき1個の議決権を有する（72条1項）。

創立総会では、総会の目的である事項以外の事項については決議できない。ただし、定款の変更または会社の設立廃止についての決議は可能である（73条4項）。通常の創立総会の決議は、議決権を行使できる設立時株主の議決権の過半数で、出席した設立時株主の議決権の3分の2以上の多数決で行われる（73条1項）。議決権の行使や総会の審議に関しては、株式会社成立後の株主総会と同様の規定が創立総会においても規定されている（74条～77条・78条～81条等）。創立総会のほかに種類創立総会の招集・決議を必要とする場合があり（85条1項）、拒否権付きや役員選任権付きの種類株式を設立時に発行する場合には、当該種類株式の引受人（設立時種類株主）による総会（種類創立総会）を会社成立前に開催し、その種類創立総会の決議がなければ拒否権の対象とされた事項や役員選任の効力は生じない（84条・90条）。種類創立総会の手続等については創立総会に関する規定が準用されている（86条）。

5）設 立 登 記

株式会社は、本店所在地において**設立登記**をすることにより成立する（49条）。この登記申請の添付書面には、定款・変態設立事項の調査報告書・設立時発行株式の払込証明書・設立時役員の就任承諾書など、設立手続の中で順次行われてきた各行為を確認する文書が含まれている（商登47条2項）。

設立登記により、設立中の会社は法人格を有する完全な会社となり、発起人に形式的に帰属していた権利・義務関係は成立後の会社に帰属することになる。

会社成立後は、株式引受けに関して錯誤による無効、また詐欺・強迫による取消しの主張が制限される（51条2項・102条6項）。権利株（株式引受人の地位）の譲渡制限（35条・63条2項）は、会社成立により権利株が株式になることで終了する。株券発行会社は、会社成立後遅滞なく株券を発行しなければならない（215条1項）。

（3）発起人の権限と設立中の会社

　株式会社の設立行為は、営利法人となるのに相応しい実体の形成とこれに対する法人格の付与を目的とした一連の行為からなるが、その主な行為を行う者は発起人である。複数の発起人がいる場合には、会社の設立を目的とした発起人組合の契約関係を認めることができる。

1) 設立中の会社

　発起人が会社の設立に関して行った行為の効果が、会社の成立と同時に当然に成立後の会社に帰属することを、どのように法的に説明できるかが問題となる。第三者のためにする契約説や法律上の当然取得説などの見解が見られたが、現在では、**同一性説**による説明が一般的である。すなわち設立登記以前の段階で、成立後の会社と実質的に同一である「**設立中の会社**」を認め、その執行機関たる発起人が権限内で行った行為の効果（権利義務の法律関係）は、設立中は形式的に発起人に帰属するが、実質的には「設立中の会社」に帰属しており、設立登記により株式会社が成立すると同時に、形式的にも成立後の会社に帰属することになる、という法的構成がとられている。

2) 発起人の権限

　設立中の会社の機関としての発起人が、どの範囲の行為の権限を有するのかという問題が従来から論じられてきた。①法人たる会社の形成・設立それ自体を直接の目的とする行為（成立要件的行為）−定款作成・株式引受けと払込みに関する行為−のみを認める立場、②会社の設立に法律上・経済上必要な行為−設立事務所の賃借・設立事務員の雇用など−も含まれるとする立場、③**開業準備行為**−営業資金の借入れ・従業員の雇用など−も可能とする立場、がある。変態設立事項の一つである財産引受け（28条2号）は、開業準備行為としての性質をもつが、設立手続の中での例外的許容として発起人権限内の行為としたのか、

本来発起人の有する権限内の行為であるが濫用防止のために厳格な条件を課したと考えるのか、各立場による見解の相違が見られる。

3) 権限外の行為の追認

　発起人が開業準備行為についての権限までも一般に有すると考えるか、それとも法定の条件を満たした**財産引受け**のみがその権限内にあるとするか、は議論のあるところであるが、設立段階で定款に記載のない財産引受行為を成立後の会社が追認することは可能なのか、が従来問題とされてきた。設立中の会社の権利能力は設立目的により制限されると考える立場からは、財産引受けは例外的な許容であり法定条件を満たしていない場合は当然無効と解して追認を認めない。しかし設立中の会社の権利能力の範囲を成立後の会社と同一とする立場からは、定款に記載のない財産引受行為も発起人の無権代理行為として、実質的弊害がない限り追認の可能性を認める（定款に記載のない財産引受け〔最判昭和61年9月11日判時1215号125頁〕参照）。

　追認の方法としては、成立後の会社が新たに同一内容の契約を締結する場合と同様の方法による。したがって事後設立の規制に服する場合には、その要件を満たす必要がある。

　事後設立とは、株式会社がその成立後2年以内に、会社の成立以前から存在する財産で事業のために継続使用するものを、会社の純資産額の5分の1以上の対価で取得する場合に、株主総会の特別決議（309条2項⑪）による承認が必要とされる法規制である（467条1項⑤）。この法規制は、設立における変態設立事項（財産引受け）の規制の潜脱を防ぐために規定されている。

4) 対外的未履行債務の帰属

　株式会社が成立した後、設立手続の中で会社設立のために必要な行為により生じた債務が未履行だった場合に、誰がその債務を負担し支払うことになるのか、が問題となる。

　設立事務所の賃借料のような対外的な取引行為による債務についても、設立中の会社に実質的に帰属していると考えるならば、当然成立した会社に債務は帰属し、会社がその債務を履行したときには設立費用を超える部分を発起人に求償できることになる。しかし設立中の会社を、発起人の行った設立それ自体を組成する行為（定款作成・株式引受払込みに関する行為）が成立後の会社に直接帰

属することを説明するための観念と捉える立場からは、発起人にはそのような対外的取引行為についての執行機関として権限はなく、発起人が第三者との間で行った行為の効果が成立後の会社に当然帰属するとはいえず、発起人が会社設立に必要な行為により支出した分については、設立費用の範囲内で成立後の会社に求償できるにすぎないとする。裁判所は、発起人の会社設立に必要な行為によって生ずべき債務の帰属については、定款に記載の設立費用の範囲内で、成立後の会社に直接帰属することを認める（設立費用と債務の帰属〔大判昭和2年7月4日民集6巻428頁〕参照）。

(4) 変態設立事項

会社設立の手続の進行段階では、組織も未完成であり、発起人の行為に対する監視も十分とはいえない。そこで発起人個人と設立する会社の利害対立が懸念されるような事項（**危険な約束**）について、原則として一定の手続を要求することで発起人の権限濫用を防止し、公正性を保障しようとしている。

1) 手続の概要

現物出資・財産引受け・発起人の報酬と特別利益・設立費用に関する事項は、原始定款に記載・記録し（28条）、公証人の認証を受け（30条）、裁判所の選任する検査役の調査を受けなければならない（33条）。検査役の調査は裁判所に報告され、発起設立の場合は裁判所が不当と認めたときは変更の決定を行う（33条4項・7項）。募集設立の場合は検査役調査の内容が創立総会に発起人により提出・提供され、定款変更は創立総会の決議による（96条）。ただし、現物出資と財産引受け（**現物出資財産等**）については、検査役による調査が免除される場合が認められている（33条10項）。この場合には、設立時取締役等による調査が行われ、発起設立の場合は設立時取締役が法令・定款違反、不当な事項を認めたときは発起人に通知する（46条1項2項）。募集設立の場合は設立時取締役が調査結果を創立総会で報告し、説明を行う（93条）。

2) 現物出資・財産引受け

株式を引き受けて払込みを行う場合に、金銭以外の財産を給付する行為が現物出資である。土地や建物などの不動産、有価証券、債権などがその出資の目的となるが、給付される財産をいくらに金銭的評価して株式を割り当てるのか、

その対価相当性が問題となる。以前は現物出資者を発起人に限定する規定（旧商168条2項）があったが、現行会社法にはその旨の明文規定はない。しかし関連する諸条文（34条1項・58条1項②③号・63条1項・52条・52条の2第1項②・102条の2第1項）から発起人のみが現物出資を行えると考えられる。現物出資の目的となる財産も設立段階で全部給付することが求められるが、登記・登録などの対第三者対抗のための行為は、発起人全員の同意があるときには会社成立後でもよい（34条1項ただし書）。発起人が会社の成立を停止条件として第三者から一定の財産を成立後の会社に譲り受ける契約が財産引受けである。会社の成立とともに効果が当然に成立後の会社に帰属するものであり、会社の成立前に契約の効力が生じ履行がなされるものは含まれない。この契約は売買・交換・請負などの法的性質を有するが、財産引受けは、会社の設立に必要な行為ではなく、設立後の会社の事業活動のために必要な行為（開業準備行為）である（現物出資と詐害行為取消し〔東京地判平成15年10月10日金判1178号2頁〕参照）。

3）発起人の報酬・特別利益

発起人が会社設立行為のための職務に従事した対価である報酬と、会社設立の功績に報いるための特別利益（施設利用権・優先的株式引受権など）は、過大に評価されるおそれがあるので定款上に受け取る発起人の氏名・名称とともに記載・記録される（28条③）。

4）設立費用

会社設立のために必要な費用は、設立手続の段階では発起人が支弁していくことになるが、設立事務所の経費や人件費、株主募集の広告費などの支出を成立後の会社へ求償することを無制限に認める場合は、過大請求のおそれもあるために成立後の会社が負担すべき費用の額を定款に記載・記録して限定することが求められる。ただし、定款の認証手数料・払込取扱銀行への支払手数料・検査役の報酬・設立登記の登録免許税（会施規5条）は、客観的な算定基礎があり会社に損害を与えるおそれがないものとして、この設立費用の規制から除かれる（28条④）。

5）現物出資財産等の調査免除

変態設立事項の中で現物出資と財産引受けについては、以下の場合に裁判所の選任による検査役の調査およびその調査報告に基づく一連の処置に関する規

定が適用されない（33条10項）。①少額免除−定款に記載・記録された現物出資財産等（28条①・②の財産）の価額総額が500万円を超えない場合、②有価証券免除−市場価格のある有価証券について定款に記載・記録された価額が一定の方法で（会施規6条）算定する市場価格を超えない場合、③専門家証明免除−定款に記載・記録された価額の相当性について専門家（弁護士・公認会計士・税理士など）の証明を受けた場合、なお現物出資財産等が不動産である場合には、前記の**専門家の証明**および不動産鑑定士の鑑定評価も必要である。

2　設立関与者の責任

株式会社の設立には、発起人をはじめとして多くの者が関わっている。これらの者が会社の設立に関して行った行為について、成立後の会社、株式引受人、第三者に対して法的責任を負わなければならない場合がある。

(1) 資本充実責任
1) 引受け・払込担保責任の廃止
　株式会社に関する旧法の規制では、設立段階で発行される株式の全額の引受けと払込みが会社の成立要件とされていたために、引受けのない株式については発起人がその株式を引き受けること、そして引き受けられたが払込未済の株式については発起人が払込みの責任を負うことが規定された。これらは資本充実の法定担保責任とされたが、現行の会社法には同様の担保責任の規定はない。すべての設立時発行株式数の引受けの確保が会社成立のために必要とされず、また設立時に発行される株式についての出資未履行、払込未済がある場合は、株主となる権利を失う（失権）措置が規定されている（36条3項・63条3項）。
2) 財産不足価額塡補責任
　会社設立の段階で資本充実の責任が定められているのは、**不足価額塡補責任**である。現物出資・財産引受け（現物出資財産等）の対象となった財産の実価が定款に記載・記録された価額に著しく不足する場合に、発起人および設立時取締役がその不足分の支払義務を負うものである（52条1項）。ただし、裁判所選任の検査役の調査を経ている場合と、発起設立においては発起人または設立

時取締役が職務上注意を怠らなかったことを証明した場合には、現物出資者である発起人と財産引受けの当事者である発起人を除き、発起人および設立時取締役はこの支払義務を負わない（52条2項・103条1項）。募集設立においては発起人・設立時取締役のこの支払義務は無過失責任である（103条1項）。

現物出資財産等で検査役の調査が専門家証明で免除された場合に（33条10項③）、この塡補責任による支払義務が発起人および設立時取締役に課されるときは、当該証明をした者（弁護士等）も自らが注意を怠らなかったことを証明しない限り、連帯して支払義務の責任を負担する（52条3項）。

（2）任務懈怠責任

1）対会社責任

発起人・設立時取締役・設立時監査役が会社設立の任務を怠ったときは、成立した株式会社に対して損害賠償の責任を負う（53条1項）。これらの者は、設立中の会社の機関として委任関係に準じて善良なる管理者の注意義務をもって設立事務を処理する任務を負っている。したがって、その任務を懈怠し会社に損害を与えた場合には連帯して賠償責任を負担しなければならない（54条）。

罰則規定：会社財産を危うくする罪（963条）

会社の役職員は容易に会社財産を危殆に貶める可能性がある。会社財産保護の観点からこのような危険な行為の一定類型を処罰するのが本条である。例えば、発起人等は、引き受けた設立時発行株式について、金銭の払込みまたは現物出資の給付をし、変態設立事項については定款に記載等しなければならないが、それについて裁判所や創立総会等に虚偽の申述を行ったり事実を隠ぺいした場合には5年以下の懲役もしくは500万円以下の罰金に処し、またはこれを併科する（963条）。これは後述する取締役等の特別背任罪（960条、第8章参照）の規定の補充規定であり、行為主体の図利加害目的や財産上の損害がないため同罪に該当しない場合にも、会社財産が危殆に陥ることを防止して、会社法上の出資履行や配当等に関する規制等を実効化しようとしたものである。したがって行為主体は上記の主体以外にも、例えば取締役等が、募集株式の発行における募集事項の決定や新株予約権の発行における内容の決定において、現物出資をする旨、その内容および価格について虚偽の申述を行った場合等にも及ぶ。

2章 会社の設立はどのように行われるか

なお、この任務懈怠の責任は総株主の同意がなければ免除できない(55条)。
2) 対第三者責任
　発起人・設立時取締役・設立時監査役が職務の執行に当たって悪意または重過失により第三者に損害を与えた場合には損害賠償の責任を負う(53条2項)。発起人等と第三者との間に特別の法律関係はないが、この責任は、第三者保護のために民法の不法行為の賠償責任(民709条)とは別に法が特別に認めた責任(特別法定責任説)とされる。第三者とは広く会社以外の者を指し、それには株式引受人や株主も含まれる。発起人等が複数で対第三者責任を負う場合は連帯責任となる(54条)。
3) 擬似発起人の責任
　定款に発起人として署名していない者は発起人ではないが、株式募集の広告その他株式募集に関する文書等に賛助者として自己の氏名を記載・記録することを承諾した者は、発起人と同様の責任を負う(103条4項)。

3　払込みの仮装行為(預合いと見せ金)

　株式会社の設立行為においては、法人の事業活動の出発点となる会社の成立時(設立登記)に会社財産の確保が必要とされる。この財産の形成は主に設立時発行の株式による資金調達により行われるが、平成2年の商法改正で株式会社に1000万円の最低資本金制度が導入された。しかし、その後のベンチャー企業の創業促進や債権者保護の見直しにより平成17年の現行会社法では、最低資本金制度はとられていない。そのため1円でも株式会社が設立できるという言が巷に広まり、容易に株式会社を作れる仕組みが紹介されているが、過少資本の株式会社が関係者に及ぼす弊害は重大である。従来から事業資金がなくても仮装の払込みを利用して会社の設立が行われ、これに対する法規制が講じられてきた。

(1) 預合い
　預合いとは、発起人と払込取扱金融機関とが通謀して、発起人が出資金相当分を同金融機関から借り入れて、それを払込みに充てたこととして別段預金に

振り替え、株金の払込みを仮装し、会社成立後も同預金の払戻しの制限を特約して、最後に発起人の借入金と相殺してしまう手法である。明治42年の日糖事件以来、古くから使われてきた仮装払込みの方法であるが、結局会社が自由に使える資金が確保されず資本充実の原則に反する無効な払込みとされる。この**預合い**を防止するために、同行為を行った者を刑事罰の対象とする（965条）とともに、一般に預合いで見られる預金払戻しの制限に対して、払込金保管証明書（募集設立の場合）を交付した銀行は払込金の返還制限を成立後の会社に対抗できないとした（64条2項）。

(2) 見 せ 金

見せ金とは、発起人が払込取扱金融機関以外の者から資金を借り入れて株金の払込みを行い、設立登記を済ませて会社が成立した後、短期間のうちに払込取扱金融機関より全額を引き出して借入先への返済に充てるという手法である。預合いとは異なり、実際に資金の移動は見られるが、最終的には成立した会社の事業資金の確保はなされず、資本充実の原則に実質的に反するといわれる。株金払込みの仮装の一態様を指す実務の用語として、昭和20年代後半に司法

◎ notice：1円設立―本当にいくらで会社は作れるのか

株式会社に求められていた1000万円の最低資本金の定めが平成17年会社法でなくなったので、株式会社は1円で作れるという話が広がった。でも実際には、いくらで株式会社は作れるのか。設立時の資本金としてゼロ円の表記は認められないので、少なくとも資本金は1円ということになる。そして、実際に株式会社を作るときに必要な経費としては、

① 公証人の定款認証手数料　　金5万円
　　（※ 電子定款でない場合は、印紙税として＋金4万円）
② 設立登記の登録免許税　　最低でも金15万円
　　（※ 資本金の額×7/1000：算出額が15万円に満たない場合は15万円）
③ 会社の実印の作成料金　　約1万円
④ 定款の謄本取得手数料および登記事項証明書　　約2000～3000円

以上で、およそ21～25万円ほどになる。

この金額に、司法書士などの専門家に依頼すると、通常その報酬額の相場は、＋10万円前後となるので、合わせて合計は約31～35万円ぐらいになる。

の場でも使用されるようになった（大阪地判昭和27年10月2日下民集3巻10号1366頁）。個別的には金銭の払込みがあり、会社成立後に会社財産を個人の債務弁済のために費消した点に取締役の任務違反は認められるにしても、その払込みは有効であるとする立場もある。しかし全体として計画的な払込仮装の仕組みが認められる以上、一般に払込みは法律的に無効と解される（導入判例参照）。

(3) 出資の払込みを仮装した場合の責任

　平成26年の会社法改正において、株式の払込みについて仮装行為が行われた場合の関係者の法的責任が明定された。平成17年会社法下では、特に募集株式の発行に際して行われる「見せ金」に対する規制が不十分であり、会社資金の循環による株式発行が問題となっていた。そこで平成26年改正により、出資の履行を仮装した募集株式の引受人の責任（213条の2）とこれに関与した取締役・執行役の責任（213条の3）を定めるとともに、株式会社の設立時における出資の履行を仮装した場合にも、仮装払込み・仮装給付を行った発起人に払込金全額の支払義務・現物出資の全部給付義務を負わせる（52条の2第1項）とともに、仮装行為に関与した発起人・設立時取締役についても、自己の無過失を立証できない限り連帯して支払義務を負担させた（連帯・過失責任。52条の2第2項3項）。以上の責任は、総株主の同意がなければ免除できない（55条）。また出資の仮装された設立時株式について、発起人は全額支払い・全部給付の後でなければその権利を行使することができない（52条の2第4項）。ただし、善意・無重過失で設立時発行株式または株主となる権利を譲り受けた者には、権利の行使が認められる（52条の2第5項）。

　募集設立における募集株式の引受人が行う払込み（63条1項）が仮装された場合には、引受人に会社に対する仮装した払込金全額の支払義務を負わせる（102条の2第1項）とともに、仮装行為に関与した発起人・設立時取締役についても、自己の無過失を立証できない限り連帯して支払義務を負担させた（連帯・過失責任。103条2項）。以上の責任は、総株主の同意がなければ免除することができない（102条の2第2項・103条3項）。払込みを仮装した引受人は、支払義務が果たされない限り設立時株主および株主の権利を行使することができな

い（102条3項）。ただし、善意・無重過失で設立時発行株式または株主となる権利を譲り受けた者には、権利の行使が認められる（102条4項）。

4 設立の無効

　株式会社の設立手続は、設立登記をもって完了するが、発起人を中心に進められたこの一連の手続に法的な瑕疵が認められる場合に、会社設立自体の効果が問題とされる事態も生じ得る。しかし誰でも、そして何時でも会社成立の無効が主張可能であるとすれば、成立した会社を前提に進められた様々な法律関係が重大な影響を受けることになり、法的安定性に問題が生じる。そこで会社法は、設立の無効に関する法的対応を設立無効の訴えによることとした。

(1) 会社設立無効の訴え
1) 提訴権者と提訴期間
　設立無効の訴えは、会社成立の日から2年内に、株式会社の株主等（株主・取締役・監査役・執行役・清算人）に限り提起することが認められる（828条1項①・2項①）。

2) 設立無効原因
　一般に無効原因と考えられるのは、公序良俗、強行法規そして会社の本質に反することである。個別的な事由としては、①定款の必要的記載事項の記載・記録が欠けていること、②定款に公証人の認証がないこと、③株式発行事項について発起人全員の同意がないこと、④創立総会の開催がないこと、⑤出資財産の価額が満たされていないこと、⑥設立時に発起人が1株も引き受けていないこと、などである。

3) 判決の効果
　設立無効の訴えが認められた場合に下される判決は形成判決である。この確定判決により会社の設立の法律関係は画一的に無効とされる。その効力は訴訟当事者以外の第三者にも及ぶ（**対世効**。838条）とともに、会社設立の効力は将来に向かって失効する（不遡及効。839条）。したがって、一応有効に成立した会社がこの判決の確定後に解散したのと同様の処理（準清算）が行われる（475条

②)。

(2) 会社不成立の場合の処理

　会社設立の無効が問題となるのは、設立の登記にまで達して設立手続が完了した後に設立無効の判決が確定したような場合であり、**事実上の会社**は存在していたといえる。これに対して会社の不成立とは、設立に際して出資される財産価額の払込みがなく、設立手続が途中で挫折したり、創立総会で設立廃止の決議がなされたときのように設立登記以前に設立手続が終了した場合である。この場合には、設立に関して行われた各行為について発起人が連帯して責任を負担することになる (56条)。設立費用としての支出分のすべても発起人が負担するとともに、株式引受人に対しては払込金を返還する必要がある。

(3) 会社の不存在

　設立登記がなされていても、設立手続をまったく欠いており会社としての実体がない場合を会社の不存在という。設立無効の場合よりも甚だしく重大な瑕疵があるために、誰でも何時でも、この会社の不存在を主張することができる。

設　問
① 発起設立と募集設立の違いについて説明しなさい。
② 設立事務所の賃料が未払いの場合、賃貸人は成立後の株式会社にその支払を請求できるか。
③ 設立時の株式について仮装払込みが行われた場合の関係者の法的責任を述べなさい。

【参考文献】
江頭憲治郎『株式会社法（第6版）』有斐閣、2015年
神田秀樹『会社法（第18版）』弘文堂、2016年
丸山秀平『やさしい会社法（第13版）』法学書院、2015年

Ⅱ 部

株式と会社支配

3 章

株式会社とは何か

【導入判例】 一人株主による譲渡制限株式の譲渡承認の効力（最判平成5年3月30日民集47巻4号3439頁）

〔事実〕 Y会社は2万株を発行する会社で、その株式の譲渡につき取締役会の承認を要する旨の定款の定めを設けていた。Aがその株式をすべて所有していたが、X1に1万2000株を、X2に3000株を譲渡し、昭和60年8月24日の定時株主総会ではA、X1、X2が出席し、A・X1・X3を取締役に、X4を監査役に選任した。ところが、同年9月24日開催の株主総会において、A・B・C・Dを取締役に、Eを監査役に選任する決議がなされたとして各役員の就任登記がなされた。そこで、X1らはY会社の9月24日の株主総会決議不存在確認、および取締役・監査役の地位の確認を求めた。

〔判旨〕 最高裁は「商法204条1項ただし書（現行会社法107条1項1号139条1項）が、株式の譲渡につき定款をもって取締役会の承認を要する旨を定めることを妨げないと規定している趣旨は、専ら会社にとって好ましくない者が株主となることを防止し、もって譲渡人以外の株主の利益を保護することにあると解される（最高裁昭和47年（オ）第91号同48年5月15日第2小法廷判決・民集27巻6号700頁参照）から、本件のようないわゆる一人会社の株主がその保有する株式を他に譲渡した場合には、定款所定の取締役会の承認がなくとも、その譲渡は、会社に対する関係においても有効と解するのが相当である」。

〔問題のポイント〕

本件判例は、株式に譲渡制限を課すことは「会社にとって好ましくない者が株主となることを防止」することにあり、会社が発行する株式すべてを所有する株主（一人株主）が譲渡を承認しているならば、定款記載通りに取締役会の承認を得なくても譲渡は有効である旨を明らかにしている。譲渡制限は、既存の株主にとってスムーズな経営を行ううえで支障になると判断されるような株主の出現を阻止することにあり、結局は既存の株主の利益を保護することにあることからすれば、100%を有する株主が譲渡を承認しているのであればわざわざ取締役会で承認するまでもない。また、たとえ取締役会での承認が必要で、かつ取締役会がその譲渡に反対したとしても、一人株主は譲渡を承認する取締役を選任すれば目的を達成することができる。このような意味で、本判決の判断は妥当だといえる。

1　株式の意義

　会社を設立したり、会社の事業に必要な資金を調達するには、まず銀行など第三者から借り入れる場合が考えられる。第三者からの借入れでは、契約に基づきその元本の返済と利子の支払が必要であり、借りる側に信用がなければ借入れできない。社債の発行も元本の返済（償還）と利子の支払を伴うので借入れと異ならない。他方で、出資者を募り、その出資された資金を資本とする場合には、元本・利子の返済・支払を伴わないため、借入れよりは出資の方が会社にとって有利である。その代わりに、出資者は資本提供者（資本所有者）として、その資本の運用に関与することになる。そして、資本提供者の間で意見がまとまらなければ、事業として成り立たないおそれもある。合名会社や合資会社では、多くの出資者が経営に関与すれば、意思決定が難しくなることから、資本提供者を募るには一定の限度があることになる。

　株式会社は、このような難点を克服する会社形態であるといえる。つまり、株式会社は、他人の資本を会社の自己資本とすることにより元本の返済・利子の支払義務を免れるとともに、出資者には経営への参加権を認めながらも、資本多数決制度を導入することで、容易に事業の意思決定をなすことができる。出資者である株主は会社から自由に脱退はできないが、その代わりに株式を市場で売却することによりその投下資本を回収できる。

　会社に出資し株主となっても、その投下した資本をどのように使用・収益するかは、資本の所有者である株主が決定できなければならない。つまり、株主のもっている権利は、所有権におけるものの使用・収益・処分と同じく、単一の権利として捉えられる。経済的利益を受けることを目的とした**自益権**も、会社運営への参加または不当な経営の防止を目的とした**共益権**も、自己の投資利益を守るための権利である。もちろん、資本多数決制度の下では、会社を支配するのは多数派株主であり、他の一般株主は通常は利益配当（インカム・ゲイン）や譲渡益（キャピタル・ゲイン）の取得を目的とするにすぎないこともあるが、その株式も一定数以上を保有する株主の手に渡れば、会社支配権を取得するに至る（潜在的な支配権をもつ）。

(1) 資本と株式との関係

　株主が払い込んだ出資金は、会社の**資本金**を構成する（445条1項）が、株式がもつ資本の割合的単位としての性格は希薄になっている。

　昭和25年の商法改正で無額面株式を導入する前は、額面株式の発行しか認められず、券面額と発行済株式総数を乗じた額が資本金として、資本金と株式は有機的に結びついていた。そして、資本金の総額と一株の金額は定款の絶対的記載事項とされていた。この改正では、無額面株式の発行が認められ、機動的な株式資本の調達を図るために授権資本制度を設け、資本金は原則として発行済額面株式の株金総額および発行済無額面株式の発行価額の総額とされた。ただし、額面株式についてはその額面超過額（株式発行差金）および無額面株式については発行価額の4分の1までは資本準備金に組み入れることを認めることで、理論的には、資本と株式の関係は切断されたのであり、実際にも、資本金の総額は定款の絶対的記載事項から削除された。さらには昭和56年改正では、その発行価額の2分の1までの額面超過額を、資本に組み入れないことができる（445条2項）ものとされたこともあり、資本と株式との関連性はすでに喪失していた。ただし、資本の中核を成している部分は株式によって調達された資金であることには変わらない。

(2) 株式の譲渡と市場

　株式会社は、歴史的に鉄道のような巨額の設備資金が必要なところで利用されたことからも窺われるように、株式の発行によって大衆資本を導入し、その運用を図る会社形態ということができる。そして、株式に払い込まれた資金は、消費貸借としての金銭の借入れとは異なり、会社の自己資本を構成し、その払戻しは原則として禁止されることになる。したがって、株式に投資する者は、投下資本を回収するには、その株式を他人に譲渡するほかないことになる。また、株価の上昇があれば、譲渡により**キャピタル・ゲイン**を得ることができる。逆に、株式の譲渡が認められなければ、投下資本の回収もキャピタル・ゲインの獲得もできず、会社経営のリスクを負うだけとなってしまい（会社の業績が悪く、利益が出ないと配当ももらえない）、株式に投資する者はきわめて少なくなるであろう。このように、大衆資金を導入するためには、株式の譲渡は常に自由で

なければならないといえる。もちろん、いつでも、誰にでも自己の所有する株式を売れるには、その背後に流通市場が必要である。

株式の公開は、株主が同族あるいは特定の少数者に限られていた会社が、その株式を不特定多数の人々に開放して、出資を募るとともに、自由に売買できるように株式の**流通市場**（証券取引所）に登場させることである。各証券取引所は上場基準を設けているが、これは、取引所の信用を確保し、ひいては投資家保護を図ろうとするものである（東京証券取引所には、一部市場、二部市場、マザーズ、ジャスダックなどの市場があるが、それぞれの上場基準は異なる）。

株式会社でありながらその株式を上場していない会社が圧倒的に多い（株式会社の数は25万弱あるのに対して、上場会社は約3500である）。

このような非上場会社では、株式の譲渡は通常、特定の限られた者の間でしか行われない。逆に、誰もが株式を取得できるとなれば、既存の株主や経営者に知られない第三者が株式を取得し、経営上の紛争の種になることすらある。そこで、会社法は非上場会社でも、閉鎖性の高い会社には、株式譲渡につき会社の承認を要する旨を定款に定めることを認め（107条1項1号）、既存の株主にとって望ましくない者が株主になることを防止している。

2　株券の発行・不発行と株式の譲渡

(1) 株券の発行と不発行

有価証券としての**株券**は、株式の譲渡を安全かつスムーズに行ううえで意義があるが、旧商法では、株式の譲渡は、当事者間の合意に基づき、株券を引き渡すこと（交付）によって行われるとしていたため、会社は設立登記後または新株の払込期日後は、遅滞なく株券を発行し、株券の交付による株式の譲渡を保障しなければならないとされていた。ところが、会社法は、それまで株券発行を原則とし、例外的に定款により株券を発行しないこともできるようにしたが、この原則と例外を逆転させ、株券不発行を原則とし、株券を発行する会社（株券発行会社）となるにはその旨の定款を置くこととされた（214条）。

株券不発行会社では、株式を譲渡するには当事者間の意思表示が必要であり、会社および第三者に対抗するには株主名簿の書換が必要である（130条1項）。

名義書換の請求は、株式の取得者がそれまで株主として**株主名簿**に記載された者またはその相続人その他の一般承継人と共同してするのを原則とするが、このような共同での請求以外に認められる方法は、利害関係人の利益を害するおそれがないものとして法務省令で定めることとされている（133条1項・2項。会施規22条）。

なお、株券不発行会社でも株式振替制度が適用される上場会社においては、口座への振替により譲渡が行われる（振替法140条1項）。

(2) 株券の意義

株券発行会社については、譲渡の効力発生要件は**株券**の交付であり（128条1項）、会社に対する対抗要件は株主名簿の名義書換である（130条2項）。株券は無記名の有価証券として、その占有者は適法な権利者と推定され、および善意取得がある（131条1項・2項）。また、名義書換請求は、取得者が株券を会社に対して呈示して行われる。定款の定めにより株券発行会社となった場合には、株式の発行の日以後遅滞なく株券を発行しなければならない（215条1項）。

法定の記載事項（216条）が記載された株券は、株式すなわち株主たる地位（株主権）を表章する有価証券（無記名証券）である。ただし、法定の記載事項が一つでも欠ければ証券として無効であるといったほど厳格な様式証券ではない。また、有効な株式の存在を前提にして発行された株券のみが有効であり、代表取締役が予備株券を偽造して流通に置いたような場合でも、無効な株券である（会社が不法行為責任〔350条、民709条〕を負うことはあるが）。その意味で、（証券の作成・交付によって権利義務関係が生じる手形・小切手のような）設権証券ではない。

会社が株券を作成して保管中に会社の債権者がそれを差し押えたり、株主宛に郵送中に盗難にあったような場合、その株券は有価証券として成立しているかどうかが問題となる。判例では、「会社が株券を作成しても、これを株主に交付しない間は、株券としての効力はない」（最判昭和40年11月16日民集19巻8号1970頁）と解されている。したがって、株券が作成され、株主に交付されない間に盗まれたり、差し押えられた株券は、株式を表章する有価証券ではなく、単なる紙切れということになる。学説では、株券が郵送のために各株主宛に分別されたとき、あるいは会社が様式の整った株券を作成し株主の氏名を記入す

れば、そのときに株券の効力が発生すると解する見解も有力である。

　株券の占有者は適法な所持人と推定されるため（131条1項）、占有者から株式を譲り受けた者は、たとえその譲渡人が無権利者であっても、そのことを知っているか、知らないことにつき重過失がない限り、その株券を元の株主に返還する義務はなく、会社は善意取得者が名義の書換を請求した場合には、それに応じなければならない（131条2項）。したがって、株主が株券を紛失したり、盗まれ、会社がその喪失者に株券を再発行する場合には、二重発行の問題が生じる。

　株主が株券を汚損または毀損したとき、その旧株券と引換えに新株券の発行を認めても二重発行の問題は生じない（実際には、会社は定款の規定または株式取扱規則に基づき新株券を再発行している）。ところが、紛失・盗難などにより株券を喪失したときは、二重発行の危険があるため、平成14年改正で**株券喪失登録制度**が設けられた。これまでは、喪失者が（簡易）裁判所の公示催告手続（非訟141条・156条）によって除権決定を得た場合に新株券の再発行を認めていたが、株券の喪失においては、手形・小切手等の他の有価証券の場合と異なる取扱いをすることになった（233条）。新制度への移行の理由として、除権判決を得ても公示催告中の善意取得には対抗できないと解されていること（最判平成13年1月25日判時1740号85頁）、株券の所持人は通常、官報等への掲載・掲示（非訟144条1項）では公示催告の存在を知り得ないことなどがある。なお、株券の喪失登録制度と株券の再発行については、「株券喪失登録簿」（221条）、「登録異議」（225条）の制度が設けられている。

(3) 株式振替制度

　証券取引所に上場している会社の株式は頻繁に譲渡されることになるが、株券の引渡しを伴う株式の譲渡では、①株主が株券を取得しても、その株券を紛失したり盗難に遭って、第三者に善意取得される危険がある。その危険に対処するためには、株主は株券の不所持制度（217条）を利用するか、証券会社に株券の保管を委託する「保護預り制度」を利用することができるが、その株式を譲渡しようとすれば、会社または証券会社に対してその株券の返還を求めなければならない。また、②株式の売買には必ず株券の移動が必要であるが、1日

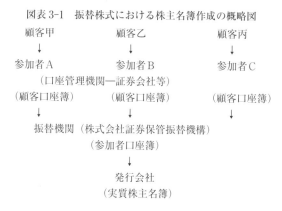

に莫大な数の売買が行われると、株券の移動がスムーズにいかず、取引に支障が出てくるおそれもある。

この①と②の問題に対処するために、株券を発行せずまた株券を実際に動かさずに、銀行の預金口座のように、口座の振替で済ますのが**株式の振替制度**である（振替法。図表3-1）。株式の譲渡等はすべて口座への振替、口座の残高の増減により効力を生じることになった（140条）。つまり、株式の取得は、自己が口座をもつ（証券会社等の）振替管理機関での口座への振替（口座への残高の記載・記録）により効力を生じることになる（振替法140条）。

そして、株式発行会社は、会社が定めた基準日等において、振替機関からの通知（振替口座簿に基づく総株主通知）事項を株主名簿に記載・記録すること（振替法151条1項・152条1項）により、会社に対する対抗要件を備えることになる（振替法161条3項、130条）。

しかし、振替法154条は、振替株式についての少数株主権等の行使については、株主名簿の記載または記録を株式の譲渡の対抗要件と定める会社法130条1項の規定を適用せず、権利を行使しようとする株主は口座管理機関を経由して振替機関に対し**個別株主通知**の申し出を行い、振替機関から発行会社への個別株主通知を行ってから権利行使する必要があるとしている。つまり、総株主通知でもって「株主」が確定される場合以外で、株主が少数株主権等を行使しようとすれば、株主が個別株主通知の手続をなさなければならない（5章参照）。

3　株主名簿と基準日

(1) 株 主 名 簿

　株主名簿は、株主および株券に関する事項を明らかにするための帳簿であり、株主の有する株式の内訳、株式取得の年月日等が記載（記録）される（121条）。株式を取得した者は、会社その他の第三者に対して株主であることを主張するには株主名簿の**名義書換**をしなければならない（130条1項）。会社は株主名簿上の株主に対して、通知・催告（224条、224条ノ2）、配当の支払いなどを行うとともに、会社は株主名簿でもって株主の存在・所有株数を確認すれば足りる。

　株券発行会社では、株券の占有者が正当な所持人と推定され、その占有者である譲渡人から株券の交付を受けた譲受人は原則として当該株式について権利を取得することから（131条）、株主名簿の名義書換は会社以外の第三者に対する対抗要件ではない（130条2項）。

　株式振替制度を利用している場合には、前述のように、株式発行会社は、会社が定めた基準日等において、振替機関からの通知（総株主通知）事項を株主名簿に記載・記録すること（振替法151条1項・152条1項）により、会社に対する**対抗要件**を備えることになる（振替法161条3項、130条）。

　株主名簿は、取締役が作成し会社の本店に備え置くが、名義書換代理人を置いたときはその営業所に備え置く（125条1項）。株主および会社債権者は営業時間内はいつでも閲覧・謄写できるが、請求の理由を明らかにしなければならない（125条2項）。

　なお、株主（A）がその株式を第三者（B）に譲渡したが、Bが名義書換をしないために株主名簿上の株主はAとなっている場合、Bは会社に対して株主であることを主張できない（206条1項）。ただし、会社はBを株主として取り扱うことができるかについて、判例（最判昭和30年10月20日民集9巻11号1657頁）はこれを肯定している。これに対して、この見解からすれば、会社がある株主には名義書換を認め、ある株主には認めないなどの弊害が生じるおそれがあるとの批判がある。

　また、株券を呈示して名義書換を請求したにもかかわらず、会社が不当に名

義書換を拒否した場合、「株主は名義書換なしに会社に対し株主であることを主張でき」、また「会社が株式譲受人から名義書換請求があったにもかかわらず、過失によりその書換をしなかった場合でも同様である」と解されている（最判昭和41年7月28日民集20巻6号1251頁）。

(2) 基 準 日

　会社は、株主に株主総会の招集通知を出したり、配当を渡すときなど、ある一定時点で株主名簿に株主として登録されている者を株主として取り扱わざるを得ない。特に、市場で株式の売買が行われる上場会社などでは株主は絶えず移動する可能性があるために、その必要性は特に高い。このように、株主を確認し、特定するための一定の基準となるべき日が**基準日**である（124条）。基準日は、権利行使の日の前3か月以内の日でなければならない（124条2項）。通常は定款で基準日が定められているが、その定めがなければ、基準日と行使できる権利内容は基準日の2週間前までに公告されなければならない（124条3項）。
　例えば、基準日を3月31日と定める会社が、6月末に定時株主総会を開催する場合、会社はその3月31日の時点において株主名簿に株主として記載・登録されている者に株主総会の招集通知を出し、その者に配当を交付することになり、当該株主がたとえ基準日後にその株式を他人に譲渡したとしても、株主総会に出席し、議決権を行使するなどの権利をもつことになる。つまり株主名簿上の株主と実際の株主との乖離が生じ、それが長ければ約3か月続くことになる（現行の基準日制度は立法上検討すべき課題となっている）。
　ただし、基準日において株主が行使することができる権利が株主総会または

◎ notice：基準日の意義
　現在は決算期現在の株主を基準日をもって確定し、その基準日の株主に定時株主総会の議決権を付与しており、3月31日決算であれば6月末までに定時総会が開かれている。しかし、この3か月の間に株式が譲渡されれば、定時総会時点の株主と議決権を行使する者との間に大きな乖離が生じるなどの問題があることから、近時、決算期を議決権行使や剰余金配当受領の基準日とする慣行を改めるべきだとの見解（例えば、議決権行使の基準日を総会日直前とし、配当受領の基準日を株主総会終了後の日とする）が主張されている。

種類株主総会における議決権である場合には、会社は、当該基準日後に株式を取得した者の全部または一部を当該権利を行使することができる者と定めることができる (124条4項本文)。もっとも、これをもって、当該株式の基準日株主の権利を害することができず (124条4項ただし書)、基準日後に新株発行をして新株主に議決権を行使させるような場合でも、取締役が自己の地位を守ることを主要な目的としているような場合には認められない。

4　非公開会社における株式の譲渡

　非公開会社では、株式の譲渡は頻繁には行われない。また、非公開会社では、株式の譲渡が会社支配権の移動・変動を伴うことが多く、譲渡の自由がかえって会社経営の安定を損なうとの判断から、会社法は、定款の規定に基づき、株式の譲渡の相手方を制限する規定を置いている。定款による譲渡制限以外にも、株主と従業員持株会・会社等の間で、契約に基づき譲渡の相手方や譲渡価格について特別な制限を定めていることがある。

　これまでは、会社が発行するすべての株式を**譲渡制限株式**とすることが前提とされてきたが、会社法は、定款の定めにより、株式の種類ごとに譲渡制限株式とすることを可能とした (108条1項4号)。したがって、譲渡制限株式は、会社が発行する全部または一部について譲渡制限が定められている株式である (2条17号)。そのような制限のない会社が公開会社である (2条5号)。

(1) 定款による譲渡制限

　株式譲渡の自由には、譲渡するか否かを決定する自由、譲渡の相手方を選択する自由および譲渡価格を合意に基づき決定する自由が含まれる。株式譲渡制限は譲渡の相手方を選択する自由に一定の制限を課したものである。株式の譲渡制限は原始定款で定めておく場合と設立後定款を変更して定める場合がある。

　定款を変更して株式譲渡制限の規定を新たに設けるには、発行済株式の3分の2の多数で、かつ株主の頭数で過半数の賛成を得なければならない (309条3項1号)。

　株式の譲渡制限は取締役会に株式の買受人を指定する権限を制約するにとど

まるから、株式の譲渡そのものを禁止することはできず、また株主の資格を日本人、会社の従業員などの一定の者に限定することはできない（ただし、日刊新聞紙の発行を目的とする株式会社では、定款でもって株式の譲受人をその会社の事業に関係のある者に限ることが認められている。日刊新聞紙の発行を目的とする株式会社及び有限会社の株式及び持分の譲渡の制限等に関する法律1条）。

　譲渡制限のある株式においてその譲渡には、原則として、取締役会設置会社では取締役会の承認を必要とし、取締役会を設置していない会社では株主総会の承認を必要とすることになるが、定款でこれとは違った定めをすることができる（139条1項）。取締役会を設置している会社で株主総会や代表取締役を承認する機関とすることも可能である。

　さらに、譲渡制限株式であっても、定款で別段の定めを置けば、特定の属性を有する者（株主、従業員持株会など）に対する譲渡については承認を要しないとしたり（108条2項4号・107条2項1号ロ）、代表取締役に承認権限を委任することも可能である。また譲渡による取得が承認されなかった場合の先買権者をあらかじめ指定しておくことができる（140条5項）。

　譲渡制限株式の株主AがBへの譲渡を希望しているときにはその譲渡の承認を求めることができ（136条）、さらに会社がBへの譲渡を承認しないときには会社自身による買取りまたは指定買受人による買取りを求めることができる（138条）。会社または**指定買受人**が金銭の供託を行って当該株式を取得する旨の通知を行った後は、会社または指定買受人の承諾を得なければ、その取得の請求を撤回できない（143条1項。なお最判平成15年2月27日民集57巻2号202頁）。当事者が協議によって売買価格を決定することになるが、その売買価格が折り合わないときには、当事者または会社の申立てにより裁判所が決定することになる（144条）。

　なお、株主Aが事前にBに譲渡し、Bが譲渡承認を求めることも認められる（137条1項）。この場合の譲渡承認は、株主名簿に記載・記録のある株主またはその相続人その他の一般承継人と共同でしなければならない（137条2項）。これは、譲渡制限株式の取得者からの譲渡承認請求手続と名義書換請求手続とを一体のものとして取り扱うことを意味している。

(2) 一般承継人に対する売渡し請求

　株式会社は、譲渡制限株式を相続・合併等の**一般承継**により取得した者に対し、会社に対して売渡請求ができる旨を、定款により定めることができる (174条)。売買等の譲渡によって会社にとって好ましくない者が株主として参入することを防ぐ株式の譲渡制限制度に加え、譲渡以外の相続・合併等の一般承継による会社にとって好ましくない者による新たな株主の出現を防ぐ趣旨で設けられた。

　会社法は、売渡請求を株主総会の特別決議により決定すべきこと (175条1項・309条2項3号)、売買価格の合意が成立しない場合に裁判所が売買価格を決定する手続およびその価格の基準につき規定を置いている (176条・177条)。

(3) 契約による譲渡制限

　株主と会社との契約または株主と株主との契約により株式譲渡を制限する旨を合意することは会社法127条および107条に違反しないかが問題となる。譲渡制限は、合弁会社のように、共同出資を行った会社間で契約 (合弁契約) をもって定められる場合もあるが、わが国では主として、従業員持株制度との関連で問題とされている (従業員持株制度では、合弁契約のような経済的に独立した当事者間の契約とは異なり、会社との関係で従属的な地位にある従業員株主と会社または会社との独立性が十分に確保されていない従業員持株会等との附合契約的性質が問題となる)。

　従業員持株制度は、従業員の福利厚生・財産形成あるいは従業員の会社への帰属意識を高めるなどの目的で、従業員が給与・賞与などから定期的に一定額を積み立て、その勤務する会社の株式を取得する制度である。

　従業員は自社株の購入に際して、会社から奨励金等の名目で一定額の援助を受けることが多い。上場会社や店頭登録会社では、証券会社または信託銀行の主導の下に定型化された規約 (契約) に基づく従業員持株制度が採用されており、公開市場での譲渡が保障されている限り、株式譲渡制限との関連で問題となることは比較的少ない。ストック・オプションとして、従業員に対して新株予約権が付与されることも認められており、その予約権を行使したときには、同時に従業員株主となる。

　しかし、定款で株式譲渡につき取締役会の承認を要する旨を定めている閉鎖

会社では、株主と会社・代表取締役との間で、あるいは株主と持株会との間で譲渡制限を定める契約を締結することが珍しくない。この閉鎖会社の従業員持株制度で問題となるのは、退職等の一定の事由の発生に伴い、株主が会社、代表取締役あるいは持株会に譲渡すべきこと（売渡・売渡先の強制）、その譲渡価格は取得価格あるいは一定の評価方法に基づく価格に固定されること（価格の固定）が定められている場合である。

判例および有力説は、価格の固定を含む契約を有効だと解している。売渡し・売渡先の強制に関して、閉鎖会社の株式はそもそも譲渡が困難であり、退職等による買取りはその困難を緩和するものであることに照らして、契約自由の原則が妥当するのであり、商法204条1項には違反せず、また価格の固定に関して、従業員は（時価ではなく）額面価格で取得しており、相当程度の利益配当を受けている場合には会社法127条・107条または公序良俗に違反しないと解している（最判平成21年2月17日金判1317号49頁）。

(4) その他の譲渡制限

そのほかにも、次の各場合につき、譲渡制限が定められている。この制限は、公開会社、非公開会社を問わず、適用される。

1) 権利株譲渡の制限

株式の申込み（59条1項）と割当て（60条・203条）により引受けが成立するが、この株式引受人の地位が**権利株**である。権利株の譲渡は会社に対して効力が生じない（35条。募集株式の発行について208条4項）。会社設立に際しては引受けが成立してから設立登記がなされるまで、新株発行では引受けが成立してから新株発行の効力が生じるまで（209条）の期間である。

権利株の譲渡が会社に対して効力が生じないのは、設立事務あるいは新株発行事務が煩雑になるのを防ぐためであり、当事者間では有効だと解されている。

2) 株券発行前の株式譲渡の制限

株券発行会社において、会社が成立したがまだ株券が発行されていないとき、または新株発行の効力が生じたが株券がまだ発行されていないとき、その株式の譲渡は会社に対しては効力が生じない（128条2項）。

株券発行会社であれば遅滞なく株券を発行すべきである（215条1項）が、株

券発行準備中に株式が転々と譲渡され、会社も認めなければならないとすれば、株券の名義の書換などにより、株券発行事務が結局遅れてしまうために、このような規定が置かれている。当事者間の譲渡は有効である。

なお、会社が株券の発行を不当に遅滞するときは、会社が譲渡の効力を否認するのは信義則に反して許されない（最判昭和47年11月8日民集26巻9号1489頁）。学説では、株券の発行に通常必要とされる合理的期間が経過すれば、信義則を持ち出すまでもなく、会社に対する関係でも有効に株式を譲渡できると解する説が有力である。したがって、会社が不当に株券の発行を遅らせていると、株主は意思表示でもって譲渡でき、譲受人は会社に対して株主として株券の発行、名義の書換を請求できることになる。

なお、株券不発行会社では、このような制限は働かない。

5　株式の質入（株式の担保）

株主がその所有する株式を担保にして銀行から融資を受ける場合、あるいは信用取引するに際して委託保証金として証券会社に株式を担保として提供するような場合など、株式は他の債券（国債・政府保証債・金融債・社債等）とともに担保に提供されることが多い。これらは換価が容易で優先弁済を受けやすく金融の手段に適しているからである。

（1）質権の設定

株式に**質権**が設定されるには、債務者たる株主は株式を債権者である質権者に引き渡し（146条2項）、質権者は被担保債権の弁済があるまでは株券を留置し、弁済がない場合には、それを換価処分してそこから優先弁済を受けることになる（民342条）。流質契約が認められていれば（商515条）、弁済がなければ、競売するまでもなく担保権者の所有となる。また、質権者は担保物の交換価値を維持するために物上代位権（民362条2項・350条・304条）をもつ。

会社法は、株式に対する質権設定の方法として、質権者に株券の占有を移すだけで質権を設定する略式質（146条2項）と株主名簿に質権者の住所・氏名（名称）を記載（記録）する（株券発行会社にあっては、株券の占有）株券にもその氏

名を記載(記録)する登録質(147条1項)とを定めている。株券不発行会社では、株主名簿に質権者の住所・氏(名称)を記載しなければ会社その他の第三者には対抗できないために(147条1項)、登録質のみが認められることになる。

振替制度利用会社では、当事者間の合意のほかに、質権設定者の振替申請により(振替法132条2項)、質権者がその振替口座の質権欄に質入れに係る振替株式の記載・記録を受けなければ、効力を生じない(振替法141条)。

略式質は、質権設定の事実が会社には分からないので、株券と引換に株主が交付を受けるものには物上代位権をもち、わざわざ差押えの必要はない。これには、会社が行う取得請求権付株式の取得、取得条項付株式の取得、全部取得条項付種類株式の取得、株式の併合、株式の分割、株式無償割当て、新株予約権無償割当て、剰余金の配当、残余財産の分配、組織変更、合併(消滅会社の場合に限る)、株式交換、株式移転、株式の取得の各行為により株主が受けることのできる金銭等が挙げられている(151条)。株券と引換ではなく株主に交付されるもの(株券を交換しない株式分割の追加発行等)については、株主への引渡前に差し押さえなければならない(民304条ただし書参照)。

他方、**登録質**では、以上のほか、剰余金配当(金銭に限る)にも質権の効力が及び(154条1項)、登録質権者は株券・金銭等を会社に請求することができる。ただし、金銭については、被担保債権の弁済期が未到来であれば、質権者は会社にその金額を供託させることになる(154条2項)が、株券は弁済期が未到来でも会社から交付を受け、質権者はこれに対して質権をもつことになる。

(2) 譲渡担保の設定

現実には登録質の方法をとることは少なく(株主名簿で公表されることを嫌う)、またその場合には、単に担保に差し入れるというだけで、質権の設定か**譲渡担保**の設定か、明らかでない場合が多い。ただし、両者には基本的な差異はなく(ただ、譲渡担保であれば流質契約禁止の原則〔民349条〕が及ばず、また有価証券取引税は質権設定では科されないが、譲渡担保では科される)、譲渡担保が設定された場合でも略式質と同様に取り扱うことができる。

6　自己株式と親会社株式の取得制限

(1) 自己株式の取得制限

　会社が発行した株式を自ら取得すること（自己株式の取得）は、その株式に経済的価値がある限り、他の財産と同様に取り扱っても問題はないが、それを自由に認めることにより様々な弊害が生じるおそれがある。商法は、これまで自己株式の取得を原則として禁止してきたが、平成6年と平成9年の改正は例外的に取得できる範囲を拡大し、平成13年改正は自己株式の買受けおよび保有（金庫株）を原則として自由とし、会社法に受け継がれた。

1) 自己株式取得の弊害

　①　出資の払戻し（資本維持・充実の原則）　会社が自己資本を買い入れたため、貸借対照表上の純資産（資産から負債を控除した額）が、資本と法定準備金の合計額より少なくなる場合、株主に対する出資の払戻しとなり、会社債権者の利益を害する。減資手続をとらずに資本の払戻しをするのと同じである。もっとも、配当可能利益を財源とすれば、この弊害は直接には生じない。

　②　資産としての危険性　会社の経営状態が悪くなれば、株価も下落し、会社は二重の不利益を被る（他社の株式を所有しても、他社の業績悪化により株価が下落または減配により不利益を被ることには変わりはないが、自己株式では自社の業績悪化がプラスされる）。

　③　株主平等違反　特定の株主から有利な価格で買い取ることにより、株主の平等な取扱いに反するおそれがある。もっとも、取引所を通してまたは公開買付けでもって買い受ければ、この危険性は少なくなる。

　④　支配の不公正　支配するに足る株式数が減少する。自己株式には、議決権はなく（308条2項）、株主総会決議の定足数に算入されないから、例えば発行済株式総数が100であれば、会社を支配するには計算上51株必要であるが、30株を会社が取得すれば、36株で会社の支配が可能になる。逆に、自己株式の買受けが認められれば、浮動株が少なくなり、乗っ取りの危険が少なくなる。

　⑤　不公正な取引　株価が低迷しているときに、自己株式を買い受け、市

場に出回る株式が少なくなれば株価の値上がりが期待できることもあるが、相場操縦（金商法159条）に利用されたり、また内部者取引（金商法166条）が行われるおそれもある。

なお、会社の資金でもって自己株式を買い受けるが、名義だけ会社以外の者にする場合（他人の名義による自己株式の買受け）も自己株式の買受けに当たる（963条5項1号参照）。

これらの自己株式取得に伴う弊害の規制として、(a) 目的規制、(b) 取得手続、(c) 取得方法、(d) 取得財源、(e) 数量制限、(f) 保有期間制限が考えられるが、(b)、(c) および (d) による規制がなされているにすぎない。

2) 取得事由と取得手続

会社法は取得事由として次の①〜⑬までを挙げている（155条）。

①取得条項付株式において一定の事由（107条2項3号イ）が生じたとき、②譲渡制限株式につき譲渡承認申請があったとき（138条1号ハ・2号ハ）、③取得に関する株主総会決議等があったとき（156条1項）、④取得請求権付株式につき取得の請求（166条1項）があったとき、⑤全部取得条項付種類株式につき取得の決議があったとき（171条1項）、⑥株式相続人等に対して売渡請求をするとき（176条1項）、⑦単元未満株主が会社に買取りを請求したとき（192条1項）、⑧所在不明株主の株式を買い取るとき（197条3項）、⑨1株に満たない端数の処理として買い取るとき（234条4項）、⑩他の会社（外国会社を含む）の事業全部の譲受けに際して取得するとき（467条1項3号・2項）、⑪合併後消滅する会社から株式を承継するとき（750条1項・754条1項）、⑫吸収分割をする会社から株式を承継するとき（759条1項）、⑬法務省令で定める場合。

なお、③による取得では、誰からどのような方法で取得するかにより、次の(a)〜(c)のように手続が異なる。

(a) 株主総会の決議（普通決議で、定時総会でなくても可能）により、すべての株主（種類株式の場合は当該種類株式すべての種類株主）に買取申込みの機会を与えて、取得する場合（156条）には、総会決議でもって取得株式数（種類株式ではその種類とその数）、交付する金銭等の内容・総額および取得期間（1年を超えることができない）を定め（156条1項）、その授権の下で、会社（取締役会設置会社では取締役会）がその都度取得する株式数等を決議し（157条）、株主に通知（公開会社

では公告も認められる）する（158条）。取得予定株式数が取得申込株式数を超えた場合には、比例按分する（159条2項）。

ただし、市場（証券取引所・店頭市場）を通してまたは公開買い付けにより取得する場合（165条1項）には総会決議でもって定める（156条1項）か、または定款で取締役会決議により自己株式を取得できる旨の規定を設けているときには取締役会が決定できる（165条2項・3項）。

（b）特定の株主から取得する場合には、株主総会の決議（この場合には特別決議、309条2項2号）を必要とするが、その特定の株主を恣意的に優遇するおそれがあることから、その他の株主は総会決議前に自己をも売主に追加するよう請求できるものとしている（160条2項・3項）。もっとも、市場価格のある株式で、取得価額が市場価格を超えないときは、他の株主は追加する旨の請求はできない（161条）。

なお、追加する旨の請求権が認められないのは、以上のほか、非公開会社における相続人等の一般承継人からの株式の取得の場合（162条。なお同条2号）、あらかじめその請求権を認めない旨の定款の定めがある場合（164条1項）である。

（c）子会社から自己株式を取得するときは、取締役会設置会社では取締役会の決議でもって、それ以外は株主総会の決議でもって取得することができる（163条）。

3）財源規制

自己株式を、株式買取請求等に応じて義務的に取得するのではなく、会社が任意に取得する場合には、会社に**分配可能額**がなければならない（461条1項）。すなわち、自己株式の取得により株主に対して交付する金銭等（その会社の株式を交付する場合を除く）の帳簿価額の総額が、取得の効力発生日における分配可能額を超えることはできない。

合併・会社分割・事業全部の譲受により相手方会社の有する自己株式を取得する場合、合併・会社分割・株式交換・株式移転等において認められている反対株主の株式買取請求権に応じて株式を買い取る場合、および、単元未満株主の買取請求に応じる場合には、この財源規制には服さない。

ただし、株式の全部または一部を譲渡制限株式とする定款変更などに係わる

会社法116条1項各号に規定されている株式買取請求権においては、反対株主に支払う金銭の額は当該支払日における分配可能額を超えることは認められない（464条）。

4) 自己株式の消却と処分

会社は（取締役会設置会社では取締役会の決議で）その保有する自己株式を消却することができる（178条）。

自己株式を処分する場合には、募集株式の発行（新株発行）と同じ手続に従う（199条）。上場会社でも市場で売却することは許されない。これは、自己株式の取得を株主に対する払戻し、保有自己株式の処分を株主からの出資として捉えていることを表しているが、同時に自己株式取得の弊害③の防止にもつながる。

ただし、株式交換により完全親会社となる会社・吸収分割の承継会社・吸収合併の存続会社が新株発行に代えて自己株式を使用する場合、取得請求権付株式・取得条項付株式・全部取得条項付種類株式・取得条項付新株予約権の対価として自己株式を交付する場合、新株予約権の行使に際して新株発行に代えて自己株式を交付する場合、吸収分割に際して分割会社の株式を承継会社に承継させる場合、および単位未満株主の請求に応じて自己株式を譲渡する場合は、除かれる。

5) 違法な自己株式取得の効果

会社が違法に自己株式を取得・質受をした場合には、無効と解される。ただし、違法な自己株式の取得・質受が子会社など会社以外の第三者名義でなされ、売主は買主にとって違法な自己株式の取得・質受に当たるかどうか分からない場合（善意）には、その取引を無効とせず、知っていた場合（悪意）に限って無効になると解されている。また、原則として会社だけが無効を主張できる。

6) 自己株式に基づく権利

保有自己株式については、議決権（308条2項）その他の共益権も認められない。これは、会社の資金で取締役が総会決議を左右するのを防止することにある。自益権では、配当請求権（453条）、残余財産分配請求権（504条3項）、募集株式の割当てを受ける権利（202条2項）、新株予約権の割当てを受ける権利（241条2項）などは認められない。

株式分割・株式併合の際の自己株式の取扱いについては、争いはあるが、自己株式の価値を維持するために必要であるから認められると解される。

(2) 子会社による親会社株式の取得禁止

子会社（2条3号）による親会社（2条4号）株式の取得は、自己株式取得禁止の潜脱行為として利用されやすく、自己株式取得と同じような弊害が生じることから、会社法はこれを禁止している（135条1項）。

例外として、①他の会社（外国会社を含む）事業全部の譲受けにおいて、譲渡会社から譲受会社の親会社株式を譲り受けるとき、②合併後消滅する会社から親会社株式を承継するとき、③吸収分割において他の会社から親会社株式を承継するとき、④新設分割において他の会社から親会社株式を承継するとき、その他⑤法務省令で定めるときにはその取得が認められる（135条2項、会施規23条）。ただし、子会社が親会社株式を例外的に取得したとき、または子会社となった時点で親会社株を所有していた場合には、相当の時期にその株式を処分しなければならない（135条3項）。

子会社が親会社の株式を例外的に取得した場合、その株式の議決権は停止する（308条1項、会施規67条）。親会社株主総会出席権や議決権を基準とする少数株主権は認められないが、それ以外の共益権は認められると解される。自益権は認められる（子会社が有する親会社株式に募集株式の割当てを受ける権利は認められるかについては争いがある）。

(3) 株式の相互保有

会社が相互に株式を持ち合うことをいう。株式の**相互保有**は、安定株主工作、企業提携あるいは企業グループの形成、結束の強化を図るために利用される。株式相互保有の弊害として自己株式取得の場合と同じように、①相互の出資の払い戻し、②経営者の相互信認、③株価操作・内部者取引が問題となる。A株式会社に発行済株式総数の4分の1を超える株式を所有されているB株式会社は、子会社による親会社株式の規制と同じく、A株式会社の株主総会における議決権を行使できないという形で規制されている（308条1項、会施規67条）。

7　無額面株式、株式の消却・併合・分割・無償割当て

(1) 無額面株式

　株式は、平成13年改正（法79）により、すべて無額面株式となった。券面額のない株式つまり無額面株式では、最低発行価額という制約がなく、①株価が額面を下回るときでも、その時価で新株発行ができ、②株式総額と資本金額の関係からする制約がなく、株式分割等の手続が簡単になる。

(2) 株式の償却・併合・分割・無償割当て

1) 株式の消却

　株式の消却は、特定の株式を消滅させるものである。

　旧商法では、株式の消却は、①資本減少に伴う消却、②定款の規定に基づく利益消却、③償還株式の消却および④自己株式の消却において行われていたが、会社法では、④の自己株式の消却のみとなった。

　①の資本減少に伴う株式の消却は、株式と資本との関係が希薄となったために不必要となった。ただし、株主総会の決議でもって社外株を減少させるには、株式の併合（180条1項）または全部取得条項付種類株式（108条1項7号）を利用することができる。

　②の定款に基づく利益消却は、会社法では取得条項付株式（107条1項3号）によってなされる。

　③の償還株式は、会社法では取得請求権付株式（107条1項2号）または取得条項付株式（107条1項2号）に該当する。

　これら①から③の消却は、会社法では、株主の保有する株式を一旦自己株式として取得してからこれを消却するものと整理されたため、すべて自己株式取得の規制として取り扱われることになった。

2) 株式の併合

　2株を合わせて1株にするように、既存の数個の株式を合わせてそれよりも少数の株式とすることを株式併合という（180条1項）。

　株式併合により各株主所有の株式数が少なくなるところから、併合を行うに

は株主総会の特別決議を必要とする（180条1項・2項・309条2項4号）。その総会では、取締役は株式併合を行うに必要な理由を説明し（180条3項）、併合の割合、併合の効力発生日、種類株式においては併合する株式の種類を決議しなければならない。株式の併合は当該総会決議の日に効果を発生し、株主はその前日に有する株式に併合の割合を乗じて得た数の株主となる（182条）。

平成13年商法改正までは、株式併合を行える場合を減資手続等に限定していたが、現在ではその限定がなくなり、少数株主を閉め出す目的で株式併合を決議する場合もあり得る。

株式の併合を決議したときは、併合の効力が生じる日の2週間前までに、併合する株式の株主およびその登録質権者に対して併合の割合等を通知することが必要である（181条1項。ただし、公告をもって代えることができる。同条2項）。

株券を発行している会社では、株式の併合を行うには、株券の提供手続が必要である（株券を発行していない会社では不要。219条1項）。旧株券を提供できない者があるときは、一定期間内（3か月以上）での利害関係者への異議申述の機会を与え、その期間経過後に株券を交付することができる（220条1項・2項）。

なお、株式併合により1株に満たない端数が生じたとき（例えば、5株を2株に併合する場合、11株を所有していれば、4株と0.4株となり、0.4株の端数が生じる）、端数の部分につき発行した株式を一括して競売して代金を分配するのが原則である（235条1項）。ただし、市場価格がある株式は市場価格で売却または買い取り、また市場価格がない株式でも裁判所の許可を得て競売以外の方法で売却または買い取り、その代金を分配することもできる（235条2項・234条2項～4項）。

平成26年改正法は、濫用的な株式併合を防止するために、単元を定款で定めている会社（188条）では、株式併合の結果、当該単元に併合の割合を乗じて得た数が1に満たない端数となる場合に（例えば、100株を1単元とする会社が200株を1株に併合するような場合、0.5という1に満たない端数が生じる）、また単元株式についての定めのない会社では端数が生じる場合に、事前・事後開示規制を強化する（182条の2・182条の6）とともに、株式併合に反対の株主には株式買取請求権を認め（182条の4）、さらに法令・定款に違反する株式併合を差し止める権利を認めた（182条の3）。

また、平成26年改正は、株式併合がなされれば発行済株式総数が減少する

ため、公開会社においては、**発行可能株式総数**は発行済株式総数の4倍を超えることができないことから（113条3項）、株式併合に係る総会決議では効力発生日における発行可能株式総数も定められなければならないものとされ（180条2項4号）、また当該総会決議があれば、当然に定款変更があったものとされることになった（同条2項）。

3) 株式の分割

　株式分割は、すでに発行されている1株を分割して2株に、あるいは2株を分割して3株にするように、既存の株式を細分化して、発行済株式総数を増加させることである。株式分割は、株主からの出資の払込みを求めるものではなく、また会社の資産には変化をもたらさない。

　株式分割がなされれば、発行済株式総数が増加するから、株価は分割比率に応じて下がるのが普通である。したがって、株価の高騰した会社では、株式分割により投資単位の金額を引き下げれば、一般投資家は投資しやすくなる。また、分割比率が低く（例えば1株を1.1株に分割）、分割後も1株当たりの配当額が維持されているようなときには、分割により株価がほとんど下がらないこともあり、経済的には、分配剰余金の増加としての役割を果たすことがある。

　取締役会設置会社では取締役会、取締役会を設置していない会社では株主総会において、株式を分割する旨の決議をする（183条2項）。その決議では、分割の割合および分割の基準日、分割の効力発生日、種類株式の場合は分割する株式の種類を定めなければならない。

　分割を決議するには、定款で定めがある場合を除き、基準日の2週間前までに当該基準日および株式分割の内容を公告しなければならない（124条3項）。基準日において株主名簿に記載されている株主の有する株式（ある種類の株式を分割するには当該種類の株式）の数は、効力発生日において、分割の割合に応じて、増加することになる。

　株式分割の結果、分割後の発行済株式総数が発行可能株式総数（113条）を超える場合、本来は株主総会の決議による定款変更（466条）の必要はあるが、この場合には、株主総会決議によらないで定款を変更し、発行可能株式総数を分割の割合に応じて増加することができるとしている（184条2項）。ただし、数種の株式を発行している場合には、授権株式数の変更は既存の株主の利益に影

響するため、取締役会決議による定款変更はできない（184条2項）。例えば、普通株式のほかに議決権のない優先株式を発行している場合には、分割の結果、普通株式には議決権が増加するが、優先株式には配当の総額が増加するような場合である。

　株券発行会社でも株券の提出は必要でない（219条1項参照）が、株式分割により1株に満たない株式が生じたときには、株式併合の場合と同じ方法で処理される（235条1項・2項・234条2項〜5項）。

4) 株式の無償割当て

　株式無償割当ては、会社法で新しく導入されたもので、株主に対して新たな払込みをさせないで株式を割り当てるものである（185条）。この株式無償割当ては、株主による払込みなしでその所有株式だけが増える点で株式の分割と類似するが、次の点は異なる。①株式の分割では同一種類の株式の数が増加するのに対して（183条2項3号）、株式無償割当てでは同一または異なる種類の株式を割り当てることができる（186条1項1号）、②株式の分割では自己株式の数も増加するが、株式無償割当てでは自己株式には割り当てられない、③株式の分割では自己株式の交付は考えられないが、株式無償割当てでは自己株式を交付することもできる。

　株式の無償割当ては、募集株式の募集において株主に株式の割当てを受ける権利を与える場合（199条1項・202条1項・3項）と異なり、株主の申込み等の募集手続は必要でなく、株主は株式無償割当ての効力発生日に自動的に株式を取得することになる。

　株式の無償割当ての決定は、定款で別段の定めを置いていない限り、取締役会設置会社では取締役会が、取締役会を設置しない会社では株主総会が行う（186条3項）。その決議では、株主に割り当てる株式の数（種類株式の場合は種類および種類ごとの数）、株式無償発行の効力発生日、種類株式の場合は株式無償割当てを受ける株主の有する株式の種類が決められることになる（186条1項1号〜3号）。

　株式無償割当ての決議があれば、会社の定めた効力発生日に、当該株主の有する株式の数に応じて株式が割り当てられ、当該株主はその割当株式の株主となる（187条1項）。なお、会社は、効力発生後遅滞なく、株主（または種類株主）

および登録質権者に対して、無償割当を受けた株式の数（または種類および種類ごとの数）を通知しなければならない（187条2項）。

設　問

① 平成26年改正法は、株式会社が株式の併合をすることにより株式の数に1株に満たない端数が生ずる場合には、反対株主は、当該株式会社に対し、自己の有する株式のうち1株に満たない端数となるものの全部を公正な価格で買い取ることを請求することができる（182条の4）とするとともに、株式併合の差止めを求める規定（182条の3）を設けた。このような、反対株主の株式買取請求権および株式併合の差止請求権はなぜ創設されたのか。

② 株式の無償割当てと株式分割はどこが異なるのか。

③ 自己株式の保有に財源規制（461条1項）をしていることの理由は何か。

【参考文献】

森本滋「株主平等原則の理念的意義と現実的機能」『民商法雑誌』141巻3号、291頁

山下友信「種類株式間の利害調整　序論」新堂幸司・山下友信編『会社法と商事法務』商事法務、2008年

4章

会社支配と事業承継とは

【導入判例】 MBO における全部取得条項付種類株式　ホリプロ事件抗告審決定
（東京高決平成 25 年 10 月 8 日金判 1429 号 56 頁、1457 号 2 頁）

〔事実〕 Y 株式会社は、芸能人タレント等のマネジメントをする会社で、マネジメント・バイアウト（MBO, 経営者による企業買収）の一環として同会社取締役 A による Y 発行の普通株式の公開買付け（TOB）の実施後に、Y 株式に全部取得条項を付すなどの定款変更を行ったうえで、Y 株式の全部取得を行った事案である。

A は、平成 23 年 12 月「……公開買付の開始に関するお知らせ」により、Y に対する MBO の一環として、1. A が Y 会社株式の公開買付けの実施、2. 買付期間を定め（30 営業日間）、3. 公開買付価格を決定し、4. 買付予定数とその下限数を公表した（この買付予定数は、Y の発行済株式総数から、Y の自己株式、A の持株数、創業者一族の持株数などは控除されている）。

5. （公開買付価格について）公開買付けおよび MBO に先立ち、第三者評価機関である訴外 B 証券に、株式価値算定書作成を依頼して公開買付価格を決定した。

6. （公開買付けおよび MBO について）Y 会社は、平成 23 年 11 月に弁護士、会計学者、社外監査役で構成される独立委員会を設立し、本件公開買付けおよび MBO について、①目的の妥当性、②手続の適法性および公正性、③買付条件の妥当性、④賛同意見表明の是非等を諮問。

同委員会は、平成 23 年 11 月から同年 12 月まで 7 回にわたり審議の結果、いずれについても特段不合理な点は見当たらないと判断し、上記①〜③は妥当性を認め、④公開買付けへの応募を推奨することは相当と答申した。

7. 本件公開買付けおよび MBO についての Y 会社の取締役会の意思決定の適法性および公正性および適正性を担保するため、A および Y 会社と利害関係のない法律事務所をリーガルアドバイザーに選任し、法的助言を受け、上記第三者評価機関に、株式価値算定書作成の作成を依頼した。

8. Y 会社は、平成 23 年 12 月取締役会で出席取締役全員の賛成、その結果を公表し、公開買付けされ、A は、Y 会社の議決権総数の 93.17％を有するに至った。

9. 平成 24 年 3 月開催の臨時株主総会で、定款の一部変更で、①残余財産分配優先株式である A 種類株式を発行する定めを新設。②全部取得条項付種類株式の定めおよび同種類株式 1 株に A 種類株式の一定株式を対価とする。③上記変更後定款に基づき Y 会

社が全部取得条項付種類株式のすべてを取得し、引き換えにA種類株式交付を決議した。

Xらは、株主総会に先立ち、全部取得に反対する決議案反対通知書を送付し、総会においても反対決議をし、平成24年4月取得価格決定申立てを行った事案である。

〔決定要旨〕 取得価格について相当であり、算定過程や独立委員会による検討結果等に照らし、その客観的相当性も担保されている。公開買付価格は取得価格としても相当と認められる。独立委員会、取締役会に具体的に特に不適切な点は認められない。

〔問題のポイント〕

① 全部取得条項付種類株式は、100％減資を行う場合や債務超過の場合の利用を考えられていたが、対価である株式、社債、新株予約権、新株予約権付社債、金員などの交付によってスクイーズアウト（少数株主の締め出し）が行われている。

② 全部取得条項付種類株式を利用してスクイーズアウトは認められるかについて、少数株主の締め出し自体は直ちに無効とはならないが、対価が著しく低廉である場合や、特別利害関係人が議決権を行使したことにより不当な決議がなされたときは株主総会決議取消事由を構成するとされている（東京地判平成22年9月6日判タ1334号117頁）。少数株主の締め出しについては、改正法では、キャッシュ・アウトを目的として全部取得条項付種類株式が利用されたが、その要求されていた株主総会決議が要件でない、特別支配株主の株式等売渡請求制度が創設された（179条以下）。

少数株主の救済・経済的価値の保障は、法上、株主総会での取得決議に反対の株主には価格決定申立権が認められている（172条1項）。

③ ①本件の主な争点は、公開買付価格は取得価格として相当か、取得価格の公正・妥当性は確保されているかであるが、裁判例では、独立委員会の設置や活動を公正性の判断の要素として位置づけ、その取得価格・決定プロセスなどの妥当性と公正さを容認している。

②株式の客観的価値は、市場価値を参考にされるのが判例の立場である（TBS事件〔最判平成23年4月19日民集65巻3号1311頁〕、テクモ事件〔最判平成24年2月29日民集66巻3号1784頁〕）。本件では、評価対象会社が、芸能プロダクションで事業資産の構成が特殊であることや、創業者一族がMBO開始時約半数の株式を有しており、競合的買収者の出現が期待されない特殊性がある。そのためか、本件では特殊な事業と対抗的買収者の出現のないMBOということ、委員会等の設置などで純資産額についての検討は窺えない。

1 株式の基本的権利と種類株式

株主会社の出資者である社員の地位は、細分化した割合的単位の形をとっている株式によって表される。この株式を有する会社の社員を株主という。細分化された割合的単位株式形態によって、社員の個性を喪失させ、少額の遊資の

出資の容易さ、会社に対する権利関係の簡易化、譲渡の簡便化などを実現している。

　株主は、その有する株式につき①剰余金の配当を受ける権利（105条1項1号）、②残余財産の分配を受ける権利（同2号）、③株主総会における議決権（同3号）等の基本的な権利やその他この法律の規定により認められた権利を有するが、これらの1号2号の権利は株主の基本的権利であり、権利の全部を与えない定款はこれを無効としている。

　このような株主としての基本的な権利を有する普通株式を発行するだけでなく、①会社が発行する株式の全部について株式の内容として、一定の事項を定めることができる株式を発行できる。②さらに、一定の事項について、異なる定めをした内容の異なる2以上の種類の株式を発行することができる。この**種類株式**とは、様々な投資条件について普通株式とは異なる権利、内容をもつ株式のことで、株式取得者である投資者の多様な要求に応じ、また既存の株主にとってもその必要性から株式の多様な種類が諸目的の必要性のために対応した種類株式である。この種類株式を発行する会社を**種類株式発行会社**という。

2　なぜ会社法は特別な内容の株式や種類株式の発行を認めているのか

　平成18年5月1日施行の現行会社法では、中小企業にも従来にない多様な種類の株式制度が設けられ、**定款自治**の考えから、**種類株式の活用**による企業経営・運営、資金調達、**企業支配**、**企業防衛**、**事業承継**等への会社の選択肢を旧商法に比べ格段に広げたといえる立法である。

　中小企業の企業運営の迅速化・簡便化、資金調達、企業支配権取得・維持、企業防衛等としての種類株式の活用は、事業承継に見られるように決議権の掌握にある。そのためには、特定株主等に株式（議決権）の集中を図るとともに、株式の分散防止をすること、さらには株式による企業管理運営へのデザインが必要である。種類株式の活用によって、実質的議決権行使者である株主の構成を変更し、会社意思決定への決定権の把握と迅速で簡易な意思決定が行われることが可能となったことになる。

3　発行する全部の株式の内容として定める事項

　会社は、その発行する全部の株式の内容として一定の事項を定めることができる（107条）。一定の事項とは以下であり、これらを定める場合には、法の規定する事項を定めなければならない（同条2項）。

　①　**譲渡制限株式**　　株式の譲渡による株式の取得について、株式会社の承認を要する株式である。

　②　**取得請求権付株式**（株主からの株式取得請求権）　　株主が会社に対してその株式の取得を請求することができる株式をいう。この株式を発行するには、一定の事項を定款に定めなければならないため、会社に対し取得請求できる旨および請求することができる期間などを定款に定めなければならない（107条2項2）。

　③　**取得条項付株式**（会社から株主への株式取得請求）　　会社が一定の事由が生じたことを条件として、その株式を取得することができる株式をいう。この株式を発行するには、一定の事項を定款に定めなければならないため、一定の事由が生じた日に会社が株式を取得する旨およびその事由、会社が別に定める日が到来することを会社がその株式を取得する事由とするときはその旨、および、一部の株式を取得するときはその旨および取得する株式の一部の決定方法を定款に定めなければならない（107条2項3）。

　種類株式発行会社以外の会社において、全部の株式を取得条項付株式とする定款の定めを設け、またはその内容を変更する定款変更しようとする場合には、株主全員の同意を得なければならない（110条）。全部の株式の譲渡について株式会社の承認を要する旨の定款の定めを設ける定款の変更を行う株主総会では、議決権行使のできる株主の半数以上で、当該株主の議決権の3分の2以上の多数で決する（309条3項1号）。

　株式取得の対価について、その会社の社債、新株予約権、新株予約権付社債、その他の財産には会社の株式も対価とすることができる。対価の内容、数、算定方法などを定款に定めなければならない。

4　権利の内容の異なる2以上の種類の株式（9種の種類株式）

　種類株式発行と手続。会社法は他の株式とは異なる権利内容を定められる株式を列挙しており、一定の事項について異なる定めをした内容の異なる2以上の種類の株式を発行することができる（108条）。種類株式を発行するには、各種類株式の発行可能総数と内容について定款に定める。ただし、剰余金の配当について、初めて発行するときまでに一定の事項に限り（会施規20条）種類株式の内容の要綱だけ決めておけば、株主総会（または取締役会）決議で一部または全部を定めることができる（同条3項）。

　種類株式を設計する場合には、株式内容について異なる権利内容を混合的に定めることが可能であり（例：優先配当と議決権制限）、会社、株主、投資家のニーズに沿った自由な設計が可能である。しかし、一方で会社は株主をその有する株式の内容および数に応じて、平等に取り扱わなければならず（**株主平等の原則**。109条）、権利内容の差異が不合理な取扱いにならないように留意する必要がある。

1）種類株式に関する通知

　すでに種類株式を発行する旨の定款の定めがある場合には、これから投資をする株式申込みをしようとする者に対し、株主の将来の利益保護のために種類株式に関する事項を通知しなければならない（59条1項5号・29条定款記載・203条1項4号）。

2）株主総会決議

　定款変更によって既存の発行済株式の内容を変更して種類株式を発行するには、**株主総会の特別決議**による（322条・466条・309条2項11号）。そして、一部の株式を譲渡制限株式とするためには（108条2項4号）、107条2項1号規定の事項を定めなければならない。**発行可能株式総数**と内容について定款に定める（108条）。種類株式発行会社において、ある種類株式を譲渡制限株式とする定款変更を行う場合には、その発行可能種類株式総数と譲渡に会社承認の必要等一定の事項が定款で定められる（108条2項4号・136条・137条）。**原始定款変更**には、その種類株主総会の厳格な**特殊決議**（466条・309条2項11号）が必要である。

3）反対株主の株式買取請求権

　反対株主は株式買取請求権を有する（116条1項2号）。譲渡制限株式とされる株式を目的とする新株予約権を有する新株予約権者には、新株予約権買取請求権が付与される（118条1項1号・2号）。

　種類株式には9種類ある。株式の内容の異なる種類株式として、図表4-1の9つの事項に限定され、ほかとは異なる定めをすることができる。なお、会社が種類株式を発行するとき、一定の事項を株主名簿・株券などに記載しかつ登記を要する。

　この「種類株式」とは、様々な条件について普通株式とは異なる権利、内容をもつ株式である。上場会社や上場を目指す**ベンチャー企業**だけでなく、一般的企業においても企業買収、企業支配権の確保、運営の円滑化、資金調達などの戦略的に活用ができ、中小企業においても種類株式を活かすことによって継承者や金融問題で困難性をもつ事業承継対策となる。

（1）剰余金の配当についての種類株式

　剰余金の配当は、通常は株主の最も基本的な権利で配当を受領する権利のことで、**分配可能額**（461条1項8号）を超えない範囲内でいつでも剰余金を配当できる（453条）。剰余金の配当手続は株主総会の普通決議による（454条1項）。**会計監査人設置会社**では、取締役会を決議機関として定款に定めることができ

図表4-1　種類株式

(1) 剰余金の配当についての種類株式
(2) 残余財産の分配（会社清算時の財産の分配）についての種類株式
(3) 議決権制限種類株式（株主総会において議決権を行使できる事項の制限）
(4) 譲渡制限株式（株式譲渡あるいは取得に会社の承認を要する）
(5) 取得請求権付株式（株主から会社へ株式の取得を請求する）
(6) 取得条項付株式（会社が一定の事由が生じたときに株主から取得）
(7) 全部取得条項付種類株式（総会決議に基づき会社が株式を全部取得）
(8) 拒否権付種類株式（特定事項につき種類株主総会の承認を必要とする株式。黄金株）
(9) 選解任種類株式（種類株主総会での取締役・監査役の選任権付株式）

る（459条）。

この種類株式では、**優先株式**（劣後株式）と呼ばれ、普通株式を基準にして配当（または分配）比率等を有利（不利）にするという内容を定めることができる。定款で**剰余金配当**の算定基準について決めておけば、優先配当額の上限を定款に記載する必要はない。優先株式は、会社の業績があまり思わしくなく金融の必要性のある場合や会社再建時に資金調達が容易になり、劣後株式は、企業業績がよく既存の株主の利益を保護しながら新たな資金調達を得ることができる。

また、優先配当を受けた後に、さらに残余の配当について配当を受けられるものを**参加的優先株式**、受けられない株式を**非参加的優先株式**と分類される。さらに当該事業年度に定款所定の優先配当が支払われなかったときに、次年度からの事業年度から配当金額が補填される**累積的優先株式**と、累積補填されない**非累積的優先株式**とがある。累積的優先株式と議決権制限種類株式や、優先株式と議決権制限種類株式との組み合わせなどによると債権者的株式の特色をもち債権者としての金融調達の魅力ある特色をもつことができる（図表4-2）。

トラッキング・ストック（Tracking Stock、アメリカで考案された種類株式の活用による資金調達方法。**子会社業績連動配当株式**。1984年GM社が買収した子会社の業績に連動した株式を発行したことによるとされる。日本では2001年ソニーの子会社連動株発行が最初とされる）のように子会社や一定事業部門の収益に連動する種類株式の発行も可能である。

この種類株式の発行には、配当財産価額の決定方法、発行条件、取扱いの内容および発行可能株式総数を定款で規定する（108条2項1・2号、会施規20条1項1・2号）。

図表4-2　剰余金配当の種類株式

```
剰余金配当
├─ 優先配当金
├─ 参加・非参加的優先株式
└─ 累積・非累積的優先株式
```

（2）残余財産分配（会社清算時の財産の分配）についての種類株式

株主は、もし会社が解散した場合に、残った財産の分配を受けることができるとする株式である。株主にとっては会社清算の場合に

も関心のあるところであり、なぜなら多くの純資産を保有する会社の株価が業績不振などの状況にいる場合に、その会社の株式を安く取得すれば、時価総額が純資産額を下回っているときには、実際の企業価値より安く手に入れたことになる。その会社が解散するとすれば、株式の取得額より多くの分配を受けることができることになる。この種類株式の発行には残余財産分配の価額の決定方法、当該残余財産の種類その他分配に関する取扱いの内容および発行可能株式総数を定款で規定する（108条2項1・2号、会施規20条1項1・2号）。

(3) 議決権制限種類株式（株主総会において議決権を行使できる事項の制限）

定款で種類の内容と株式数を定めることを条件に、株主総会での全部または一部の事項について議決権を行使することができる事項を認めた（108条1項3号）。議決権の制限についての議決権制限種類株式は、すべての議決権を制限する**全部議決権制限株式**、一定の事項について制限をする株式を**一部議決権制限株式**という。従来は議決権の全部制限による無議決権株式のみが認められていた。議決権制限株式の発行限度制限はなく、議決権制限株式を多く発行することで会社支配権を取得し維持できる。

従来の改正前商法では**優先配当株式**のみ議決権の制限を認めて両株式を連動させていたが、現行法では「無議決権と利益配当優先の関係」は分断され、そして、優先配当がない場合の議決権が復活する規定も削除され、議決権が復活するかどうかは株式の内容の一つとして定款で決める事項とできる。もっとも優先配当株式と**議決権制限株式**との混合する種類株式で、金融調達を容易にするとともに、会社経営への管理、支配権の維持を行うことができる。

1） 資金調達について、**ベンチャーキャピタル**などによる議決権制限株式の発行による増資は、公開準備段階における経営者の機動力を確保するための経営権の確保と資金調達の確保を両立させる方法として有効と考えられる。出資比率に左右されないため、既存の会社に限らず、このような新規起業会社においても、大いに活用しやすい種類株式である。

2） この議決権制限株式を発行するには、株主総会で議決権を行使できる事項、当該種類株式の議決権行使条件を定めるときはその条件、および発行可能種類株式総数を定款で定めなければならない（108条2項3号、会施規20条1項3号）。

3) 既発行株式を定款変更で定めるには、株主総会の**特別決議**（466条・309条2項11号）に加え、当該定款変更である種類株式に損害を及ぼすおそれがあるときは、当該種類株主総会の特別決議が必要である（322条1項・324条2項4号）。

図表4-3　議決権制限種類株式発行限度の違い

	議決権制限種類株式発行限度
公開会社	発行済株式総数の2分の1
非公開会社	発行限度規制なし

4) 公開会社では、議決権制限株式の数が発行済株式総数の2分の1を超えるときは、会社は直ちに議決権制限株式の数を発行済株式総数の2分の1以下にするための必要な措置をとらなければならない（115条）。少額出資の株主等が、多くの出資を行った多数株主の会社経営や参画への道を閉ざす弊害を防止するものと考えられる。**非公開会社**では、閉鎖的かつ人的信頼関係に立つ特色をもった会社として弊害は少ないと考えられており、かつ会社制度設計として望まれる形態とも考えられ、公開会社のような弊害は低く、議決権制限種類株式の発行数に制限は設けられていない（図表4-3）。

（4）譲渡制限株式（株式譲渡あるいは取得に会社の承認を要する）

　譲渡制限株式とは、会社の発行する全部または一部の株式の内容として譲渡による株式の取得について会社の承認を要することを定款に定めのある株式である（2条17号・107条1項1号・108条1項4号）。譲渡を承認する機関は、原則として、取締役会を設置しない株式会社では株主総会が、取締役会を設置する株式会社では取締役会となる。譲渡制限株式である旨の登記が必要である。すべて（全部譲渡制限株式）または一部の株式（一部譲渡制限株式）にこの譲渡制限の定めがない会社を**公開会社**という。相続や合併のような一般承継による譲渡制限株式の移転については会社の承認を要する旨を定めることはできないが、株式譲渡制限によって、「**所有と経営**」としての株主個性の重視、企業買収防衛策、事業承継などを実現するために用いられることが考えられる。株主や従業員、取引先などの**ステークホルダー（利害関係者）**にとって望ましくないものや、敵対的な買収を防止するためにも防衛策として株式譲渡制限が使われる。同じような役割をする種類株式の例として、「**黄金株**」「**取得条項付株式**」がある。

◎ notice：日本初の上場会社の議決権制限種類株式とトヨタの種類株式発行

　日本初の議決権制限種類株式の発行を用いて上場（平成26年3月26日）をした例がある。ロボットメーカーであるサイバーダイン社が、議決権制限種類株式を活用して創業者経営の会社支配維持は注目を集めた。創業者の株式保有割合は、発行済株式総数では43％であるが、普通株式の10倍の議決権を有し（単元株式数を普通株式100株につき1議決権、種類株式10株につき1議決権）、議決権数では約88％である。議決権制限種類株式による創業者の支配権確保が行われている（米国では2004年グーグル、2012年フェイスブックの例がある）。そして、種類株式については譲渡制限株式、さらに、種類株式に取得条項付、取得請求権付などの種類株式ともなっている。

　トヨタが発行する「AA型種類株式」のAA型は昭和11年に発売したトヨタ初の量産乗用車のことで、これまでにない様々な特徴をもっている。普通株と同等の議決権を付与、5年間は売却できないものの、その後は発行価格での買戻しをトヨタに請求できる権利がある。配当年率が保有年数によってアップして、世界でも類を見ない株式で話題になっている種類株式で、最も注目されたのは「元本保証」がなされるといった点である。5年後に株価が下落していたら、購入した金額で買い取ってくれるよう取得請求し、株価が上昇していたら、普通株式に変換して利益確定も可能。売らずに配当金をもらい続けることもできる。その他、種類株式の多様化が進み、平成13年ソニーのトラッキング・ストック（子会社業績連動株式）、平成16年国際石油開発の拒否権付種類株式（黄金株）、平成19年伊藤園の無議決権株式がある。

　種類株式の上場制度整備については、東京証券取引所で、平成19年上場制度総合整備プログラムによって整備の方向性を示し、平成20年には議決権制限種類株式の上場制度に関する報告書を作成公表している（東京証券取引所ホームページ参照）。平成13年から普通株式を上場する場合に種類株式が並存していても上場が認められ、種類株式の利便性が公開志向企業にとっても増している。

1）譲渡制限株式とする手続

　①　発行する株式の全部の株式を譲渡制限株式とする場合には、当該株式の取得について、会社の承認を要する旨の、また一定の場合に承認したと見なすときはその旨（株主・従業員株主間の譲渡は承認を要しないや、譲渡を承認しない場合に先買権者をあらかじめ指定するなど）および当該一定の事由（107条2項1号。株主あるいは株式取得者からの承認の請求の場合136条・137条）を定款に定めなければならない（108条3項）。

② 一部の株式を譲渡制限株式とするときは、会社の承認を要する旨、また一定の場合に承認したと見なすときはその旨および当該一定の事由の事項（107条2項1号・108条2項4号）、ならびに発行済種類株式総数を定款に定めなければならない（108条3項、会施規20条1項4号。株券の記載事項につき216条3号参照）。

2）譲渡承認機関

譲渡を承認また買取人の指定する機関は、取締役会を設置しない株式会社では株主総会が、取締役会を設置する株式会社では取締役会となるが、定款で別段の定めをすることができる（139条1項）。それにより、代表取締役にも、また取締役会を設置する株式会社でも、取締役会でなく、株主総会とすることもできることになる（図表4-4）。

3）承認の意味

株式譲渡制限は株主が株式を売却・譲渡するために、必ず会社の承認を得なければならないが、会社の承認を得る必要があるというだけであって、株式の譲渡を禁止したものではない（**株式譲渡自由の原則、投下資本の回収確保**の必要）。特定の種類株式のみに譲渡制限を設けることができるため、譲渡制限株式制度は柔軟で使いやすい種類株式で、中小企業で大いに活用される可能性がある。

4）譲渡承認手続

譲渡等承認請求（138条）は、譲渡する者も取得者も会社に請求できる（136条・137条）。会社が不承認の場合には、譲渡等承認請求者は、会社が買い取るか指定買取人を指定することを請求することができる（138条1号ハ2号ハ）。会社は自ら買い取る場合以外は**指定買取人**を指定しなければならない。定款で予め指定買取人を定めている場合には、それに従う。会社または指定買取人が、譲渡等承認請求者に対して、当該株式を買い取る旨の通知をした後は、譲渡等承認請求者は、会社または指定買取人の承諾を得た場合に限り、請求を撤回で

図表4-4　株式譲渡・取得承認と定款での特別な定め

機関　⇒　株主総会（取締役会）　⇒　定款での特別な定めができる（139条）
⇓
承認機関を代表取締役に株主間の譲渡
指定買取人のあらかじめの指定

きる（143条）。会社が買い取る場合には、株主総会の特別決議により、当該株式を買い取る旨および会社が買い取る当該株式数を決定しなければならない（140条）。なお、剰余金の配当と同じ**財源規制**に服し（461条）、取締役・執行役の塡補責任が課される（465条1項1号）。

5）みなし譲渡承認

① 譲渡等承認請求の日から2週間以内に承認の可否の決定の通知をしなかった場合。

② 会社が承認するか否かの決定の内容の通知の日から40日以内に対象株式を買い取るなどの通知をせず、かつ指定買取人が承認するか否かの通知の日から10日以内に対象株式を買い取る旨などの通知をしなかった場合。

③ または、法務省令（会施規26条）で定める場合には、会社は承認をする旨の決定をしたものと見なされる（145条）。ただし、会社と譲渡等承認請求者との合意により別段の定めをしたときは、この限りではない。

④ **株式交換**の場合も承認があったものと見なされる（769条2項・771条2項）。

6）承認を得ない譲渡の効力

会社の承認を得ない譲渡による株式取得がなされた場合、会社は株式取得者の名義書換請求を拒むことができる（134条）。しかし、会社に対しては効力を有しないが、当事者間では有効である（最判昭和48年6月15日会社百選4版44頁、最判昭和63年3月15日判時1273号124頁）。**競売**による譲渡制限株式の未承認取得について、会社は競売前の株主を株主として扱わなければならないとしている（最判平成9年9月9日平7年重判5頁）。

7）契約による譲渡制限

① 会社以外の者、あるいは株主間の契約による譲渡制限がある。契約自由の原則からも個別的な当事者間の契約によるものであり、違法性がないのであれば債権者的に有効と考えられる。

② 会社と株主との間の契約。効力については意見の分かれるところである（会社百選6版16事件）。ただ、企業連携、会社間の密接な関係を背景に株式持ち合いをしている場合などは、公序良俗など不当性がない限り、契約による株式譲渡制限は、合理性を有し有効と考えられる。

8）従業員持株制度

　会社の従業員に対して福利厚生を兼ねて、さらに助成・奨励金を支給して会社の株式を所有・保有させることを**従業員持株制度**という。株主総会の特別決議で、従業員や役員など第三者に対して、特に有利な条件で新株予約権を発行することができる（238条3項）。しかし、従業員持株制度は会社によっては持株会が従業員株を所有する会社や、預託をする場合など従業員持株制度は会社により様々な株式の保有形態がある。ただ、会社関与の下で創設された**株式信託契約**で、信託期間を株主の地位を喪失するまでとし、解除を許さないものとし、配当請求権、残余財産請求権は従業員に帰属するが、共益権を信託することを従業員持株制度に加入する要件としていた事案に関し、無効であるとしている（大阪高決昭和58年10月27日。以下 notice 参照）。また、従業員持株制度を採用する会社と従業員の間で、株式を額面金額で取得し、退職の折には会社の指定する指定買取人に譲渡することで合意したが、退職後役2年経過後に指定買取人を指定したという事案で、従業員は、このような合意は無効事由と主張したが、正当と是認できるとしている（最判平成7年4月25日平7年重判85頁）。しかし、額面額によって譲渡するというのは、市場のない場面を考え、一概に不

◎ notice：従業員持株会と株式信託契約の効力（大阪高決昭和58年10月27日判時1106号139頁）

　従業員の資産形成と会社従業員の会社運営への協力という利点をもつ従業員持株制度についての注目すべき判例を見る。事実は、会社の関与の下に創設された従業員持株制度の下における規約では、株式信託契約を締結しない従業員は株式を取得できないとしており、その株式信託契約において、契約の解除は認められず、従業員が会社の株式を取得するに当たり、従業員持株会理事との間で締結する信託契約は、その従業員の株式についての議決権は右理事が行使することを内容とする株式信託契約の効力に関して、株主権のうち共益権だけを対象とする信託契約であった。

　大阪高決は、信託契約は、（イ）株式取得のためにはその締結を強制され、契約の解除も認められず、株主の議決権を含む共益権の自由な行使を阻止し、（ロ）共益権のみの信託をするものである点において、すなわち株主権のうち配当請求権、残余財産分配請求権を除く部分だけを対象とする信託契約は無効であるとしている。

当といえないとする主張もあろうが、閉鎖会社の株式買取請求価格の客観性が担保されない会社と従業員の取決めは、公序良俗、信義誠実の原則に反すると考えられる。

(5) 取得請求権付株式（株主から会社へ株式の取得を請求する）

　会社発行の全部または一部の株式の内容として、株主が会社に対して当該株式の取得請求数を示してすることができる旨を定める株式である（108条1項5号）。それにより、請求がなされた日に自己株式を取得する（167条）。

　会社は取得の対価として、会社の社債、新株予約権、新株予約権付社債、株式など、および株式等以外の財産を交付することができる（取得の対価が金銭の場合には、旧商法での義務償還株式といわれていたもので、当該会社の他の株式である場合には、現行法ではない転換新株予約権付株式とされていたものに相当する）。資金調達を容易にするために**非参加的優先株式**が発行されたものの、業績が改善すれば株主は請求権を行使して多くの配当を受けられる普通株式を取得することが考えられる。

　取得請求権付株式は、例えば株主の取得請求によって、請求期間を定款で定める。取得対価が株式以外の場合には、剰余金分配規制があり、分配可能額の範囲内で行うことになる（166条）。なお、単元未満株式の株式買取請求の場合、他の会社の事業全部を譲受する場合、合併または吸収分割により株式を承継取得する場合については、**財源規制**はない。

(6) 取得条項付株式（会社が一定の事由が生じたときに株主から取得）

　取得条項付株式は、一定の事由が生じたことを条件として、会社が強制的に株主から自社の株を取得できる種類株式である（108条1項6号）。会社は取得の対価として、会社の社債、新株予約権、新株予約権付社債、株式など、および株式等以外の財産を交付することができる。資金調達後の負担となる株式である優先配当株式などを取得条項付株式とすることが考えられる。また全株主にこの株式を交付しておくと、敵対的買収者が現れた際、発行会社は全株を強制回収でき、代わりに議決権制限種類株式を与えるなどして、株主総会での議決権支配権を確保できることが可能である。

全部の株式、また一部株式を取得条項付株式と定款で定める場合には、①一定の事由が生じた日に、会社が当該株式を取得する旨およびその事由、②会社が別に定める日を定めて取得する旨、③①の事由が生じた日に当該株式の一部を取得する旨および取得対象の一部株式の決定方法、④①の株式1株に交付する対価の内容、数もしくは額、算定方法を定款で定める。一部の株式の場合には発行可能種類株式数も定める（107条・108条、会施規20条1項6号・114条2項2号参照）。定款変更による場合には、株主総会の特別決議に加え、当該種類株式を有する株主全員の同意が必要である（110条・111条）。取得の効力は、原則として取得事由発生日で、対象株式は自己株式となる。

(7) 全部取得条項付種類株式（総会決議に基づき会社が株式を全部取得）

　全部取得条項付種類株式は、会社が株主総会の特別決議によって当該種類株式の全部を取得することができる株式で、当該株式の株主には対価が交付されることとなる（108条1項7号・171条1項）。取得対価は、金銭、別の種類の株式、社債、新株予約権、新株予約権付社債、その他の財産等とできる。割当てに関する事項、取得日を定める（171条1項）。**スクイーズアウト（少数株主の締め出し）**などの場合も、取得対価に不服のある株主に対して裁判所に対する価格決定請求権がある（172条）。改正法では取得の差止請求の制度（171条の3）や、価格決定申立権が行使され、その価格の決定があるまでは、株主に対し、当該会社が公正な価格と認める額を支払うことができる支払制度（172条5項）が新設されている。

　全部取得条項付種類株式は、私的整理などにおいて、株主の多数決により100％減資（会社の発行済株式の全部の消却）を可能とするために導入された制度であるが、債務超過が要件でないために、既発行の株式の内容を変更するためにも利用されることが可能となっている。株主に取得を知らせるために会社は取得日の20日前までに株主にその旨を通知・広告しなければならない事前開示手続が設けられ（172条2項）、当該取得後に開示を行う事後開示手続も新設された（173条の2）。①会社が全部取得条項付株式を発行する場合には、取得対価の価額の決定方法、株主総会決議をするか否かの条件、発行可能種類株式数などを定款で定めなければならない（108条、会施規20条1項7号）。②既発行

の株式について、上記の内容の定款を定める場合には、株主総会の特別決議に加えて、全部取得条項付種類株式の種類株主、ならびに当該種類株主を構成員とする種類株主総会の特別決議が必要である（111条2項・324条2項1号）。ただし、全部取得条項付種類株式の発行およびこれによる株式の取得に反対する株主には株式買取請求権、全部取得条項付株式を目的とする新株予約権を有する新株予約権者には、新株予約権株式買取請求権が付与される（116条1項2号・118条1項2号）。

<u>実務上、全部取得条項付種類株式の利用で、**MBO**や支配株主による株式取得にも用いられてきたが、全部取得条項付種類株式の場合には株主総会決議が常に必要なため、**キャッシュ・アウト**を目的として</u>（特別支配株主の）**株式等売渡請求制度**<u>が創設された</u>（179条以下）。本制度は、対象会社の総株主の議決権の10分の9以上を、ある株主および当該株主が発行済株式の全部を有する株式会社、その他これに準ずるものとして法務省令（改正会施規33条の4）で定める法人（**特別支配株主完全子法人**）が有している場合における当該株主（**特別支配株主**）は、対象会社の株主の全員に対し、その有する対象会社の株式の全部を支配株主に売り渡すことを請求できる制度である。種類株式を発行している場

◎ notice：全部取得条項付種類株式の取得価格の決定　レックス・ホールディング事件決定（最決平成21年5月29日金判1326号35頁）

事実は、Yに吸収合併された株式会社Aの株主総会で全部取得条項付種類株式の取得決議が行われたが、この決議に反対の株主Xらが株式買取請求し、取得価格の決定を求めたものである。原決定（東京高決平成20年9月12日金判1301号28頁）は、市場価格の平均値を算定する基礎となる期間は、公開買付けが公表された日の直前から、さかのぼって6か月の市場株価を単純平均することによって、本件取得日における本件株式の客観的価値を算定するのが相当とするとした。最高裁決定は、「原決定に所論の判例違反はない」とした。会社法172条1項の**取得価格決定**の制度が、経営者による企業買収（MBO）に伴い、その保有株式を強制的に取得されることになる反対株主等の有する経済的価値を補償するものであることにかんがみれば、取得価格は、MBOが行われなかったならば株主が享受し得る価値と、MBOの実施によって増大が期待される価値のうち株主が享受してしかるべき部分とを、合算して算定すべきものと解するのが相当であるとする補足意見がある。

合には全種類の株式を請求の対象としなければならず、対価は種類ごとに異なることになる（179条の2第2項）。

(8) 拒否権付種類株式（特定事項につき種類株主総会の承認を必要とする株式。黄金株）

拒否権付種類株式とは、株主総会、取締役会、清算人会で決議しなければならない特定の決議事項について、株主総会決議等のほかに、当該種類株式を保有する株主の種類株主総会の決議を必要とする（拒否権の対象とする）旨の種類株式を定めることができる（108条1項8号）。定款記載の特定の事項に関し、その種類株主に特定の事項について"拒否権"を与えることができる。合併やベンチャー企業における重要事項、代表取締役の選任を拒否するなど重要で最終的決定権を有するため、「黄金株」ともいわれ、会社防衛の手段や会社支配権維持などに活用できる。さらに、事業承継人に拒否権付制限株式を掌握できるのであれば、また相続させれば、実質的な経営権を維持することが可能となり、**拒否権付種類株式**は、仮に1株であっても組織上の機関決定を覆す権利をもつことになり事業承継にも活用されることになる。

会社が拒否権付種類株式を発行する場合には、種類株主総会の決議を必要とする事項、決議を必要とする条件、および発行可能種類株式数を定款で定めなければならない（108条2項8号・同3項、会施規20条1項8号）。

(9) 選解任種類株式（種類株主総会での取締役・監査役の選任権付株式）

委員会設置会社を除く非公開会社は、種類株主を構成員とする種類株主総会において取締役または監査役の選任について、内容の異なる種類株式を発行することができる（108条1項9号）。取締役・監査役の選任は、株主総会ではなく種類株主総会で行われることになる（347条）。委員会設置会社においては、指名委員会が取締役選任・解任議案の内容を決定すること（404条）、公開会社においては、この制度が濫用されるおそれのために、この種類株式の発行は認められていない（108条1項ただし書）。ベンチャー企業や合弁会社などにおいて、株主間契約により合意した数の取締役や監査役の選任を、各派の株主に保証するためにこの種類株式が利用される。

この種類株式を発行するには、①種類株主総会で取締役や監査役を選任する

こと、その人数、②また取締役や監査役の全部または一部を他の種類株主と共同して選任する場合には、共同して選任する数、③　①③の事項を変更する条件があるときは、その条件、その条件が成就した場合における変更後の当該事項。④発行可能種類株式数を定款で定める（108条2項・3項）。

5　みなし種類株式（属人的種類株式）

　非公開会社である全株式譲渡制限会社においては、剰余金の配当・残余財産分配権・議決権について株主ごとに異なる取扱いをすることを定款に定めることができる（309条4項）。3つの権利に関して内容の異なる種類の株式と見なされ、会社法第2編および第5編の規定が適用される（109条2項・3項。種類株式買取請求としての登記は不要）。定款変更には厳しい決議（総株主の過半数、かつ総株主の議決権の4分の3以上の賛成。309条4項）が必要である。この株式も内容の異なる種類株式となり、**属人的種類株式**といわれる。株主の異なるごとの取扱いには例えば、剰余金の分配や残余財産の分配に、所有株式数によらないで株主の「頭割り」で分配する場合や、議決権について、特定の株主の1株に総議決権数の過半数の議決権を与えるなどが考えられる。この種類株式によって、事業承継では後継者に議決権を集中させることができ、事業承継対策に大きな効果がある。

6　相続人等に対する売渡請求

　会社は、相続その他の一般承継により、譲渡制限株式に限るが当該会社の株式を取得した者に対し、当該株式を会社に売り渡すことを請求することができる旨を定款で定めることができる（174条）。
　会社経営にとって好ましくない者に株式が分散され、経営への参画を防ぐには、一般の譲渡と、譲渡以外の事由による場合の相続、合併の一般承継も変わらないためである。これまでは、株式を譲渡制限株式とした場合でも、相続や合併等の事由による株式の移転は制限できなかったため、会社にとって好ましくない者に株式が分散することを阻止できなかったが、現行会社法では定款で

定めることにより、会社が相続等で移転した譲渡制限株式について売渡請求を行うことが可能となり、会社の経営を安定させることができるようになった。

　株式の集中と分散防止のために行われる相続人などに対する会社から売渡請求が行える制度は、**事業承継**においても活用ができることになる。会社は、相続や一般承継があったことを知った日から1年以内に、請求する株式数および株式所有者の氏名・名称を株主総会の特別決議によって定めたうえで（309条2項3号）売渡請求をするが、株主総会において、その対象者は議決権を行使できない（175条・176条）。株式の売買価格は当事者間の協議によるが、協議が整わない場合、売渡請求の日から20日以内に裁判所に売買価格決定の申立てができる。売渡請求後、前記期間内に裁判所への申立てがないときは、売渡請求は効力を失う。また、会社はいつでも売渡請求を撤回できる（176条・177条）。剰余金分配可能額を超える買取りはできない。

　相続による株式の分散を防ぐことによる円滑な事業承継については、中小企業経営者アンケート（平成15年中小企業庁実施）の「相続・合併時の売渡請求を認めるべき」という回答の主な理由に、望ましくない株主が入ることを未然に防止できるようにするため（53％）、株主が分散すると紛争の原因となるため（42％）があった。

7　種類株式と種類株主総会

　株式会社は、株主総会で決議すべき事項について、株主総会決議のほか、種類株主総会（2条14号）の決議も必要とする株式を発行することができる（108条1項8号）。種類株主総会では、会社法に規定する事項および定款に定めた事項に限り、決議することができる（321条。種類株主総会の権限）。決議は、定款に別段の規定がある場合を除き、原則的に、その種類株式の総株主の議決権の過半数を有する株主が出席し、出席株主の議決権の過半数をもって決議をする（324条1項）。

　種類株式を発行している会社では、一定の規定された行為をする場合において（株式の種類追加、株式の内容の変更、発行可能株式総数または発行可能種類株式総数の増加など322条列挙事項）、ある種類株式の株主に損害を及ぼすおそれがあるとき

は、全体の株主総会の特別決議（総株主の議決権の過半数を有する株主が出席し、かつその議決権の3分の2以上の賛成）が必要とされ、特殊決議がなければ、その効力を生じない（324条2項）。

ただし、あらかじめ定款で種類株主総会の決議を必要としない旨を定めることができるが、当該種類の種類株主全員の同意を得なければならない（322条2項・4項）。

また、ある種類株式を譲渡制限株式とする定款変更、対価が譲渡制限株式等である合併または株式交換・株式移転に関する決議については、その種類株主総会において議決権を行使することができる株主の半数以上で、その株主の議決権の3分の2以上の多数をもって行う（324条3項）。

8 種類株式活用における問題点

種類株式の活用は、中小企業においては、会社支配権を有する者にとって、その経営基盤を強固にし、経営方針の意思決定も経営管理においても、閉鎖的な親族等支配権を有する人的連携による会社支配の確実な維持に、強力な便宜性を提供した現会社法である。金融面においても、ベンチャー等の起業と同時に金融を得ると同時に、その後の企業支配権を維持することが容易となっている。

具体的には、種類株式の9種（剰余金、残余財産の分配、議決権制限、譲渡制限、取得請求権付、取得条項付、全部取得条項付、拒否権付、選解任種類株式など）だけでなく、会社法では混合種類株式や、さらには、みなし種類株式としての属人的種類株式がある。属人的種類株式によって、会社との人的関係の濃淡、経営管理上からも、株主平等の原則の例外でもある株主の人的属性によって、1株に複数の議決権を容認するとか、配当金額を株式数とは連動させないなど、多様なニーズに合った株式を閉鎖的会社では容認している。株式の拡散を防いで、閉鎖性を確保するための相続人等に対する売渡請求の容認など、閉鎖的会社にとってはきわめて使いやすい会社制度を種類株式によって実現したといえる。

しかし、種類株式によって支配権の強固さを目指すことは反面、人的関係の密接さによる支配権の硬直につながるおそれがある。

規模の大きな会社では、従業員など人材の多様性活用の有無、経営の柔軟性、金融機関からの金融対象としての財務内容の評価のしやすさにより金融の容易さ、会社支配で衆智を集めることによる柔軟さと強固さ等を有しているが、閉鎖的な親族等支配権を有する会社では、その閉鎖性、限られた人材、継続的展開の可能性の脆弱性、財務内容の不確かさなど小規模性に起因する諸問題を有しつつも（平成24年度中小企業庁「中小企業庁試練を乗り越えて前進する中小企業2012年版」参照）、種類株式の制度は、経営権の確保を維持しつつ、より機動的な資金調達を可能にしたといえる利点を有しながらも、このように反面硬直し発展性を欠く経営への危険性をも併せ持つことに配慮されなければならない。また、事業の後継者がいないために事業の廃業が多く行われるが（中小企業庁の各白書や事業承継ガイドライン等参照）、そこには、経営者の会社を個人的に所有しているという会社観が窺える。

9　事業承継における相続と種類株式の活用

　事業承継における会社支配権確保には、株式の集中および分散防止など議決権の掌握による種類株式の活用は、必要で有効な方法である。中小企業における事業承継は、創業者家族や個人的色彩をもった個人資産と会社経営とが密接に関係し複雑な状況を呈する。中小企業の多くを占める同族会社では、決定権者であり仲裁者でもあるオーナー経営者の死とともに、親族内での争いが激化するケースが珍しくない。

　事業経営者の「相続」も「事業承継」も、財産関係を後継者へ承継して、生活基盤の確保することでは共通点があるが、「事業承継」は、会社支配権の承継を主眼する。後継者への株式等事業用資産を集中させることである。事業経営者の所有する株式の相続による分散が、会社意思決定の不確定へ導くため、議決権を集中し承継させる必要がある。経営者が所有する資産、株式その他の相続財産が相続問題として問題になるが株式について考える。

　法定相続すれば株式は相続人間に分散雲散する。そうであるなら、被相続人の意思である遺言（自筆・公正・秘密証書。民960条以下）によって、特定の相続人で承継者である長男に「事業」「財産」を全部集中相続させたいなどが一般

的に考えられるが、しかし遺言であっても、法定相続であっても、遺留分制度があ05これを超えて相続はできない（民1028条以下）。**遺留分**は、相続財産の一定の割合を相続人に留保して、残された家族等の生活を保障し、相続財産が公平に分配されることに対する遺族の期待をも考えられて民法上認められている。遺留分の割合（**遺留分率**。民1028条。直系尊属のみが相続人である場合は相続財産の3分の1、その他の場合は相続財産の2分の1）を超える相続は、無視できないことからも事業承継では、相続により会社支配権の株式の分散が懸念されることになる。遺留分の問題は、簡潔なのは、後継者以外の相続人に遺留分の放棄があることであるが、相続開始後であればそれも可能であるが、相続開始前は家庭裁判所の許可が必要である（民1043条）。現実はそう安易ではないだろう。後継者に株式を集中させるだけではなく、定款により相続時には非後継者（第三者の株式を含む）の株式を当該株式会社に売り渡すことを請求することもできる。すでに見たように、9種の種類株式制度が導入され、その活用が事業承継には有効である。後継者にのみ普通株式を取得させ、それ以外の相続人には無議決権株式を取得させることも、普通株式を取得する後継者が会社の重要事項を決定する権利が専属し経営の側面からは問題なく、他方で親族間での株式の分散は許容することになる。また拒否権付種類株式（黄金株）を後継者に取得させ、拒否権の内容として取締役や代表取締役の選任・解任について決定権をもち経営をコントロールできる。もっとも種類株式（108条）の発行は株主総会の特別決議が必要である（309条2項・324条1項）。

設　問
① 会社の事業承継に、種類株式はどのように活用されるか。
② 少数派株主を会社から締め出すことは法律上許されるか。
③ ベンチャー企業の立ち上げに種類株式はどのように有効活用できるか。

【参考文献】
　二重橋法律事務所編『Q & A 平成26年改正会社法（第2版）』金融財政事情研究会、2014年
　森・濱田松本法律事務所編『株式・種類株式（第2版）』中央経済社、2015年

5 章

株主権とは何か

【導入判例】 株主代表訴訟の対象となる取締役の責任の範囲（最判平成21年3月10日民集63巻3号361頁）

〔事実〕 A会社の株主であるXは、A会社が買い受けた土地について、A会社の取締役であるYに所有権移転登記がされているとして、Yに対し、A会社への真正な登記名義の回復を原因とする所有権移転登記手続をすることを求めた株主代表訴訟である。主位的請求は、A会社の取得した本件各土地の所有権に基づき、A会社への真正な登記名義の回復を原因とする所有権移転登記手続を求めるもので、予備的請求は、A会社は、本件各土地の買受けに当たり、Yに対し、本件各土地の所有名義をYとする所有権移転登記手続を委託し、Yとの間で期限の定めのない借用契約を締結していたが、遅くとも本件訴状がYに送達されたときまでには上記借用契約は終了したとして、契約の終了に基づき、A会社への真正な登記名義の回復を原因とする所有権移転登記手続を求めた。

〔判旨〕「主位的請求は、A会社の取得した本件各土地の所有権に基づき、A会社への真正な登記名義の回復を原因とする所有権移転登記手続を求めるものであって、取締役の地位に基づく責任を追及するものでも、取締役の会社に対する取引債務についての責任を追及するものでもないから、上記請求に係る訴えを却下した原審の判断は、結論において是認することができる。これに対し、Xの予備的請求は、本件各土地につき、Aとその取締役であるYとの間で締結されたY所有名義の借用契約の終了に基づき、A会社への真正な登記名義の回復を原因とする所有権移転登記手続を求めるものであるから、取締役の会社に対する取引債務についての責任を追及するものということができる」とした。その理由として、「会社が取締役の責任追及をけ怠するおそれがあるのは、取締役の地位に基づく責任が追及される場合に限られないこと、旧商法266条1項3号は、取締役が会社を代表して他の取締役に金銭を貸し付け、その弁済がされないときは、会社を代表した取締役が会社に対し連帯して責任を負う旨定めているところ、株主代表訴訟の対象が取締役の地位に基づく責任に限られるとすると、会社を代表した取締役の責任は株主代表訴訟の対象となるが、同取締役の責任よりも重いというべき貸付けを受けた取締役の取引上の債務についての責任は株主代表訴訟の対象とならないことになり、均衡を欠くこと、取締役は、このような会社との取引によって負担することになった債務（以下「取締役の会社に対する取引債務」という。）についても、会社に対して忠実に履行すべき義務を負うと解されることなどにかんがみると、同法267条1項（会社法

にいう「取締役ノ責任」)には、取締役の地位に基づく責任のほか、取締役の会社に対する取引債務についての責任も含まれると解するのが相当である」(なお、旧商法266条1項3号は、取締役が会社を代表して他の取締役に対して金銭の貸し付けをなしたが、まだ弁済されないときには、貸し付けをなした当該取締役は弁済されない部分について会社に対して弁済の責任を負うとするものである。現行会社法には、これに相当する規定は存在しない)。

〔問題のポイント〕

学説では、①監査役間または取締役相互間の特殊な関係に基づく会社の提訴懈怠の可能性は、発生原因にかかわらず一切の債務について存在することから、代表訴訟はすべての債務を含むべきだとの見解(全債務説)、②会社に提訴についての裁量権を認めていない会社法の下では、取締役が会社に負担する一切の債務を含めることは、代表訴訟を広く認めすぎることになることから、発生原因が特に重大な、免除の困難な責任または免除の不可能な責任についてのみ代表訴訟を認めるべきだとの見解(限定債務説)、③取締役が第三者の地位に基づき負担することになった債務は認めないが、取締役が取締役として地位に基づき負担することになった債務について、会社に裁量の余地が認められないものについては、代表訴訟を認めるべきだとの見解(中間説)に大別できる。本件最高裁は、③の見解をとったといえる。

1 株主権とは

(1) 株 主 権

会社の設立に際してあるいは募集株式の発行に際して出資した株主、あるいは株式を第三者から取得しないしは株式分割等で会社から交付された株主は、たとえ1株を所有するにすぎない株主であっても、議決権等の権利行使を通して、自己の投資利益を確保するために、会社経営を担う役員の選任・解任、経営者の監視、会社の重要事項の決定あるいは利益処分の決定に参画することができる(308条1項本文)。株式は、このような権利を有する株主の地位を示すものである(以上のような考え方は「社員権論」と呼ばれている)。

株主の権利の一体性を否定し、自益権(配当を求める権利など株主の経済的利益に関する権利)の権利で一体性は認めるが、共益権(議決権などを通して会社の意思決定に参加する等の権利)は会社の利益のためにのみ行使されるべき権限ないし人格権(したがって、共益権には譲渡性がない)とする見解(社員権否認論)も唱えられている。企業の社会的責任や株主の責任を論じるうえで、注目すべき見解では

あるが、会社法の実体を十分に説明できない。

(2) 株主の具体的な権利

　株主の権利は、上で触れたように会社から経済的利益を受けることを目的とした**自益権**と会社運営への参加または不当な経営の防止を目的とした**共益権**とに二分できる。自益権と共益権は、社員権論からすれば、株主が自己の投資利益を守るための権利であり、それぞれ株主の不可分な一体としての権利であると解される。ただ、共益権に関しては、種類株式として議決権の全部または一部が制限された株式が認められており（108条1項3号）、また単独株主権ではなく少数株主権とされているものがある。

　株主は、基本的には、その有する株式の引受価額を限度とする出資義務（104条）を負うだけである（株主有限責任の原則）。

　① 自益権・共益権　自益権には、剰余金配当請求権（454条1項・3項）、中間配当請求権（454条5項）、残余財産分配請求権（504条）、募集株式の割当てを受ける権利（202条）、株式買取請求権（116条・469条・785条・797条・806条）などがある。

　共益権には、議決権（308条1項）、総会取消請求権（831条1項）、代表訴訟提起権（847条）などがある。

　なお、剰余金配当請求権と残余財産分配請求権の両者を認めない定款の定めは無効であるとされている（105条2項）。

　② 単独株主権と少数株主権　所有株式数を問わずすべての株主が単独で行使できる権利が**単独株主権**、総株主の議決権数の一定割合を有する株主（数人の議決権数を合算してもよい）だけが行使できる権利が少数株主権である。少数株主権は株主の権利行使が会社に及ぼす影響が大きく、また濫用の危険も高いことを考慮されたものである。少数株主権の例として、図表5-1のようなものが挙げられる。

(3) 株主平等の原則

　株主平等の原則は、株主が株主たる資格に基づく法律関係において、その有する株式の数に応じて平等に取扱いを受けることである。いわゆる「比例的平

図表 5-1　少数株主権の例

(1)総株主の議決権の 1% または（単元株式採用会社では）300 個以上、株主提案権（303 条 2 項）
(2)総株主の議決権の 1% 以上、総会検査役選任請求権（306 条 1 項）
(3)総株主の議決権の 3% 以上、総会招集請求権（297 条 1 項）、取締役等の解任請求権（854 条 1 項）
(4)総株主の議決権の 3% 以上または発行済株式の 3% 以上、会計帳簿閲覧請求権（433 条 1 項）、検査役選任請求権（358 条 1 項）
(5)総株主の議決権の 10% 以上または発行済株式の 10% 以上、解散判決請求権（833 条 1 項）

等」である。会社では、各社員はその社員たる資格において有する権利義務につき平等の待遇を与えられる。団体構成員の平等取扱いの原則は、どのような団体であっても構成員の意思を反映した形で運営をし、対外的にも団体としての統一性を示すには必要であり、会社においてもその構成員（社員・株主）の平等な取扱いは当然に要請される。

　ただし、合名会社および合資会社では社員の地位は各社員につき 1 個であるが、株式会社における社員の地位（株式）は均等な割合的単位に細分化されている。したがって、社員平等の原則は合名・合資会社であれば文字通り「社員」平等の原則であるが、株式会社では「株式」平等の原則となる。

　なお、株式会社において株式が割合的単位に細分化されるのは、少額の出資により株主となり、株式という単位ごとに譲渡が認められることで多くの一般大衆から多額の資金を調達することが容易になるからであり、同時に、資本の多数を占める者が会社を支配できるという資本多数決の原則を貫徹させるためである。

　会社法は、会社は株主をその有する株式の内容および数に応じて平等に取り扱わなければならないとして、株主平等原則を定めている（109 条 1 項）。ただし、種類株式は元々平等な取扱いがなされない株式であることから、種類株式相互間では平等原則の適用はない。

　ただし、非公開会社については、剰余金配当請求権、残余財産分配請求権および総会での議決権につき、株主ごとに異なる取扱いを行う旨を定款で定めることができるものとされた（109 条 2 項・105 条 1 項）。これは、従来の有限会社において認められていた、定款により社員ごとに異なる権利を与えることができるとされていた内容を非公開会社に認めるものである。このような定款の定

めがあるときは、異なる取扱いをされる株主が有する株式を、異なる取扱いを受ける権利に関する事項について内容の異なる種類の株式と見なして、第2編および第5編の規定を適用するものとされ（109条3項）、種類株式と同じ株主間の利害調整が図られることになる。

　株主平等原則は、会社が社員の協力により共同の目的を追求する団体である以上、社員が平等の待遇を受けるべきことは正義衡平の理念に基づく当然の要請であり、株主平等原則は株式会社法における基本的なルールとして強行法的性質をもつことから、それに違反する株主総会の決議、取締役会の決議、代表取締役の執行行為などはすべて無効になると解されている（最判昭和45年11月24日民集24巻12号963頁）。

　なお、最高裁平成19年8月7日決定（ブルドックソース事件〔民集61巻5号2215頁〕）は、「新株予約権無償割当てが新株予約権者の差別的な取扱いを内容とするものであっても、これは株式の内容等に直接関係するものではないから、直ちに株主平等の原則に反するということはできない。しかし、株主は、株主としての資格に基づいて新株予約権の割当てを受けるところ、法278条2項は、株主に割り当てる新株予約権の内容及び数又はその算定方法についての定めは、株主の有する株式の数に応じて新株予約権を割り当てることを内容とするものでなければならないと規定するなど、株主に割り当てる新株予約権の内容が同一であることを前提としているものと解されるのであって、法109条1項に定める株主平等の原則の趣旨は、新株予約権無償割当ての場合についても及ぶというべきである」としている。確かに、形式的には新株予約権はその予約権者が行使するのであるが、新株予約権がすべての株主に交付されても、特定の株主に新株予約権の行使を認めないのは、むしろ直接に株主平等違反に当たるとも解すこともできる。

2　少数株主権等の行使と個別株主通知

　少数株主権等を行使する場合、例えば取締役会設置会社において会社法303条の株主提案権を行使するには、当該株主はその権利を行使する時点において総株主の議決権の100分の1以上または300個以上の議決権を6か月前から所

有していなければならないが（303条1項）、その要件を充足しているかどうかは、株主名簿において確認される。

しかし、上場会社で、振替法の適用を受ける会社では、株主が「**個別株主通知**」をもって、その要件を充足している事実を明らかにする必要がある。

振替株式の一般株主通知についてはすでに触れたが（3章参照）、それとは別に、振替株主が「少数株主権等」に該当する株主の権利を行使する場合は、会社に対して株主の氏名・住所・保有株式の数などを通知した後4週間以内でなければ、権利行使することができない（振替法154条2項・3項、同施行令40条）として、個別株主通知の制度を設けている。

個別株主通知では、少数株主権等を行使しようとする株主は、口座を開設する振替機関に対して通知の申し出をし、申し出を受けた振替機関は、加入者情報登録を利用して、申し出をした者に開設されている他の口座の内容についても下位機関に紹介し（振替法154条5項・151条6項）、その内容をとりまとめた上で①申し出をした者の氏名・名称・住所、②その者の口座の保有欄に記載されているその発行会社の株式の数、③その株式についての過去の増減または減少の別と数および当該記帳がなされた日、その他の事項を、発行会社に通知する

> ◎ notice：個別株主通知の必要性
>
> 　株主名簿の名義書換は総株主通知を受けた場合に行われるが、総株主通知は原則として年2回しか行われないため（振替法151条・152条）、総株主通知がされる間に振替株式を取得した者が、個別株主通知により株主名簿の記載・記録にかかわらず、少数株主権等を行使することを可能にすることにある、とされている。すなわち、個別株主通知は、少数株主権等の行使の場面において株主名簿に代わり得るものと位置づけられているから（振替法154条1項）、少数株主権等を行使する場合には、株主名簿の記載（130条1項）と同じように、自己が株主であることを会社に対して対抗するための要件である、と解されている。この対抗要件の考え方からすれば、総株主通知があれば「私は株主だ」と会社にいえるのに対して、（会社が株主資格を争った場合において）特定の株主がその権利を行使するときには「私が株主だ」というためには、個別株主通知を出して自己の株主としての実体を証明しなければならない、ということになる（最決平成22年12月7日民集64巻8号2003頁、最決平成24年3月28日判時2157号104頁参照）。

(154条3項)ことになる。

3 議決権と単元株制度

　株式会社は、その発行する株式について、一定の数の株式をもって株主が株主総会または種類株主総会において、一個の議決権を行使できる1単元の株式を、定款において、定めることができる（188条1項）。1単元の上限は1000である（会施規35条）。本来であれば、議決権に制限のある種類株式でない限り、1株に1議決権を有するはずであるが、会社の事務負担の軽減（株主管理コストの低減等）を考慮して、単元株を設定することを認めている。なお、この1単元は、通常、株式を上場・店頭登録している会社における売買単位を基礎に決められる。

　定款の変更（466条）により単元株を導入するときは、代表取締役は株主総会においてその導入を必要とする理由を説明しなければならない（190条）。ただし、株式の分割と同時に各株主の有する議決権が減少しないような範囲で単元株式数の設定または単元株式数の増加を行う場合には、株主総会の決議を経ずに定款変更を行うことができる（191条）。例えば、1株を100株に分割したうえで、100株を1単元とするような場合（あるいはこれまで100株を1単元とする会社が1株を10株に分割したうえで、1000株を1単元とするような場合）である。また、単元株制度を採用した会社が、その後1単元の株式数を減少させる場合、または単元株制度を廃止する場合には、取締役会決議だけで定款変更できる（195条）。

　なお、数種の株式を発行する場合には、株式の種類ごとに1単元の株式数を定めなければならず（188条3項）、ある種類の株式だけに1単元の株式の数を設定できない。

　単元未満株式を有する株主は、議決権および議決権を前提とする権利をもたない（189条1項）が、それ以外でも、①全部取得条項付種類株式の取得対価の交付を受ける権利、②取得条項付株式の取得対価の交付を受ける権利、③株式無償割当てを受ける権利、④単元未満株式の買取請求、⑤残余財産の分配を受ける権利、⑥その他法務省令で定める権利（会施規36条）以外の権利の全部ま

たは一部についてそれを行使できない旨の定款を設けることができる（189条2項）。

また、会社は、定款で単元未満株式の株券を発行しない旨を定めることができる（189条3項）が、その定款の定めにかかわらず、会社は株主のために必要と認めるときは株券を発行することができる。単元未満株式の譲渡は、一般に困難であることから、株主はその株式について会社に対して買取請求権および単位未満株式売渡請求権を有する（192条・194条）。

単元株制度は、このように議決権等の権利行使の可否を市場での売買単位と結びつけ、その単位未満の株式には議決権等を認めないとするものであり、それを正当化するものとして、株主管理コストの削減が挙げられるのが通常である。しかし、たとえ1株であっても、株式であることに変わりはなく、かつ種類株式（108条1項3号）として議決権の制限を受けているわけでもないにもかかわらず、議決権等の株主の基本的な権利を認めないのは株主権の本質に照らしても疑問である。

4　株主の権利行使に関する利益供与の禁止

会社は、何人に対しても株主の権利行使に関し、会社またはその子会社の計算において財産上の利益を供与してはならない（120条1項・970条）。本規定は元々いわゆる総会屋に対する金品の供与により一般株主の権利行使が阻害されることのないように設けられた規定であるが、本規定の名宛人は必ずしも総会屋には限定されない。例えば、会社から見て好ましくないと判断される株主が株主権を行使することを阻止するために、会社が、当該株主から株式を譲り受けるための対価を第三者に供与するような行為も利益供与に当たると解される（最判平成18年8月10日民集60巻4号1273頁）。

会社がこの規定に反して財産上の利益を供与したときは、利益の供与を受けた者は、これを会社または子会社に返還しなければならない（120条3項）。会社が返還請求権を行使しない場合には、株主は代表訴訟を提起することができる（847条）。

また、この利益供与に関与した取締役・執行役は、その職務を行うについて

注意を怠らなかったことを証明しない限り、供与した額に相当する額を会社に対して支払う義務を負い、利益を供与した取締役・執行役は無過失の責任を負う（120条4項、会施規21条）。

利益供与が「株主の権利の行使に関して」なされたかどうかの立証が難しいことから、会社が特定の株主に無償で財産上の利益を供与したり、有償でもその利益が著しく過大なときは（例えば、価値のない情報誌に高額の購読料を支払うような場合）、「株主の権利の行使に関し」利益供与したものと推定されることになる（120条2項）。

5　株主権のもつ監視機能と株主代表訴訟

会社法は、株主が取締役の違法あるいは不当な業務執行行為を監視するために様々な権利を付与している。例えば、単独株主権として、代表訴訟提起権（847条）、違法行為差止請求権（210条・360条等）のほかに取締役会議事録等閲覧請求権（371条2項）、計算書類等閲覧請求権（442条3項）等があり、少数株主権として、検査役選任請求権（306条・358条）、会計帳簿閲覧請求権（433条1項）、役員の解任を求める訴権（854条1項）などがある。以下では、そのうちでも株主代表訴訟を取り上げる。

取締役が会社の業務執行を行うに際して、例えば**違法行為**や**任務懈怠行為**に基づいて会社に損害を与えた場合には当該取締役は会社に対して損害賠償責任を負うが（423条1項）、監査役設置会社であれば監査役が会社を代表して賠償を求める訴訟を提起することになるとはいえ（386条1項1号。なお、監査役非設置会社では353条、監査等委員会設置会社では399条の7第1項、指名委員会等設置会社では408条1項参照）、役員相互間の特殊な関係から会社による取締役の責任追及が行われないおそれがある。つまり、会社が取締役等の役員の責任追及を懈怠するおそれは一般に存在するといえる。しかし、責任追及が行われないとすれば、会社や株主の利益が害されることになる。株主代表訴訟は会社が取締役等役員の責任追及の訴えを提起しないときは、株主が同訴えを提起することができることとしたものである。このことは、株主代表訴訟は取締役等の役員の職務執行を監視する機能をもつと同時に、役員の違法行為や任務懈怠行為を抑制

させる効果ももつことになる。

(1) 代表訴訟提起の要件

　公開会社では、6か月前から引き続き株式を有する株主は、まず会社に対して、取締役などの責任を追及する訴えを提起するように請求することができる（847条1項、会施規217条。なお非公開会社では6か月の要件を必要としない。847条2項）。ただし、その訴えが株主、もしくは第三者の不正な利益を図り、または会社に損害を与えることを目的とする、いわゆる濫訴に当たる場合には、その訴えを提起することはできない（同条1項ただし書）。

　この訴え提起の請求がなされてから60日以内に、会社が訴えを提起しないときは、その請求をした株主は、会社のために原告となり訴えを提起することができる（同条3項）。ただし、60日の経過を待っていれば、会社に回復できない損害が発生するおそれがあるときには、直ちにこの訴えを提起することができる（同条5項）。

　会社が株主からの請求を受けて訴えを提起しない場合には、その株主からの求めに応じて、不提訴の理由を遅滞なく、書面で通知しなければならない（同条4項、会施規218条）。

(2) 訴訟の対象となる取締役の責任の範囲

　会社に提訴についての裁量権を認めていない会社法の下では、取締役が会社に負担する一切の債務を含めることは、代表訴訟を広く認めすぎるとして、任務懈怠責任（423条1項）等、取締役の地位に基づく責任で、免除の困難な責任または免除の不可能な責任についてのみ代表訴訟を認めるべきだとの限定説もあるが、判例は、より広く、会社と取締役との間の取引から生じた債務法上の責任も含まれるとしている（最判平成21年3月10日民集63巻3号361頁）。

(3) 訴訟費用等の負担と担保の提供

　株主代表訴訟で株主がたとえ勝訴したとしても、当該株主に賠償金等が給付されるわけではなく（会社に給付される）、かえって訴訟費用や弁護士費用を負担しなければならないことになれば、株主がその費用の負担を覚悟してまで代

表訴訟を提起することは期待できない。会社法は、訴訟の目的の価額の算定については「財産上の請求でない請求に係る訴え」(847条の4第1項)と見なし、訴訟費用(訴状に貼付すべき収入印紙の額)は1万3000円(民訴費4条2項別表第一)としている。また、株主が勝訴した場合には、**弁護士報酬**その他の費用(訴訟費用を除く)について、会社に対して、相当の範囲内でその支払を請求することができる(852条1項)としている。逆に株主が敗訴に終わった場合でも、訴訟を提起した株主に悪意がある場合を除き、当該訴訟により会社に生じた損害賠償義務を負わないとしている(同条2項)。

株主が代表訴訟を提起したときは、被告の申立てにより、裁判所はその株主に相当の担保を立てることを命じることができる(847条の4第2項、民訴法81条)。これは、代表訴訟の提起が不法行為を構成することになる場合の損害賠償金を確保する意味をもつとともに、悪意による(847条の4第3項)代表訴訟の提起を防止する意味をもっている。

(4) 訴訟参加等

会社は、株主が取締役等役員に対して提起した訴訟において、共同訴訟人として参加することができる(849条1項、民訴法38条)。また、訴訟当事者の一方を補助するために、その訴訟に参加することもできる(849条2項、民訴法42条)。これらは、代表訴訟を提起する株主と会社との馴れ合いを防ぐためである。実際には、取締役に対する代表訴訟において、会社が被告取締役側に補助参加する事例が多い。ただ、その場合には、各監査役(監査等委員会設置会社では各監査等委員、指名委員会等設置会社では各監査委員)の同意を得なければならない(849条3項)。また、この参加の機会を保障するため、株主が代表訴訟を提起したときは、遅滞なく会社に対して訴訟告知をしなければならない(同条4項)。会社が役員に責任追及等の訴えを提起したとき、あるいは**訴訟告知**を受けたときは、遅滞なく、その旨を公告するか、または株主に通知しなければならない(同条5項)。他の株主の訴訟参加の機会を保障するためである。

株主代表訴訟では**和解**(民訴法267条)で決着が着くことが多い。この場合には、総株主の同意(424条等)を必要としない(850条4項)。ただし、馴れ合いのおそれもあることから、会社が和解の当事者でない場合には、裁判所は会社

に対してその内容を通知するとともに、異議があれば2週間以内に異議を述べるべき旨を催告し（同条2項）、異議がない場合には当該和解を承認したものとされる（同条3項）。

6 株式の相続・共有と株主権行使

　株式の共有（民264条）は、複数人がその意思でもって同一の株式を所有する場合のほか、共同相続（民898条）に多い（例えば、創業者である父親が亡くなり、その父親が所有していた全部または相当の会社株式を相続人である子供たちが承継することになる場合、相続人間でその相続財産の分割が終了するまでは、亡父の有していた株式は相続人の〔準〕共有となる）。

　会社法は、株主権の行使に関して、株主の権利を行使すべき者1人を定め、その**権利行使者**を会社に通知することが必要で（106条）、その権利行使者だけが株主としての権利を行使することができるとしている（106条ただし書）。そして、共有者は会社からの通知または催告を受領する者1人を定めて会社に通知し、会社はその者に通知・催告をすれば足りる（126条3項）。共有者が会社にその通知がしていない場合には、会社は共有者の誰かに対して通知・公告すれば足りる（同条4項）。これらの規定は会社の事務処理の便宜を考慮したものである。

　共有者による権利行使者の決定は、一般には持分価格に従いその過半数（相続財産であれば、法定相続分に応じた持分の過半数で）行われる管理行為（民252条）と解され、また共有に属する株式についての議決権の行使は、当該議決権の行使をもって直ちに株式を処分するなど特段の事情のない限り、同じく株式の管理に関する行為として各共有者の持分の価格に従い、その過半数で決せられると解されている（最判平成9年1月28日判時1599号139頁、最判平成11年12月14日判時1699号156頁、最判平成27年2月19日金判1467号10頁）。

　もっとも、共有者の権利を保護するために過半数による権利行使者の指定を認めたとしても、これは遺産分割が終了するまでの暫定的な解決にすぎず、決して相続人間の紛争を根本的に解決するものでなく、かえって紛争を錯綜・長期化させるおそれがある。そうであれば、むしろ権利行使者の選定については

全員一致を要求する方が共有者の利益につながるといえる。したがって、権利行使者の決定には共有者全員の同意を必要とするとの見解も有力に唱えられている。

　1人の相続人が勝手に議決権を行使して総会決議を成立させたような場合（例えば、自らを取締役に選任する決議をした場合）、その決議の不存在ないしは取消しの訴えを提起するには（830条1項・831条）、通常はその権利行使者でしか原告適格を有しないと解される。すなわち、権利行使者の指定および通知を欠くときは、特段の事情がない限り、右の訴えについて原告適格を有しないとされる。ただし、株式を準共有する共同相続人間において権利行使者の指定および会社に対する通知を欠く場合であっても、その株式が会社の発行済株式の全部に相当し、共同相続人のうちの1人を取締役に選任する旨の株主総会決議がされたとしてその旨登記されているようなときは、特段の事情が存在し、他の共同相続人は、右決議の不存在確認の訴えにつき原告適格を有するものと解されている（最判平成2年12月4日民集44巻9号1165頁）。

設　問

① 株主が死亡し、相続人がその株式を相続したとき、相続人は名義書換をしなければ、相続による株式の移転を会社に対抗することはできないか（130条1項参照）。
② 通説判例は、会社法106条の「当該株式についての権利」には会社訴訟の提起権も含まれると解しているが、その根拠は何か。
③ 譲渡制限株式の譲渡価格について、当事者間で協議が整わないときにはどうするのか。また、その譲渡価格を決定する際に用いられる評価基準にはどのようなものがあるか（広島地判平成21年4月22日金判1320号49頁参照）。

【参考文献】
大野正道『企業承継法の研究』信山社、1994年
吉原和志「主代表訴訟によって追及し得る取締役等の責任の範囲」『変革期の企業法（関俊彦先生古稀記念）』商事法務、2011年、81-114頁

Ⅲ部

会社機関と運営システム

6 章

基本的機関としての株主総会

【導入判例】 説明義務の程度（東京地判平成16年5月13日金判1198号18頁）

〔事実〕 Xは、いわゆる投資ファンドであり、Y社の株主であった。平成15年5月22日に開催されたY社株主総会において、一部議案について、X関係者からの質問に対して打ち切りや無視があったため、Xは当該株主総会には説明義務違反があったとして該当する議案について決議取消しを求めた。

〔判旨〕「取締役及び監査役が説明義務を尽くしたといえるか否かの問題は、本件株主総会における株主の質問に対して、取締役及び監査役が、本件各決議事項の実質的関連事項について、平均的な株主が決議事項について合理的な理解及び判断を行い得る程度の説明を本件株主総会で行ったと評価できるか否かに帰するというべきである。

……（その）判断に当たっては、……当該決議事項の内容、質問事項と当該決議事項との関連性の程度、質問がされるまでに行われた説明……の内容及び質問事項に対する説明に加えて、質問株主が既に保有する知識ないしは判断資料の有無、内容等をも総合的に考慮して、審議全体の経過に照らし、平均的な株主が議決権行使の前提としての合理的な理解及び判断を行い得る状態に達しているか否かが検討されるべきである。

……（X関係者は）Y社の経営状況について既に十分な知識、情報を得ており、……本件各決議に際しての被告の議長の議事運営方法が不公正であり適切さを欠いていたとの点は否定できないにしても、本件各決議に際しての被告の議長の議事運営方法が、決議の取消しを認めざるを得ないほどに著しく不公正なものであったとまで認定することはできない」。

Y社の議長が個別の議案ごとに質問を受け付けることを承諾しながら、取締役・監査役が十分に質問に対して説明することなく、質問の打ち切りや無視が行われた。

X側の主張

→ 決議取消しの訴え →

質問に対して十分に説明したにもかかわらず、X関係者側が不規則発言による質問を繰り返したため、円滑な議事進行のために議長が質問や発言を打ち切った。

Y社側の主張

〔問題のポイント〕

① 株主総会において、取締役等が説明責任（314条）を果たしたというためには、取締役等はどこまで説明を尽くす必要があるか。

多くの会社にとって、株主総会は出資者である株主と会社の経営者である取締役等が年に1度直接顔を合わせて話し合う場である。特に、最近では、スチュワードシップ・コードやコーポレートガバナンス・コードが制定され、株主総会は株主と取締役等との対話の場としての役割が増している。株主と取締役等との対話の中核を担うのが、会社法314条に定める取締役等の説明義務である。株主との対話を果たすために、取締役等は株主からの質問に対して、分かりやすく丁寧に説明することが求められる。

しかし、その一方で、時間は有限であり、人間の集中力にも限界があることから、実りある対話を行うためには、適度、かつ、合理的な時間内で株主総会を執り行う必要がある。特に、株主からの質問に対して十分な説明を尽くしたのであれば、次の質問・議題・議案に進んでいくべきである。そこで、問題となるのが、取締役等は株主からの質問に対して、どこまで説明を尽くす必要があるかである。

この点に関し、取締役等の説明義務の目的は、株主に当該議題・議案に判断材料を提供することであることから、取締役等が「株主が決議事項について合理的な理解及び判断を行い得る程度の説明」を行えば説明責任を尽くしたことになる（本判決、大阪高判平成2年3月30日金判877号16頁）。そして、株主総会は多数の株主が参加するものであることから、その判断基準となるのは、「平均的な株主」である（本判決、前掲・大阪高判平成2年3月30日、福岡地判平成3年5月14日判時1392号126頁）。そこで、質問を行った株主が取締役等の説明を理解しない場合でも、客観的に見て当該会社の平均的な株主が当該説明を理解できるものであるならば、取締役等は説明を尽くしたことになる。ただし、株主からの質問は当該株主が議決権を行使するに当たっての判断材料とするために行うものであることから、当該株主が当該会社の平均的な株主よりも多くの知識や判断材料を有している場合には、そのことを前提に説明義務の内容・範囲を判断してもよいとする裁判例が出されている（松江地判平成6年3月30日資料版商事法務134号101頁）。本判決もその裁判例の一つである。

② 株主総会の議長の議事整理はどこまで認められるか。

株主総会の円滑な議事進行を遂行するため、議長は秩序維持および議事整理の職務権限を有するとされている（315条1項）。議長は、その権限に基づき、他の株主に質問の機会を与えるために質問数や時間を制限することや、合理的な時間内に株主総会を終結できるようにするために質疑応答の打ち切りを行うことができる（前掲・福岡地判平成3年5月14日）。ただし、議長が不当に質問の制限や質疑応答の打ち切りを行うと、著しく不公正な議事運営として決議取消事由（831条1項1号）の対象となると評価されるおそれがある（本判決では、「議長の議事運営方法が不公正であり適切さを欠いていた」と評価されている）。そこで、実務においては、事務局や顧問弁護士に質疑応答の打ち切りのタイミングを客観的に判断してもらうとともに、実際に質疑応答の打ち切り

を行う際には、その可否を議場に諮り、動議を可決することが望ましい。

1 会社の機関設計

(1) 機関の意義
会社は法人であり（3条）、自然人とは異なり、自ら意思を決定し行動することはできない。そこで、会社から一定の権限を与えられた自然人（機関）が、会社に関する意思決定やその決定に基づく行為を行い、その意思決定や行為を会社の意思決定や行為と見なしていくことになる。

(2) 機 関 設 計
会社法では、機関設計に関し、遵守するべきルールを定めている。各会社は、そのルールに基づき、企業規模や経営内容に合わせて機関設計を行う。機関設計に当たり重要な点は2つある。①**公開会社**であるか**非公開会社**であるか、②**大会社**であるか否かである。なお、会社法上の**公開会社**とは、一般的な経済用語でいう証券取引所に株式を上場している会社（上場会社）を指すのではなく、「その発行する全部又は一部の株式の内容として譲渡による当該株式の取得について株式会社の承認を要する旨の定款の定めを設けていない株式会社」（2条5号）をいう。また、**大会社**とは、貸借対照表上の資本金額5億円以上の会社または負債総額200億円以上の会社をいう（同6項）。

まず、非公開会社で、かつ、大会社以外の会社については、機関設計の自由度が広範に認められている。すなわち、すべての株式会社に必置の機関とされる**株主総会**と**取締役**を設置するだけでも十分である（295条1項参照・326条1項）。取締役会、会計参与、監査役、監査役会、会計監査人、三委員会・執行役、監査等委員会に関しては、定款の定めにより任意に設置することができる（同2項・402条1項）。ただし、**取締役会**を設置した場合、**会計参与**を設置した場合を除き、必ず**監査役**、**三委員会・執行役**、**監査等委員会**のいずれかを設置しなければならない（327条2項本文・328条1項）。逆に、取締役会を設置しない場合、監査役会、三委員会・執行役、監査等委員会を置くことはできない（327条1項

2号～4号参照)。また、監査役、三委員会・執行役、監査等委員会を同時に置くことはできない（327条4項・6項)。さらに、**指名委員会等設置会社**、および、**監査等委員会設置会社**においては、**会計監査人**を必ず設置しなければならないとともに（327条5項)、**会計監査人設置会社**は、**監査役、三委員会・執行役、監査等委員会**のいずれかを必ず設置しなければならない（327条3項・5項参照)。

一方、**公開会社**では、**取締役会**を必ず設置しなければならないとともに（327条1項1号)、**監査役、三委員会・執行役、監査等委員会**のいずれかを必ず設置しなければならない（327条2項本文・328条1項)。

また、**大会社**では、**会計監査人**を必ず設置しなければならないとともに（328条1項・2項)、**監査役、三委員会・執行役、監査等委員会**のいずれかを必ず設置しなければならない（327条3項・5項参照)。

公開会社、かつ、**大会社**である株式会社については、機関設計の自由度が狭く、**監査役会設置会社、指名委員会等設置会社、監査等委員会設置会社**のいずれかとなるしか選択肢がない（図表6-1)。

図表6-1　株式会社の機関設計

	非公開会社	公開会社
非大会社	1. 取締役 2. 取締役＋監査役（注1） 3. 取締役＋監査役＋会計監査人 4. 取締役会＋会計参与（注2） 5. 取締役会＋監査役（注1） 6. 取締役会＋監査役会 7. 取締役会＋監査役＋会計監査人 8. 取締役会＋監査役会＋会計監査人 9. 取締役会＋三委員会・執行役＋会計監査人 10. 取締役会＋監査等委員会＋会計監査人	1. 取締役会＋監査役 2. 取締役会＋監査役会 3. 取締役会＋監査役＋会計監査人 4. 取締役会＋監査役会＋会計監査人 5. 取締役会＋三委員会・執行役＋会計監査人 6. 取締役会＋監査等委員会＋会計監査人
大会社	1. 取締役＋監査役＋会計監査人 2. 取締役会＋監査役＋会計監査人 3. 取締役会＋監査役会＋会計監査人 4. 取締役会＋三委員会・執行役＋会計監査人 5. 取締役会＋監査等委員会＋会計監査人	1. 取締役会＋監査役会＋会計監査人 2. 取締役会＋三委員会・執行役＋会計監査人 3. 取締役会＋監査等委員会＋会計監査人

注1）定款により、監査役の権限を会計に関する事項に限定することも可能。
注2）会計参与については、原則として、いずれの場合においても設置可能。

2　株主総会の権限

　株主総会は、株主が会社の経営の基本方針について意思決定を行う機関である。取締役会設置会社では、株主総会は、法令に規定する事項および定款に定めた事項に限り決議することができる（295条2項）。ただし、会社法で株主総会の決議事項と定めているものについては、他の機関にその決定を委譲する旨を定款に定めたとしても、その定めは無効である（同3項）。これに対して、取締役会非設置会社では、株主総会が万能かつ最高意思決定機関であり、強行法規または株式会社の本質に反しない限り、株主総会は会社の組織、運営、管理その他会社に関する一切の事項について決議することができる（同1項）。

3　株主総会の招集

　株主総会は、会社の重要な事項につき決定を行うため、株主には出席の機会が保障されるとともに、その準備をする機会が与えられなければならない。そ

◎ notice：株主総会の集中日

　わが国では、3月末日を事業年度の最終日とし、その日を権利行使の基準日（124条1項）と定める企業が多い。この場合、基準日から3か月以内に権利行使させる必要があるため（同2項）、株主総会を6月末日までに開催する必要がある。さらに、計算書類等の監査に一定の時間が必要であること、公開会社では、株主総会の招集を原則として会日の2週間前までに各株主に通知する必要があること（299条1項）から、現実的に株主総会を開催できるのは6月になる。そこに総会屋対策も加わり、特定の日に株主総会の開催が集中する傾向があった。その一方で、複数の会社の株式を有する株主は、株主総会への出席が難しくなり、株主権を行使できない事態も生じていた。また、利益供与の禁止（120条）により、総会屋の勢いも衰えたため、株主総会を特定の日に集中する必要性も低減した。そこで、最近は、株主総会への参加を促す傾向にあり、株主総会の開催日が分散される傾向にある。なお、株主総会を集中日に開催する場合、会社はその理由を決定・通知する必要がある（298条1項5号・299条4項、会施規63条1号ロ）。

こで、会社法では株主総会の招集について規定が置かれている。

(1) 招集権者

　取締役会設置会社では**取締役会**（298条4項）が、取締役会非設置会社では**取締役**（同3項）が株主総会の招集を決定する。その際、取締役会・取締役は、①開催の日時・場所、②会議の目的事項（議題）、③書面投票・電子投票を認めるときはその旨、④その他法務省令（会施規63条）で定める事項を決定しなければならない（298条1項1号～5号）。

　株主も、**少数株主権**として一定の要件の下、株主総会を招集できる（297条1項・2項）。招集事項の決定は当該株主が行う（298条1項柱書括弧書）。

(2) 招集の時期

　株主総会には、**定時株主総会**と**臨時株主総会**とがある。定時株主総会は、毎事業年度の終了後一定の時期に招集しなければならない（296条1項）。定時株主総会の主要な目的事項は、計算書類の承認または報告、事業内容の報告（438条・439条）、剰余金の配当の決定（454条）である。これに対して、臨時株主総会は、必要がある場合、いつでも招集できる（296条2項）。

(3) 開催場所

　株主総会の開催場所は、本店所在地に限られず、株主の地域別分布状況等に配慮したうえで決定できるが、過去に株主総会を開催したことがある場所と著しく異なる場所で株主総会を開催する場合には、会社はその理由を決定・通知する必要がある（298条1項5号、会施規63条2号）。

(4) 招集の方法

1) 公開会社における株主総会の招集の方法

　公開会社では、招集者は株主総会の会日の**2週間前**までに各株主（議決権のない株主を除く、以下同様）に対して、招集通知を発しなければならない（299条1項）。株主に出席と準備の機会を与えるためである。

　通知事項は、開催の日時・場所、議題、書面投票・電子投票を認める旨、お

よび、その他法務省令（会施規63条）で定める事項である（299条4項・298条1項）。この通知は、書面または電磁的方法により行うが、電磁的方法により行う場合、法令の定めるところにより、株主による承諾が必要である（299条2項・3項、会社令2条1項2号、会施規230条）。

招集者が書面投票・電子投票を認める場合（298条1項3号・4号・同2項）、招集者は、招集の通知に際して、株主に対し、株主総会参考書類・議決権行使書面等を交付しなければならない（301条・302条、会施規65条・66条・73条〜95条）。さらに、定時株主総会の通知には、計算書類、事業報告、監査報告書、会計監査報告書を添付しなければならない（437条、会施規133条、会計規133条）。書面投票・電子投票する株主の判断材料とするためである。

2）非公開会社における株主総会の招集の方法

非公開会社では、会社と株主とが緊密であると想定されることから、株主総会の招集期間は**1週間**とされている。さらに、取締役会非設置会社では、より迅速な開催が必要な場合があるため（139条1項・140条5項・145条）、定款によりその期間を短縮することもできる。ただし、書面投票・電子投票を認める場合（298条1項3号・4号）、株主の考慮期間への配慮から、各株主に対して会日の2週間前までの通知が必要とされている（299条1項）。

非公開会社が取締役会設置会社である場合、または、書面投票・電子投票を認める場合、通知の方法・内容に関して、公開会社と同様である（299条2項〜4項・301条・302条・437条）。しかし、取締役会非設置会社であり、かつ、書面投票・電子投票を認めない場合、通知の方法・内容について特に規定がないことから、書面等によらず口頭・電話等による招集の通知も可能である。

3）招集手続の省略・全員出席総会

議決権を行使できる株主全員の同意があり、かつ、書面投票・電子投票を認めない場合、招集手続を省略して株主総会を開催できる（300条）。また、招集権者による招集がない場合でも、株主全員が株主総会の開催に同意して出席すれば、株主総会は適法に成立する（**全員出席総会**。最判昭和60年12月20日民集39巻8号1896頁）。招集手続は株主の出席・準備の機会を確保するために定められていることから、招集手続の省略につき株主の同意があるならば、招集を省略する方が便利であると考えられたためである。

（5）株主提案権

通常、株主総会で何を決議するかは招集権者が決定することになるが、株主は株主総会に参加する立場にあることから、一定の場合に、株主にも何を決議するか提案することが認められている。これがいわゆる**株主提案権**と呼ばれるものであり、会社法上、**議題提案権**と**議案提案権**が認められている。例えば、取締役のAの解任について決議したいのであれば、議題が「取締役の解任」であり、議案が「取締役Aの解任」である。

1）議題提案権

取締役会非設置会社では、株主総会が万能かつ最高意思決定機関であることから、議題提案権は、単独株主権とされており、株式保有期間の要件も定められていない（303条1項）。議題提案権を当日行使することも可能である。一方、取締役会設置会社では、総株主の議決権の**100分の1以上または300個以上**の議決権を有する株主のみが行使できる（同2項・3項）。公開会社では、**6か月前**からの株式継続保有も要件とされている（同2項）。なお、招集権者の準備の関係から、議題提案権は、株主総会の会日の**8週間前**（定款の定めによる引下げ可、以下同様）までに、取締役に対して行使する必要がある（同項）。

2）議案提案権

株主は、株主総会において、株主総会の目的である事項につき議案を提出できる（304条本文）。会議の参加者である株主に当然認められる権利である。ただし、議案提案権の濫用による株主総会の進行妨害を防ぐため、当該議案が法令・定款に違反する場合、または、過去に議決権の**10分の1以上**の賛成が得られなかった議案と実質的に同じものであって、当該賛成を得られなかった日から**3年**を経過していない場合、会社はその提案を拒絶できる（同条ただし書）。

3）議案通知請求権

株主総会当日に株主の提案が伝えられるだけでは、その提案が可決されることは難しい。そこで、株主は、取締役に対し、株主総会の会日の**8週間前**までに株主総会の目的である事項につき自己が提出しようとしている議案の要領を株主に通知するよう請求できる（305条1項）。**議案通知請求権**について、取締役会非設置会社では単独株主権であるが、取締役会設置会社では総株主の議決権の**100分の1以上または300個以上**の議決権を有する株主のみが行使できる

(同1項ただし書・2項)。**公開会社**では、**6か月前**からの株式継続保有も要件とされている(同1項ただし書)。

(6) 総会検査役

会社または総株主の議決権の**100分の1以上**を有する株主は、株主総会に係る招集の手続および決議の方法を調査させるために、当該株主総会に先立って、裁判所に**総会検査役**の選任の申立てを行うことができる(306条1項・2項)。株主総会において紛糾することが予想される場合に、ほかに手続上の瑕疵が存在しないことを確認することが総会検査役選任の目的である。なお、公開会社では**6か月前**からの株式継続保有も要件とされている(同2項)。

4　議決権の行使

(1) 一株一議決権の原則とその例外

株主総会において、各株主は、原則として、その有する株式1株につき1個の議決権を有する(308条1項)。これを**一株一議決権の原則**という。ここにいう株主に**相互保有株式**(図表6-2)に係る株主は含まれない。すなわち、株式会社がその総株主の議決権の**4分の1以上**を保有することその他の事由を通じて、株式会社がその経営を実質的に支配することが可能な関係にあるものとして法務省令(会施規67条)に定める株主は除外される(308条1項括弧書)。

ほかにも一株一議決権の原則の例外として、**単元未満株主**(308条1項ただし書)、**議決権制限種類株式の株主**(108条1項3号)、**株式譲渡等承認請求者**(140条3項)、**自己株式取得に係る特定株主**(160条4項)、**売渡請求の目的となる株式に係る株主**(175条2項)等がある。また、**自己株式**については、議決権が認められていない(308条2項)。

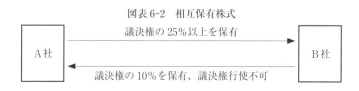

図表6-2　相互保有株式

A社 →(議決権の25%以上を保有)→ B社
A社 ←(議決権の10%を保有、議決権行使不可)← B社

（2）議決権の不統一行使

　株主が2個以上の議決権を有する場合、これを統一的ではなく不統一に行使できる（313条1項）。株主が株式の信託を受けている場合など他人のために株式を保有している場合、その他人の意向に従った議決権の行使を認めるのが妥当なためである。ただし、会社の事務処理上の都合、および、不真面目な議決権行使を防ぐため、当該株主は、株主総会の会日の**3日前**までに、会社に対して不統一行使する旨とその理由を通知する必要があるとともに（同2項）、当該株主が他人のために株式を有する者でない場合、会社は不統一行使を拒否できる（同3項）。なお、最近では、名義株主による不統一行使の形ではなく、実質株主が株主総会に出席し議決権を行使することが望ましいとの意見が出されており、実際にそのように対応する企業も見受けられる。

◎ notice：定款による議決権の代理行使の制限

　実務では、定款に代理人を当該会社の株主に限る旨を定める会社が多い。この規定の効力について争いがあるが、判例は、「株主総会が、株主以外の第三者によって攪乱されることを防止し、会社の利益を保護する趣旨にでたものと認められ、合理的な理由による相当程度の制限ということができる」として、一般的に有効なものと解している（最判昭和43年11月1日民集22巻12号2402頁）。ただし、例えば、株主が法人であり、その従業員で非株主である者を代理人として派遣した場合等、その者が議決権を行使しても株主総会を攪乱させるおそれがなく、かつ、非株主であることを理由に議決権の代理行使を認められないとされると、事実上その株主の議決権行使ができなくなる場合には、定款の効力が制限される（最判昭和51年12月24日民集30巻11号1076頁）。

◎ notice：委任状争奪戦

　経営陣と株主との間で経営方針が一致しない場合、株主総会の議題に関して、経営陣と株主とがそれぞれ異なる議案を提案することがある。このときに、他の株主の賛同を得るために行われる多数派工作が委任状争奪戦（プロキシー・ファイト）である。委任状争奪戦は、剰余金の配当額の決定、敵対的買収における攻防や会社内部における支配権争いの場面で展開されることが多く、実際に委任状争奪戦が行われた、TBS vs 楽天や大塚家具等は世間の注目を集めた。

(3) 議決権の代理行使

　自ら株主総会に出席できない株主は、代理人によって議決権を行使できる（310条1項）。議決権の代理行使は、株主総会において、株主の意思を反映できるようにするために認められた制度である。ただし、総会荒らしを防ぐため、会社は、株主総会に出席できる代理人の数を制限できる（同5項）。

　実務上、議決権の代理行使制度は、株主が出席できない場合のほかに、会社が決議の定足数を満たすために代理権の授与（委任状）を勧誘する場合や、会社（現経営陣）の提案に反対する株主が委任状を勧誘する場合に用いられる。

(4) 書面投票制度・電子投票制度

　株主総会に出席できない株主が議決権を行使する方法として、議決権の代理行使のほかに、**書面投票**制度と**電子投票**制度が定められている。書面投票制度と電子投票制度はともに会社が任意に定款に定めることができるが、書面投票制度に関しては、議決権を有する株主の数が**1000人以上**の会社は採用することが義務づけられている（298条2項本文）。ただし、当該会社の株式が証券市場に上場されており、かつ、取締役が株主全員に対して金融商品取引法の要求に基づく委任状の勧誘をしている場合、会社法に定める書面投票制度が強制されない（同項ただし書、会施規64条）。なお、書面投票手続については会社法311条、電子投票手続については同法312条参照。

5　株主総会の議事

(1) 議事進行

　株主総会は、①定款の定めに従い議長に就任する旨の宣言、②議長による開会宣言、③決議に必要な定足数が満たされている旨の宣言、④審議、⑤議長による閉会宣言の流れで行われる。

(2) 議　　長

　株主総会の議長は、定款に定めがないときは、株主総会において選任される（実務上、定款で社長である取締役を議長とすることが多い）。議長の権限は、株主総会

の秩序維持・議事の整理であり（315条1項）、議長はその命令に従わない者その他株主総会の秩序を乱す者を退場させることができる（同2項）。

(3) 説明義務

　取締役・会計参与・監査役・執行役は、株主から特定の事項について説明を求められた場合、当該事項について説明しなければならない（314条本文）。ただし、すべての質問に対して回答が求められるとすると、会社の機密情報等に関する事項についても回答する必要が生じるため、一定の場合には、質問に対する回答を拒絶できる。その一定の場合とは、①当該事項が株主総会の目的である事項に関しないものである場合、②その説明をすることにより株主の共同の利益を著しく害する場合、③その他正当な理由があるとして法務省令（会施規71条）に定める場合である（314条ただし書）。また、会社法施行規則71条は、正当な理由として、（ア）株主が説明を求めた事項について説明するために調査が必要な場合（株主が株主総会の会日より相当の期間前に会社に通知した場合や調査が著しく容易な場合を除く）、（イ）説明することで会社の他の者の権利を侵害することになる場合、（ウ）株主が実質的に同一の事項につき繰り返して説明を求める場合、（エ）その他株主が説明を求めた事項について説明しないことにつき正当な理由がある場合を挙げている。

　かつては、株主総会を手短に終わらせることが理想的であるとされていたため、株主からの質問に対して十分な説明がなされないまま株主総会を終了するケースも見られた。しかし、最近は、会社が株主総会を株主との対話の場と捉えるようになり、株主からの質問に対して会社側が十分な説明を行うように努めている。それに伴い、株主総会の所要時間も長くなる傾向にある（図表6-3）。

図表6-3　平成26年7月～平成27年6月における株主総会の所要時間

0～30分	～60分	～90分	～120分	～150分	151分～
13.3%	53.5%	19.6%	9.7%	2.9%	0.9%

注）端数は四捨五入。
出典）「株主総会白書　2015年版」『商事法務』2085号、92-93頁。

(4) 議 事 録

株主総会の議事については、法務省令（会施規72条3項）に定める事項を内容とする**議事録**を作成し、一定期間会社に備え置くとともに、株主等から閲覧・謄写の請求があった場合、それに応じなければならない（318条）。

6 株主総会の決議

(1) 普通決議

法令・定款に別段の定めがある場合を除き、株主総会の決議は議決権を行使できる株主の議決権の**過半数**を有する株主が出席し（**定足数**）、出席した当該株主の議決権の**過半数**をもって行う（309条1項）。この定足数については、定款の別段の定めにより軽減・排除できることから、多くの会社では、定足数を完全に排除している。しかし、役員（取締役・会計参与・監査役）の選任・解任については、定款の定めによっても、定足数を株主の議決権の**3分の1未満**とすることはできない（341条）。

(2) 特 別 決 議

図表6-4に掲げる株主総会の決議については、当該株主総会において議決権を行使できる株主の議決権の**過半数**（定款で3分の1以上までに軽減可）を有する株主が出席し、出席した当該株主の議決権の**3分の2以上**（定款で引上げ可）に当たる多数をもって行う必要がある（309条2項）。当該決議要件のほかに、頭数要件等を加える旨を定款に定めてもかまわない（同項。図表6-5、6-6）。

(3) 特 殊 決 議

特殊決議事項に関して、その決議要件は決議内容により異なる。

第1は、会社が発行する株式が定款変更により**譲渡制限株式**に変わる場合（309条3項1号・107条1項1号・2項1号）、または、組織再編により「**譲渡制限株式等**」（譲渡制限株式、または、譲渡制限株式を取得対価とする取得条項付株式・取得条項付新株予約権。783条3項、会施規186条）に変わる場合である（309条3項2号・3号）。この場合、議決権を行使できる株主の**半数以上**（定款で引上げ可）で、かつ

図表 6-4　特別決議事項

①譲渡制限株式の会社による買取決定および買取人の指定（309条2項1号・140条2項・5項）
②特定の株主からの合意による自己株式取得（309条2項2号・156条1項・160条1項）
③全部取得条項付種類株式の取得（309条2項3号・171条1項）
④相続等により株式を取得した者への売渡請求（309条2項3号・175条1項）
⑤株式の併合（309条2項4号・180条2項）
⑥非公開会社における募集株式・新株予約権の発行（309条2項5号・6号・199条2項・200条1項・202条3項4号・204条2項・238条2項・239条1項・241条3項4号・243条2項）
⑦公開会社における募集株式・新株予約権の有利発行（309条2項5・6号・199条2項・201条2項・238条2項・240条1項）
⑧募集株式が譲渡制限株式である場合の総株引受け（309条2項5号・205条2項）
⑨新株予約権の目的である株式の全部または一部が譲渡制限株式である場合、または、新株予約権が譲渡制限新株予約権である場合の総数引受け（309条2項6号・244条3項）
⑩累積投票により選任された取締役および監査役の解任（309条2項7号・339条1項・342条3項～5項）
⑪監査等委員会設置会社における監査等委員である取締役の解任（309条2項7号）
⑫役員等の責任の一部免除（309条2項8号・425条）
⑬資本金額の減額（309条2項9号・447条1項）
⑭現物配当（309条2項10号・454条4項）
⑮定款変更・事業譲渡・解散の決定（309条2項11号。6章～8章）
⑯組織再編（合併・株式交換・株式移転・会社分割）の決定（309条2項12号。5章）

図表 6-5　普通決議と特別決議の比較

	普通決議（309条1項）	特別決議（309条2項）
定足数	議決権を行使できる株主の議決権の過半数（定款で排除可。なお341条）	議決権を行使できる株主の議決権の過半数（定款で3分の1以上にまで軽減可）
決議要件	出席した当該株主の議決権の過半数	出席した当該株主の議決権の3分の2以上

図表 6-6　特殊決議の決議要件の比較

	譲渡制限株式等への変更（309条3項）	属人的な定めの定款変更（309条4項）
決議要件	議決権を行使できる株主の半数以上で、議決権を行使できる株主の議決権の3分の2以上	総株主の半数以上で、総株主の議決権の4分の3以上

議決権を行使できる株主の議決権の**3分の2以上**（定款で引上げ可）の賛成が要求される（309条3項）。この決議には、反対株主に**株式買取請求権**が認められる（116条1項1号・785条・806条）。

第2は、非公開会社において、剰余金の配当・残余財産の分配・株主総会の議決権につき株主ごとに異なる扱いを行う旨の定款変更（当該定めを廃止する場合を除く）を行う場合である（**属人的な定め**。109条2項）。この場合、総株主の**半数以上**（定款で引上げ可）で、総株主の議決権の**4分の3以上**（定款で引上げ可）の賛成が必要である（309条4項。図表6-6）。

（4）決議の省略・報告の省略

取締役または株主が株主総会の目的である事項について提案をした場合において、一定の要件の下で決議を省略できる（319条）。また、報告についても省略できる場合がある（320条）。

（5）決議の瑕疵

会議体の決議に何かしらの瑕疵がある場合、民法の一般原則によると、その決議は無効とされる。しかし、株主総会の場合、その決議に基づき法律関係が新たに構築されていくことから、その決議の有効・無効が多くの利害関係人に影響を与えることになる。そこで、会社法では、株主総会決議の瑕疵の程度の軽重に応じて、**決議取消しの訴え**（831条）、**決議不存在確認の訴え**（830条1項）、**決議無効確認の訴え**（同2項）の制度を用意している。詳しくは次章において説明する（図表6-7）。

図表6-7　公開会社における株主総会の手続

法定期限・日付	手続
3か月＋2週間前 3/16	基準日公告（124条3項）
3か月前 3/31	株主総会における議決権行使の基準日（124条2項括弧書）
8週間前 4/30	議題提案権の行使期限（303条2項） 議案通知請求権の行使期限（305条1項）
	株主総会招集の取締役会決議
2週間前 6/11	招集通知の発送（299条1項）
3日前 6/22	議決権の不統一行使の申請期限（313条2項）
前日 6/25	書面投票・電子投票の締切（会施規69条・70条）
会日 6/26	株主総会開催
	議事録作成（318条1項）、議決権行使書面・電磁的記録・委任状備置（株主総会の会日から3か月間、310条6号・311条3項・312条4項）
3か月後 9/26	決議取消しの訴え提訴期限（831条1項）
10年後	本店議事録備え置き最低期限（318条2項）

注）日付は、6/26を株主総会の会日とした場合の例である。

7　種類株主総会

　会社が数種類の株式を発行した場合、異なる種類の株主の間で利害が衝突することがあるため、各種の権利の調整が必要となる場合が生じる。そこで、会社法では、**種類株主総会**制度を設けている（321条～325条）。種類株主総会は、会社法または定款で定めた事項に限り決議することができる（321条）。種類株主総会の手続の多くは株主総会の規定が準用される（325条）。

8　利益供与の禁止

　株主総会の健全な運営を担保するために、会社は、何人に対しても、**株主の権利行使に関し、財産上の利益の供与**（当該株式会社またはその子会社の計算においてするものに限る）をしてはならないと定められている（120条1項）。

Ⅲ部　会社機関と運営システム

設　問

① Ａ株式会社は、現在、非公開会社であり、かつ、大会社に該当しない会社であるため、株主総会と取締役のみを設置している。しかし、Ａ社の業績が順調に推移しているため、Ａ社は次回の株主総会で公開会社・大会社に変更する予定である。この場合、Ａ社はどのような機関設計を行うべきか。

② Ｂ株式会社は、非公開会社であり、かつ、取締役会設置会社である。Ｂ社が株主総会を開催する際の招集手続について説明しなさい。

③ Ｃ株式会社は、定款で、議決権行使の代理人に関して、Ｃ社の株主に限る旨を定めている。しかし、Ｃ社の株主ＤはＣ社の株主ではない弁護士ＥをＤの代理人として指定した。この場合、Ｃ社はＥをＤの代理人としてＥが議決権を代理行使するのを認めなければならないか。

【参考文献】

伊藤靖史・大杉謙一・田中亘・松井秀征『リーガルクエスト　会社法（第3版）』有斐閣、2015年

岩原紳作編『会社法コンメンタール　第7巻』商事法務、2013年

江頭憲治郎編『会社法コンメンタール　第1巻』商事法務、2008年

江頭憲治郎ほか編『会社法判例百選（第2版）』有斐閣、2011年

江頭憲治郎『株式会社法（第6版）』有斐閣、2015年

神田秀樹『会社法（第17版）』弘文堂、2015年

近藤光男『最新会社法（第8版）』中央経済社、2015年

近藤光男・柴田和史・野田博『ポイントレクチャー会社法（第2版）』有斐閣、2015年

酒巻俊雄・龍田節編編集代表『逐条解説　会社法　第4巻』中央経済社、2013年

西脇敏男編著『新・会社法講義―31講』八千代出版、2007年

布井千博『基本講義　会社法』新世社、2011年

丸山秀平『やさしい会社法（第13版）』法学書院、2015年

「株主総会白書　2015年版」『商事法務』2085号、2015年

7 章

株主総会の運営と訴訟とは

【導入判例】 株主総会決議の取消しと裁量棄却　日本サーモ・エレメント株主総会決議取消事件（最判昭和46年3月18日民集25巻2号183頁）

〔事実〕　発行済株式総数21万200株のY株式会社は、臨時株主総会において、決議に加わった10万6750株の満場一致で、会社解散、監査役および法定清算人選任の各決議を行った。しかし、同総会の招集を決議した取締役会は取締役7名のうち2名のみが出席して行われており、同総会の招集通知は、法定の招集期間より2日遅れて発送された。そこで、株主は、これらの招集手続違反を理由として、株主総会決議取消しの訴えを提起した。

〔判旨〕　株主総会招集の手続またはその決議の方法に性質、程度等から見て重大な瑕疵がある場合には、その瑕疵が決議の結果に影響を及ぼさないと認められるようなときでも、裁判所は、決議取消しの請求を認容すべきであって、これを棄却することは許されないものと解するのが相当である。けだし、株主総会招集の手続またはその決議の方法に重大な瑕疵がある場合にまで、単にその瑕疵が決議の結果に影響を及ぼさないとの理由のみをもって、決議取消しの請求を棄却し、その決議をなお有効なものとして存続せしめることは、株主総会招集の手続またはその決議の方法を厳格に規制して株主総会の適正な運営を確保し、もって、株主および会社の利益を保護しようとしている商法の規定の趣旨を没却することになるからである。

Y社の臨時株主総会における会社の解散、監査役および法定清算人の選任の各決議について見るに、（同総会の招集手続は）取締役会の有効な決議に基づかないでなされたものであるのみならず、その招集の通知はすべての株主に対して法定の招集期間に2日も足りない会日より12日前になされたものであるというのであるから、右株主総会招集の手続にはその性質および程度から見て重大な瑕疵がある。

〔問題のポイント〕

① 株主総会決議の効力をめぐる利益調整の要請

株式会社の最高意思決定機関である株主総会において、株主に議決権行使の機会を保障するとともに、株主の意思が適切に反映された決議が行われるよう、その招集手続および議事運営手続について厳格な法規制がなされている。

そこで、株主総会の諸手続に法令違反が認められる場合には、株主の保護ひいては会社の利益を確保する見地からは、当該決議を無効視する必要がある。その一方、株主総

会決議は株式会社の組織運営の基礎となるべきものであり、決議が有効に成立していると信頼して、多種多様な利害関係者が法律関係を築いている以上、決議の有効性をできるだけ維持することを通じて、法律関係の安定性を確保する必要が生じる。このような矛盾衝突する2つの利益をどのように調和させるべきかが問われている。

② 株主総会決議の効力を否定するための訴訟制度

株主総会の決議内容が法令に違反することに基づいて、その効力を争う手段として株主総会決議無効確認の訴えの制度が設けられている。総会決議の諸手続の違法性を基にその効力を争う手段として株主総会決議取消しの訴えがある一方、法的評価において株主総会の決議があると認められないほど手続違反が甚だしい場合には、株主総会決議不存在確認の訴えにより、その効力を争うことができる。

③ 株主総会決議の取消事由・決議取消の裁量棄却の要件

株主総会決議取消しの訴えは、①株主総会の招集手続または決議方法が法令・定款に違反し、または著しく不公正なとき、②株主総会決議の内容が定款に違反するとき、または③株主総会決議について特別の利害関係を有する者が議決権を行使したことにより、著しく不当な決議がされたときに提起することができる。また、法律関係の安定性を確保するため、招集手続または決議の方法が法令・定款に違反するときであっても、裁判所が、その違反する事実が重大でなく、かつ、決議に影響を及ぼさないと認めるときは、決議取消請求を棄却することができる。

1 株主総会決議の瑕疵

株主総会は、株式会社の組織、運営、管理等に関する重要な事項を決定する最高意思決定機関であり、株主の議決権行使の機会を確保し、株主の意思が適切に反映されるために種々の厳格な手続規制を置いている会社法の趣旨を重視すれば、株主総会決議の手続または内容に違法な点がある場合、その決議は無効とすべきである。しかし、一般原則に基づいて違法な総会決議を無効とすれば、いつでも誰でもその無効を主張でき、訴訟の結果は当事者間にしか及ばない等、法的安定性を損なう結果となってしまう。いったん決議が成立したことを基に様々な法律関係が積み重ねられていく以上、決議の存在を信頼して新たな法律関係に入った利害関係者の利益への配慮も必要となる。例えば、①株主総会においてAが取締役に選任され、②Aが参加した取締役会においてAが代表取締役に選定され、③代表取締役としてAが会社を代表して契約等の法

律行為を行った場合を想定すると、①の決議が無効とされることにより、②の取締役会決議も無効となり、その結果③の代表行為についても、A が無権代表者であったという評価により、無権代表行為すなわち無効となってしまい、A の代表権の存在を信頼して取引に入った相手方等の第三者の利益を損なう結果となってしまう。

そこで会社法は、決議の無効主張の利益と法的安定性の確保との調和を図る観点から、次の3つの訴訟制度を用意している（図表7-1、7-2）。

2　株主総会決議取消しの訴え

株主総会決議に関する招集・議事運営手続において、比較的軽微といえる手続違反がある場合には、**株主総会決議取消しの訴え**（831条）によらなければ、その瑕疵を主張することができないものとされている。決議取消判決が確定することにより、当該決議は初めて効力を失うこととなり、それまでは一応、決議が有効であることをもとに、法律関係の安定性確保が図られている。

決議取消事由としては、①株主総会等の招集手続・決議方法の法令・定款違反、または著しい不公正（同1項1号）、②決議内容の定款違反（同1項2号。これは、定款変更の手続がなされていない点で決議の手続違反の一場面として評価される）、

図表7-1　株主総会決議の瑕疵をめぐる利益衡量

手続の適法性・公正性、決議内容の適法性に関する会社・株主の利益保護	←調和→	法的安定性の確保（決議の有効性に対する信頼の保護）

＋法律関係の画一的処理の要請（決議の効力について、すべての会社利害関係者において結論を一本化する必要性）

図表7-2　株主総会決議の瑕疵をめぐる3つの訴訟制度

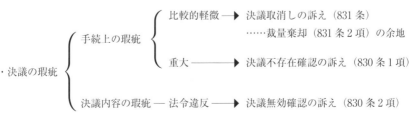

および③特別利害関係人の議決権行使による著しく不当な決議（同1項3号）がある。

（1）提訴要件

　株主総会決議取消しの訴えを提起することができるのは、その会社の**株主等**・取締役・清算人・監査役設置会社における監査役・指名委員会等設置会社における執行役に限定されている（831条1項。同条項における「株主等」の意義につき、828条2項1号括弧書参照）。また、当該決議の取消しにより株主・取締役・監査役・清算人となる者（346条1項〔479条4項において準用する場合を含む〕の規定により取締役としての権利義務を有するもの等も含まれる）にも原告適格が認められている。これは、解任されたり、再任されなかった役員にも提訴資格を与えるためである。また、全部取得条項付種類株式を利用した株主の締出し等により、当該決議により株主の地位を喪失した者も、当該決議の効力を争うことができるような配慮がなされている（<u>平成26年改正による831条1項。「当該決議の取消により株主となる者」</u>。東京高判平成22年7月7日判時2095号128頁参照）。決議取消しの訴えの被告は、会社である（834条17号）。

　株主総会決議取消しの訴えは、当該総会決議の日から**3か月以内**に提起しなければならない（831条1項）。決議取消しの訴えを提起し、決議の日から3か月を経過した後に、新たな取消事由を追加して主張することは許されない（最判昭和51年12月24日民集30巻11号1076頁）。これに対して、決議無効確認を求める訴えを提起して、決議無効原因として主張していた事由が決議取消原因に該当し、しかも決議取消訴訟の原告適格、出訴期間等の要件を満たしているときは、たとえ決議取消しの請求が出訴期間経過後になされても、決議無効確認訴訟提起時から提起されているのと同様に取り扱われる（最判昭和54年11月16日民集33巻7号709頁）。

　株主総会決議取消しの訴えは、被告となる会社の本店の所在地を管轄する地方裁判所の管轄に専属する（835条1項）。原告に対する担保提供命令（836条）、弁論等の必要的併合（837条）、および原告が敗訴した場合の損害賠償責任（847条）については、他の「会社の組織に関する訴え」（834条参照）の場合と同様である。

(2) 訴えの利益

　株主総会決議取消しの訴えは、形成の訴えであるため、法定の要件を充足している以上、訴えの利益が認められるのが通例であるが、その後の事情の変化によっては、形成判決を下す実益がなくなった場合には、訴えの利益が欠けるものとして、訴訟が却下されることがあり得る。具体的には、①新株発行決議の取消訴訟係属中に、その決議に基づいて新株が発行されてしまった場合（最判昭和37年1月19日民集16巻1号76頁）、②役員選任決議の取消訴訟係属中に、その決議に基づいて選任された取締役や役員のすべてが任期満了によって退任し、その後の株主総会決議により新たな役員が選任されたため、取消訴訟の対象となる選任決議に基づく役員が現存しなくなった場合（最判昭和45年4月2日民集24巻4号223頁）、③役員退職慰労金贈呈の総会決議につき、取締役等の説明義務違反を理由とする決議取消訴訟係属中に、当該決議と同一内容の議案が、決議取消判決の確定を条件として遡及的に効力を生ずる旨の新たな決議がなされた場合（最判平成4年10月29日民集46巻7号2580頁）などがある。

　これに対して、計算書類等の承認決議の取消訴訟係属中に、その後の決算期の計算書類等が承認された場合には、先行決議の取消しによって同決議は遡及的に無効、計算書類は未確定となり、それを前提とする次期以降の計算書類等の記載内容も不確定なものとなるため、上記決議の取消しにより再決議が必要となるので、先行する決議について同内容の再決議がなされた等の特段の事情がない限り、訴えの利益は失われない（最判昭和58年6月7日民集37巻5号517頁）。

(3) 決議取消事由

1) 招集手続・決議方法の法令・定款違反、または著しい不公正（847条1項1号）

　①　取締役会決議を経ない代表取締役による招集（最判昭和46年3月18日民集25巻2号183頁）。……さらに、無権限の者によって招集された場合には、決議不存在事由となる（最判昭和45年8月20日判時607号79頁）。

　②　招集期間の不足（最判昭和44年12月18日裁判集民97号799頁、最判昭和46年3月18日判時630号90頁）。

　③　株主に対する招集通知もれ（最判昭和44年12月18日裁判集民97号799頁、最判昭和46年3月18日民集25巻3号183頁）。

④　招集通知・参考書類の記載もれ（大阪地堺支判昭和63年9月28日判時1295号137頁）。

⑤　株主の出席困難な日時・場所への招集（大阪高判昭和30年2月24日下民集6巻2号333頁）。

⑥　定時総会において、442条1項の計算書類等の備置義務に違反した場合（最判昭和54年11月16日民集33巻7号709頁）。

⑦　定足数の不足（最判昭和35年3月15日判時218号28頁）。

⑧　株主提案権が違法に排斥された場合（東京地判昭和60年10月29日金判734号23頁）。

⑨　役員の説明義務違反（東京地判昭和63年1月28日判時1263号3頁、東京地判平成16年5月13日金判1198号18頁）。

⑩　招集通知の不記載事項についての決議（最判昭和31年11月15日民集10巻11号1423頁、東京高判平成3年3月6日金法1299号24頁、名古屋高判昭和29年5月26日下民集5巻5号738頁）。

◎ notice：他の株主に対する招集通知もれと決議取消しの訴えの可否

　招集通知を受けて株主総会に参加した株主が、他の株主に対する招集手続の瑕疵を理由に、決議取消しの訴えを提起し得るかが問題となる。各株主は自己に対する招集通知の瑕疵を主張する資格や決議取消訴権しか有しないとして、これを否定する見解もある。これに対して、判例・多数説（最判昭和42年9月28日民集21巻7号1970頁）は、招集手続に瑕疵がある場合の決議取消訴訟の制度は、株主が会社に対して法律・定款を遵守した運営を求める訴訟としての性格を有し、手続の瑕疵それ自体に対する非難というよりは、むしろその瑕疵のために公正な決議の成立が妨げられたかもしれないという意味での抗議を認める制度であり、したがって、決議の公正について利害関係を有する他の株主からもこれを提起することができるとしている。

　また、招集通知を受けなかった株主がその瑕疵を承認するなど自己が招集通知を受けることにつき有する利益を事後的にせよ放棄していると見られる場合には、その瑕疵の治癒を認めて、もはや何人もその決議の取消しを求めることはできないと解されている。

> ◎ notice：株主提案権が無視された場合と決議取消主張の可否
> 　株主総会において、正当な理由なく株主提案の議題（総会の目的である事項。303条1項）が取り上げられなかった場合、株主総会決議の効力がどうなるかが問題となる。この場合、決議取消しの訴えの対象となるべき決議そのものが存在しないため、決議取消しの訴えを提起できるかということである。議題提案権の無視は、総会のすべての決議に影響を及ぼす共通の手続的瑕疵であると考えるべきであるから、当該総会のすべての決議の取消原因となるとする見解もある。これに対して、多数説は、株主提案に関する瑕疵により当該総会のすべての決議の効力が覆されるのは行きすぎであるとして、その瑕疵は他の決議の効力に影響を及ぼさず、取消しの訴えの対象とはならないと解している（東京地判昭和60年10月29日金判734号23頁等）。

2）決議内容の定款違反（847条1項2号）

　株主総会決議の内容が、その会社の定款に違反する場合、一見すると、決議内容の瑕疵の問題として位置づけることもできるが、当該決議内容が定款に違反しないよう、まず先に定款変更のための株主総会決議を得るべきであったにもかかわらず、そのような定款変更手続をとらなかったとすれば、会社内部における自治的な規則違反であり、手続違反による決議と見ることもできる。そこで、このような瑕疵は、会社関係者が主張した場合に初めて、決議の効力を否定すれば足りるものであり、決議取消事由として扱われている。具体的には、定款所定の員数を超過する数の取締役の役員を選任する決議等の場合がこれに当たる。

3）特別利害関係人の議決権行使による著しく不当な決議（847条1項3号）

　特別利害関係人とは、株主総会決議の内容について、株主としての資格を離れて純粋に個人的な利害関係を有する者等をいう。具体的には、役員退職慰労金の支給に関する決議において、その支給を受ける者またはその相続人ら（東京地判昭和48年2月18日判タ291号232頁、浦和地判平成12年8月18日判時1735号133頁）、事業譲渡等において、会社の事業を譲り受ける株主（最判昭和42年3月14日民集21巻2号378頁）、株主である取締役の不法行為責任を一部免除する決議においてその対象となる株主（大阪高判平成11年3月26日金判1065号8頁）、もしくは合併承認総会において、当該合併の相手方会社が株主として議決権行使を

する場合等がこれに当たる。

このような特別利害関係人が議決権を行使した結果、その者のみが利益を得て、会社ひいては他の株主が不利益を被る場合は、典型的な資本多数決の濫用ということができる。昭和56年改正前商法においては、特別利害関係を有する株主の議決権行使は禁止されていた。しかし、株主にとって共益権として位置づけられる議決権を排除することによって、かえって会社にとって有益な内容の決議が成立しないのは不合理であるため、同年改正において、原則として議決権行使を認めたうえで（例外として、自己株式取得の譲渡株主等は議決権行使が認められない。140条3項・160条3項・175条2項）、その結果著しく不当な決議がなされた場合を決議取消事由とすることによって少数派株主の利益を確保することとされた。

したがって、一般的にいえば、特別利害関係人の範囲を狭く解する必要はないが、利益相反的な議決権行使がなされた場合のすべてにつき、特別利害関係を認めるべきではない。例えば、取締役解任決議において、その対象となっている取締役である株主は、特別利害関係人には当たらない（最判昭和42年3月14日民集21巻2号378頁）。株式会社の株主の有する権利の本質は、単に株式の剰余金配当を受けるというだけにとどまらず、会社の支配ないし経営に参加することができるという点にもあり、原則として、株式会社の最高の意思決定機関である株主総会において、自己の議決権を行使することにより、当該株主として有する前記権利を現実に行使することができるのであって、みだりにその議決権の行使を制限するような解釈をすべきではないためである。

(4) 裁量棄却

株主総会決議取消しの訴えが提起された場合において、株主総会の招集手続または決議の方法が法令または定款に違反するときであっても、裁判所は、①その違反する事実が重大でなく、かつ、②決議に影響を及ぼさないものであると認めるときは、決議取消しの請求を棄却することができる（831条2項）。この制度は**裁量棄却**と呼ばれているが、裁判所に政策的な裁量が認められるわけではなく、法定の要件事実が充足された場合に取消請求が棄却されるにすぎない。

これは、軽微な手続違反を理由に決議を取り消して、やり直したとしても、もう一度同じ結論が得られるならば、費用・労力を無駄にするだけで訴訟経済上も妥当とはいえないという事情のみならず、決議の効力を維持することにより法律関係の安定性を確保する趣旨からも明文化されていると見ることができる。ここでいう軽微な瑕疵とは、取り上げるに値しない些細な瑕疵であり、それを問題にすること自体が権利濫用に近い瑕疵である。したがって、このような軽微な瑕疵とはいえない場合には、裁量棄却は認められず、決議内容の定款違反、および特別利害関係人の参加による著しく不当な決議は、その対象とされておらず、招集手続・決議方法が著しく不公正なときにも裁量棄却することはできない。

　裁量棄却が認められた具体例として、①計算書類・附属明細書につき監査役の監査を受けずになされた利益処分案の承認決議については、決議方法の法令違反が認められるものの、監査役において実質的な監査をしようと思えば容易に実行することができたにもかかわらずあえてこれをせず、自らその瑕疵を作出したものであり、また当該決議が会社の発行済株式総数1089万株のうち845万株の株式数を有する株主によって承認され、会社の議決権の過半数を占める大株主はいずれもこれに異議なく賛成しているなど判示の事実関係の下では、右瑕疵は重大な瑕疵とはいえず、また決議に影響を及ぼすものでもないとされたケースがある（東京地判昭和60年3月26日金判732号26頁）。これは、監査業務を怠っていた監査役自らが決議取消訴訟を提起した場合であった。また、②株主総会招集のための取締役会決議がなく、各株主に対し会議の目的たる事項を記載した書面による招集通知も発せられないまま開催された場合でも、出席した株主の保有株式の合計は発行済株式総数の99.38％に当たり、招集されなかった株主は0.62％にすぎないこと、招集されなかった者は出席株主の親族であること、法定の招集手続を経ておれば決議の内容が変わっていたとはいい難いこと、会社では設立以来適法な取締役会や株主総会が開かれておらず、これにつき株主から異議が述べられたことはないこと、原告は、総会決議に際し反対の意思を表明したものの、結局は総会議事録に出席取締役として押印していること等の事実関係の下にあっては、右総会決議の取消請求は棄却すべきであるとしたケース（高松高判平成4年6月29日判タ798号244頁）、③委任状に係る

議決権数についての集計方法に誤りがあり、決議方法が法令に違反したものとして決議取消事由を有するといわざるを得ない場合であっても、出席議決権数の過半数の賛成を得たという結果には変更がないことが認められ、本件集計方法によったことは、議決権行使の集計における評価の方法を誤ったのみであって違反する事実が重大とまではいえないし、決議に影響を及ぼさないものであると認められ、決議取消請求を棄却するとしたケースがある（東京地判平成19年12月6日判夕1258号69頁）。

さらに、④監査役の過半数が、株主総会の議案付議に同意しまたはこれを追認しており、総会への議案付議を決定した取締役会においても、監査役から特段の異議は述べられなかったこと等の事情を考慮すると、本件株主総会への議案付議につき監査役会の同意を欠いたことは、少なくとも本件における事情の下では重大な違反事実ではなく、かつ決議に影響を及ぼさないものと認められるから、原告による決議の取消請求は、棄却するのが相当であるとしたケースがある（東京地判平成24年9月11日金判1404号52頁）。

他方、裁量棄却が認められなかった具体例として、⑤福島県に本店のある会社が、定款に別段の定めがないのに東京都で株主総会を招集した場合に、過去10年以上にわたり同様のことがなされており、株主から特段の異議が出されていなかったこと、発行済株式総数の約64％の株式を有する株主が出席し、その全員の賛成により決議がなされているという事情があったとしても、右の違法は重大でないとも、本件決議に影響を及ぼさなかったともいえないとされたケース（最判平成5年9月9日判夕833号149頁、判時1477号140頁）、⑥事業の重要な一部の譲渡につき、株主総会の招集通知にその議案の要領を記載しなかった場合につき、議案要領の記載を要求している趣旨は、株主に対し、あらかじめ議案に対する賛否の判断をするに足りる内容を知らせることにより、右議案に反対の株主が会社に対し株式の買取りを請求できるようにするためであると解されるところ、右のような規定の趣旨に照らせば、前記の違法が重大でないといえないことは明らかであるとされたケース（最判平成7年3月9日判夕877号176頁、判時1529号153頁）等がある。

3　株主総会決議無効確認の訴え

　株主総会決議の内容が法令に違反する場合、その決議は当然に無効であり、一般原則によれば、いつでも誰でも、どのような方法でもその無効を主張することができる。しかし、株式会社という団体的な法律関係においては、その決議が有効なのかそれとも無効なのかという点で結論を画一的に確定させることが望ましい。そこで会社法は、**株主総会決議無効確認の訴え**の制度を設け、この訴えにおいて原告が勝訴し、無効判決が確定した場合には、その訴訟当事者のみならず第三者に対しても無効判決の効力が及ぶ（838条・830条2項・834条16号）ものとして、法律関係の画一的な確定を図っている。また、株主総会決議事項についての登記がある場合、当該決議について株主総会決議を無効とする判決が確定したときは、裁判所書記官は、職権により、本店および支店の所在地においてその旨の登記をしなければならないものとされている（937条1項1号ト（1）（2））。

（1）訴訟手続

　株主総会決議無効確認の訴えの原告適格については、特段の制限はなく、確認の利益が認められる限り、誰でも提訴することができ、被告は会社となる（834条16号）。この訴訟における訴えの利益（＝確認の利益）については、決議無効確認の訴えの係属中に、当該決議に基づいて会社が新たな手続を進めた場合には、確認の利益が失われる場合があり得る。

　すなわち、新株発行に関する株主総会決議無効確認の訴えの係属中に、新株が発行されてしまった場合には、新株発行無効の訴え（828条1項2号）を提起しない限り、当該新株の発行を無効とすることはできないため、総会決議無効確認の訴えは確認の利益を失うものとされる（最判昭和40年6月29日民集19巻4号1045頁）。この理は、株主総会決議取消しの訴え、および株主総会決議不存在確認の訴えの場合についても及ぶ（最判昭和37年1月19日民集16巻1号76頁）。また、合併、株式交換・移転、会社分割等の会社の組織に関する行為についても、その無効は会社法828条以下に定める訴えをもってのみ主張することがで

き、総会決議の瑕疵を争う訴訟の係属中に、当該組織に関する行為がなされた場合には、訴えの変更（民訴法143条）により組織に関する行為の無効の訴えに変更することができるため、決議の瑕疵に関する訴訟については確認の利益が失われるものと解されている。

（2）決議無効事由

株主総会の決議内容が法令に違反する場合である。具体的には、①決議内容が株主平等原則（109条1項）に違反する場合、②欠格事由（331条1項・335条1項）に該当する者を取締役・監査役に選任した場合、③公開会社において、発行可能株式総数を発行済株式総数の4倍を超えて増加させる旨の定款変更の決議（＝113条3項違反）、④公序良俗に違反する決議（民90条違反）等である。ただし、決議に至る動機・目的において公序良俗違反の不法があるにすぎない場合には無効原因とはならない。

4　株主総会決議不存在確認の訴え

株主総会決議不存在確認の訴えとは、株主総会の決議がなされていないにもかかわらず、決議があったかのような総会議事録もしくは登記が存在している場合に、その決議に利害関係を有する者が、会社を被告として当該決議不存在の確認を請求する制度である。決議不存在には、物理的に株主総会が開催された事実が存在しない場合のみならず、手続違反が甚だしいため、法的に見て株主総会決議があったと認定することができない場合が含まれる。そのような意味で、株主総会決議は形式的に存在するものと認められるものの、その手続に何らかの瑕疵がある場合には、決議取消事由となり、手続違反が重大であり、法的にみて総会決議の存在自体を否定すべき場合が決議不存在事由となる。

本来、事実上は決議がなされていない以上、決議の不存在については、いつでも誰でも、どのような方法でも主張することができるはずであるが、会社法は、決議無効確認の訴えの場合と同様、法律関係の画一的処理の要請を重んじて、決議不存在判決が確定した場合には、その訴訟当事者のみならず第三者にも判決の効力が及ぶ（838条・830条1項・834条16号）ものとしている点に、こ

の訴訟の意義が認められ、訴訟手続については、概ね株主総会決議無効確認の訴えの場合と同様である。

決議が物理的に存在しない場合として、①株主総会開催の事実がないにもかかわらず商業登記簿に決議事項が登記された場合（東京地判昭和30年7月8日下民集6巻7号1353頁、最判昭和38年8月8日民集17巻6号823頁、最判昭和45年7月9日民集24巻7号755頁）がある。また、手続違反が著しいため、法的な評価として決議の存在を認めることができない場合として、②取締役会の決議がないにもかかわらず、代表権のない平取締役が招集した場合（最判昭和45年8月20日判時607号79頁）、③一部の株主が勝手に会合して決議した場合（東京地判昭和30年7月8日下民集6巻7号1353頁）、④47％の株式を保有する株主を除外する意図で株主総会招集通知に記載した場所と異なる場所で株主総会を開催した場合（大阪高判昭和58年6月14日判タ509号226頁、金判690号39頁）、⑤臨時株主総会の招集許可を受けた少数株主が、その後、当該株主総会の開催を禁止する仮処分決定を受けていたにもかかわらず、当該仮処分決定に違反して総会を開催した場合（浦和地判平成11年8月6日判タ1032号238頁、金判1102号50頁）等がある。

また、取締役に選任する旨の決議が不存在である場合に、その者を構成員の一員とする取締役会で選任された代表取締役が、その取締役会の招集決定に基づき招集した株主総会において取締役を選任する旨の決議がされたときは、右決議は、いわゆる全員出席総会においてされたなど特段の事情がない限り、不存在であるとされている（最判平成2年4月17日民集44巻3号526頁）。

5　判決の効力

株主総会決議取消訴訟、決議無効確認訴訟、または不存在確認訴訟に係る請求を認容する確定判決は、第三者に対してもその効力を有する（838条・834条16号・17号。**判決の対世的効力**）。一般の民事訴訟における確定判決の効力は、手続保障の観点から、本来は訴訟当事者およびその承継人等にしか及ばないのが原則である（民訴法115条1項）が、会社運営における法律関係の画一的な確定を図るために、判決の効力が拡張されており、同時に、決議事項に関する登記がなされていたときは、裁判所の嘱託により、決議取消し・無効ないしは不存

在の旨が登記されることとなる (937条1項1号ト)。

これに対して、株主総会決議取消しの訴え、決議無効確認の訴え、もしくは決議不存在確認の訴えが提起されたとしても、それのみにより代表取締役は決議の執行を停止されるものではない。決議の効力や存否は判決の確定により初めて明らかになるからである。ただ、決議の効力が否定される可能性が大きい、あるいは判決の確定を待って執行しても別段支障がない場合にあえてそれを執行するときには、善管義務違反に基づく責任 (423条・330条、民644条) が生ずるのみである。

そこで、取締役選任決議に基づき業務執行行為がなされたが、後に当該決議が判決によって取り消された場合における当該行為の効力が問題となる。決議不存在・無効もしくは取消しの判決が確定しても、他の会社の組織に関する訴えに基づく判決の場合と異なり、**判決の遡及効**を制限する規定は適用されない (839条参照)。したがって、原則として当該決議は、その決議時点に遡って無効となる (判決の遡及効)。そのため、例えば、取締役選任決議の効力が遡及的に無効となった結果、同決議によって選任された者が代表取締役として行った各種の業務執行行為・代表行為については、無権限者による行為であったと評価される結果、無効となり、そのような事情を知らない利害関係者の利益を損なう結果とならないかが懸念される。

この点に関して、決議を有効要件とする行為のうち、それ自体で完了的な意味を有する決議 (例:取締役報酬の決定・取締役の責任免除・計算書類等の承認および剰余金配当など) については遡及効を認め、決議の性質を前提として諸般の社団的・取引的行為が進展するような決議 (例:定款変更、資本減少、解散、取締役・監査役の選任等) については遡及効を否定する見解もある。

しかし、法文の文理上、遡及効を否定することは困難であり、決議内容の区別の基準が不明確であるため、最高裁は、計算書類承認決議を取り消す判決について、その効力が遡及することを前提とした判断を下している (最判昭和58年6月7日民集37巻5号517頁)。そこで、判決の遡及効を認めながら善意の第三者を保護するために、表見代理・表見代表 (民109条~112条、354条等) に関する規定および不実登記の効力に関する規定 (908条2項) の適用または類推適用による解決が模索されている。

設問

① 株主総会における議決権行使の代理人資格を株主に限定する旨を定款で定めている株式会社の定時株主総会で、議決権を有する株主の一人が、非株主である弁護士に議決権行使を委任した場合、(1) 会社は、当該弁護士の議決権行使を拒否することができるか。(2) 会社が当該弁護士による議決権行使を許容して行われた株主総会決議の効力はどうなるか。

② Y株式会社の定時株主総会において、議決権総数の90％以上の賛成を得て、取締役Aの選任が決議されたが、Y会社側の株主事務処理上の過失により1個の議決権を有する株主Bが招集通知を受けることができず、本総会に出席できなかったことが判明した。同総会に出席していた株主Xは、Bに対する招集通知もれを理由に、株主総会決議取消しの訴えを提起した場合、裁判所はどのような判断を下すべきか。

③ ②の株主総会決議がその手続上の瑕疵を理由として取り消された場合、決議取消判決が確定する以前において取締役Aが代表取締役として行っていた取引の効果はどうなるか。

【参考文献】

江頭憲治郎・中村直人編著『論点体系会社法6』第一法規、2012年

奥島孝康・落合誠一・浜田道代編『新基本法コンメンタール　会社法3』日本評論社、2009年

龍田節『会社法大要』有斐閣、2007年

『別冊ジュリスト会社法判例百選（第2版）』有斐閣、2011年

8 章

会社の業務運営と監督はどのように行われるか

【導入判例】 取締役の善管注意義務と経営判断の原則　アパマンショップ株主代表訴訟事件（最判平成 22 年 7 月 15 日判時 2091 号 90 頁）

〔事実〕　Z 社は、A 社の株主から、A 社の株式を 1 株当たり 5 万円、総額 1 億 5800 万円で買い取った。そこで、Z 社の株主である X らが、Z 社の代表取締役である Y1 ならびに取締役である Y2 および Y3 はその取締役としての任務を怠ったことにより Z 社に損害を生じさせたものであるから、会社法 423 条 1 項により、Z 社に対する損害賠償責任を負うと主張して、会社を代表して訴えを提起した。なお、Z 社は、A 社を完全子会社とするために実施を予定していた株式交換に備え、監査法人等 2 社に株式交換比率の算定を依頼したが、提出された交換比率算定書の 1 つにおいては、A 社の 1 株当たりの株式評価額が 9709 円とされ、他の 1 つにおいては、類似会社比較法による 1 株当たりの株主資本価値が 6561 円ないし 1 万 9090 円とされていた。

〔判旨〕　「本件取引は、……Z 社のグループの事業再編計画の一環として、A 社を Z 社の完全子会社とする目的で行われたものであるところ、このような事業再編計画の策定は、完全子会社とすることのメリットの評価を含め、将来予測にわたる経営上の専門的判断にゆだねられていると解される。そして、この場合における株式取得の方法や価格についても、取締役において、株式の評価額のほか、取得の必要性、Z 社の財務上の負担、株式の取得を円滑に進める必要性の程度等をも総合考慮して決定することができ、その決定の過程、内容に著しく不合理な点がない限り、取締役としての善管注意義務に違反するものではない……。

　以上の見地からすると、Z 社が A 社の株式を任意の合意に基づいて買い取ることは、円滑に株式取得を進める方法として合理性がある……、その買取価格についても、A 社の設立から 5 年が経過しているにすぎないことからすれば、払込金額である 5 万円を基準とすることには、一般的にみて相応の合理性がないわけではなく、Z 社以外の A 社の株主には Z 社が事業の遂行上重要であると考えていた加盟店等が含まれており、買取りを円満に進めてそれらの加盟店等との友好関係を維持することが今後における Z 社及びその傘下のグループ企業各社の事業遂行のために有益であった……、非上場株式である A 社の株式の評価額には相当の幅があり、事業再編の効果による A 社の企業価値の増加も期待できたことからすれば、……買取価格を 1 株当たり 5 万円と決定したことが著しく不合理であるとはいい難い。そして、本件決定に至る過程においては、Z 社及びそ

の傘下のグループ企業各社の全般的な経営方針等を協議する機関である経営会議において検討され、弁護士の意見も聴取されるなどの手続が履践されているのであって、その決定過程にも、何ら不合理な点は見当たらない」。

〔問題のポイント〕

① 公開会社の業務執行とその監督体制

　株式の譲渡自由を原則とする公開会社では、所有と経営の分離を前提に、取締役会の設置が義務づけられている。取締役会は、会社経営を担う代表取締役・執行役または代表執行役を選定または選任するとともに、その人事権限を通じて、取締役の職務執行を監督する。また、会社にとって重要な業務執行は、必ず取締役会で決定しなければならず、特定の取締役にその決定を委任することはできないとされている。ワンマン経営による弊害の発生を防止するためである。監査役設置会社では、取締役会には監査役が出席し、法令・定款違反や、著しく不当な決定・業務執行が行われないよう、業務監査権限を行使することができるものとされている。

② 株式会社の役員等の任務懈怠に基づく会社に対する責任

　株式会社の役員等は、会社に対して受任者（330条）として善管注意義務および忠実義務を負っており、その任務に違反して会社に損害を与えたときは、これによって会社に生じた損害を賠償する責任を負う。本件では、A社の株式を監査法人等が算定した価格よりも高値で買い取っていることから、取締役の任務懈怠によって会社に損害を生じさせたといえるかどうかが問題となる。株式会社の役員等の会社に対する責任の追及は、本来は会社が行うべきものであるが、取締役の仲間意識から厳格な責任追及を怠るおそれがあることから、法定の要件を基に、株主が会社を代表して訴訟を提起できる制度（株主代表訴訟）が設けられている。

③ 経営判断の原則

　取締役が株式会社の業務を執行するに当たり、善良注意義務違反等の任務懈怠により会社に損害を生じさせた場合、会社に対して損害賠償責任を負うものの、取締役等の業務執行行為の失敗によって生じた会社の損害を常に賠償しなければならないわけではない。一般的に、会社経営にはリスクが伴うところ、企業価値の維持・向上のためには、積極的にリスクのある冒険的な経営決定を行うことが必要な場面もあり得る。そのような経営決定をしたものの、その結果が失敗に終わり、会社に多額の損害が発生した場合に、裁判所が事後的に取締役等の任務懈怠責任を厳格に認定するのでは、取締役等の経営行動を委縮させてしまう。そこで、取締役等が、通常の経営者がなすべき情報収集を行い、その情報を基に会社の最善の利益を考慮した経営決定をした場合には、事後的にその結果が妥当でなかった場合でも、当該取締役等は善管注意義務違反としての責任を負わないなどとする「経営判断の原則」といわれる考え方が定着しており、本判決もこの原則を採用したものと位置づけられている。

1 株式会社の業務執行・会社代表

(1) 多様な機関設計

　株式会社では、制度的な**所有と経営の分離**を前提としており、その実質的な所有者である株主は、訴権等の監督是正権の行使を除き、株主としての地位に基づいて会社の運営に直接関与することができないのが原則である。株式会社制度は、元来、大企業の運営を前提に設計されており、一般投資家としての株主は、会社を自ら経営する意欲も能力も持ち合わせていないことが多いため、会社経営はその専門家である取締役等の役員に委ねざるを得ない。しかし、一人の役員＝経営者に会社経営に関する権限のすべてを与えれば、経営者が株主全体の長期的利益よりも自分自身の利益を優先させる経営を行うなど、情報の非対称性に起因するエージェンシー問題を引き起こし、妥当とはいえない場合が多い。そこで、経営権限の集中を避け、機関の分化を図るとともに、業務執行の監督体制を整備する必要がある。

　これに対して、わが国に数多く見られる小規模・閉鎖的な株式会社においては、株主は、経営者自身やその親族もしくは経営者と個人的な関係を有している者等で占められることが多い。そこで、株主が直接的に会社の業務運営について一定の関与・監督を及ぼし得るのであれば、複雑な統治機構を構築することなく、より自由で柔軟な機関設計を行いたいというニーズがある。

　そこで、会社法は、各会社のニーズに合わせて、株式会社を大きく4つに区分し（①大会社で公開会社、②大会社で非公開会社、③非大会社で公開会社、および④非大会社で非公開会社）、複数の機関設計の中から株式会社の実情に合った1つを選択できるような制度をとっている。

　そのうち、a. 小規模・閉鎖会社において一般的な、取締役会を設置しない会社型、b. 大会社・公開会社におけるわが国の伝統的な機関設計である監査役会設置会社型、ならびにc. 指名委員会等設置会社型の各制度において、会社の業務執行の決定・実行ならびに会社代表、およびその監督体制に係る会社法上の制度を紹介する。

　また本章では、業務執行の効率性・公正性の確保という観点から、取締役会

の諸手続、代表取締役の権限、取締役の権利・義務に関する会社法上の制度、ならびに役員の会社・第三者に対する責任についてどのような制度を設けられているかを概観する。

(2) 取締役会を設置しない会社における業務執行

わが国において存在する実際の株式会社のほとんどは、いわゆる**小規模閉鎖会社**であり、証券市場からの資金調達を予定しておらず、むしろ現状の株主構成・閉鎖性を維持するために定款による株式譲渡制限を設けている会社である。そのような会社の実態に即して、公開会社ではない株式会社においては、旧有限会社と同様、簡易な機関構成を選択することを認めて、定款に別段の定めがある場合を除き、原則として各取締役が業務を執行する（348条1項）ものとされている。取締役が2人以上ある場合には、会社の業務は取締役の過半数をもって決定するのが原則であるが、定款で別段の定めを置くこともできる（同2項）。また、各取締役がそれぞれ単独で会社を代表するのが原則だが、代表取締役その他株式会社を代表する者を定めることができる（349条1項）。代表取締役を置く場合には、①定款、②定款の定めに基づく取締役の互選、または③株主総会の決議によって、取締役の中から代表取締役を定めることとなる（同3項）。

このような会社では、株主総会において1名の取締役を選任し、会社の業務執行の決定・実行ならびに会社代表のすべての権限を与えることが許容されるが、同時に取締役会を設置していないことを前提に、株主総会は、会社の組織、運営、管理その他の一切の事項について決議することができる（295条1項。万能機関性）ものとされ、株主総会が会社経営に直接関与することができる体制が確保されている（図表8-1）。

(3) 公開会社・監査役設置会社の業務執行

株式の譲渡自由を原則とする**公開会社**では、多数の株式が多数の一般投資家等の株主によって分散保有されており、所有と経営が分離していることを前提に、会社の業務に関わる決定については、合議制の組織に委ねるのが望ましい。そこで、公開会社では取締役会の設置が義務づけられている（327条1項1号）。

取締役の全員によって構成される取締役会が会社の業務執行に関する意思決定機関となる（362条2項1号）。取締役会は取締役の中から代表取締役を選定し、代表取締役が会社の業務執行を実行し（363条1項2号）、対外的には会社を代表する（349条1項4項）。また、代表権の行使を伴わない業務については、業務執行取締役を選定して執行させることができる（363条1項2号）。取締役会は日常的業務についてはその決定も含めて、広く代表取締役に権限を委ねることができる一方、代表取締役・業務執行取締役を選定・解職権限（362条2項3号）を有する機関として、取締役の職務執行の監督を行う（362条2項2号）。

また、**大会社**（＝貸借対照表上の資本金額5億円以上または負債総額200億円以上の株式会社。2条6号参照）では、監査体制が強化され、半数以上の社外監査役（335条3項）ならびに常勤監査役（390条3項）を含む監査役会、および会計監査人を置かなければならない（328条）。公開会社の監査役は、業務監査・会計監査の両権限を有し、定款の定めによってもその権限を会計監査のみに限定することはできない（図表8-2）。

図表8-1　取締役会非設置会社の機関構成の基本型

図表8-2　監査役会設置会社の機関構成

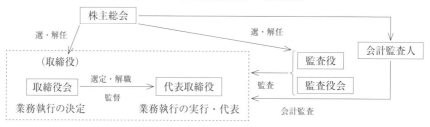

◎ notice：コーポレート・ガバナンス論

　株式会社は営利を目的とする団体として、企業活動によって富を効率的に創出すること（効率性・合理性）が求められるとともに、社会の構成員として法令・社会規範を遵守し、その活動における公正性を確保することが要請される。会社経営においては求められる効率性と公正性の確保の要請に誠実に対応した経営がなされているかどうかを効果的に監視・監督する制度をどのように構築し、運営していくかについての議論がコーポレート・ガバナンス論（「企業統治」と訳されている）と呼ばれている会社法の重要な課題である。

　わが国においても、特に1990年代以降、企業業績の悪化、企業不祥事の頻出という事態を受けて、経営に対する監督体制の充実・強化が検討されてきた。日本企業のガバナンスに関する問題点として、大企業において取締役の人数が多すぎて、取締役会で十分な議論がなされていなかった。また、従業員出身の社内取締役が多く、その大部分は代表取締役である社長によって、その部下が選任されている場合が多い。この場合、取締役は業務執行においては社長の指揮命令の下に置かれるため、その情実からすれば、とうてい代表取締役に対する監督権限の行使を期待し得ない。さらに、取締役の大半が業務執行にも従事するため、業務執行とその監督が分離されておらず、自ずと監督機能が十分に発揮されていない点が指摘されていた。

　そこで、このような問題点を克服するため、日本の伝統的な機関構成においては、取締役の人数を大幅に削減するとともに、監査役による業務監査体制を強化することを模索してきた。すなわち、監査役の地位の独立性を確保するとともに、半数以上の社外監査役を含む監査役全員により構成される監査役会による組織的・実効的な監査を実現することにより、経営に対する監督体制の強化を図ろうとするものであった。

　しかしながら、わが国の監査役制度が経営に対する監督として十分に機能しているかについては疑義が示されている。監査役監査は、適法性・違法性の範囲に限定されており、経営の妥当性に踏み込んだ監督は期待できない。また、監査により違法・不正な事実が発見されたとしても、経営に対する「監督」という意味では、監査役は取締役会における議決権ならびに取締役・代表取締役等の人事権を有しておらず、彼らの選定・解職（または選任解任）権限を有している取締役会・株主総会に対して監査業務を通じた情報を提供し、意見を陳述する地位を有しているにすぎない。したがって、直接的な監督権限を有する株主総会が「所有と支配の分離」現象（＝委任状を通じた経営者による株主総会の実効支配）の進行により、実質的に経営者により支配され、取締役会改革が進行しない状況の下では、監査役制度の改革のみで経営に対する監督の実効性を向上させることは困難であるといわざるを得ない。このような状況から、現在、**執行と監督の分離を図る制度**、ないしは業務執行者から独立した地位にある**社外取締役制度**の幅広い導入が要請されている。

> ◎ notice：社外取締役に関する会社法改正
> 　最近の企業不祥事を受けて、株式会社の経営者に対する監督体制の強化策として、現在、世界的な流行となっている社外取締役・独立取締役の選任を義務づけるべきではないかという議論の高まりを受けて、平成26年の会社法改正において、社外取締役の確保について英国式の「Comply or Explain（遵守するか、さもなければ説明せよ）」方式の規律が採用されることとなった。
> 　すなわち、事業年度の末日において監査役会設置会社（公開会社であり、かつ、大会社であるものに限る）であって、金融商品取引法第24条第1項の規定によりその発行する株式について有価証券報告書を内閣総理大臣に提出しなければならないものが社外取締役を置いていない場合には、取締役は、当該事業年度に関する定時株主総会において、社外取締役を置くことが相当でない理由を説明しなければならない（327条の2）。
> 　また、社外取締役および社外監査役の社外要件が厳格化されるとともに、過去要件の一部が緩和された。すなわち、親会社の関係者は子会社の社外取締役・社外監査役になれず、兄弟会社の業務執行者も他の兄弟会社の社外取締役・社外監査役になることができない。また、取締役・執行役・支配人その他の重要な使用人、または親会社等の配偶者または2親等内の親族でないことも、社外要件に加重されることとなった（2条15号・16号）。

（4）指名委員会等設置会社の業務執行

　監査役会設置会社型の機関構成の問題点を解決し、経営者から独立した社外取締役を中心とした取締役会が業務執行の監督に特化するとともに、執行役に幅広い経営裁量を与えることによって、「**執行と監督の分離**」を図るとともに、業務執行の機動性を確保することを目的とする制度である（図表8-3）。米国の株式会社において採用されているモニタリングモデルをもとに、平成14年商法改正により導入された制度である。現行会社法の下では、すべての株式会社が、定款の定めにより指名委員会等設置会社の機関設計を選択することができる。

　指名委員会等設置会社における取締役会は、経営の基本方針等の重要な意思決定事項は自ら決定しなければならない（416条1項～3項）ものの、その決議により会社業務の意思決定とその実行を原則として執行役に委任することができる（416条4項）。取締役会の決議によって選任された執行役が業務を執行し

8章　会社の業務運営と監督はどのように行われるか

図表8-3　指名委員会等設置会社の機関構成

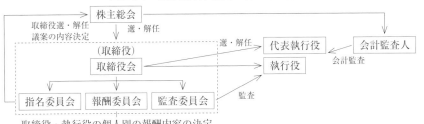

(各委員会＝3人以上、委員の過半数は社外取締役。監査委員会は、会社・子会社の業務執行に携わらない取締役によって構成される)

(418条2号)、代表執行役が会社を代表し (420条3項)、取締役会は業務執行の監督に専念することを基礎とする (執行と監督の分離)。取締役は法令に別段の定めがある場合を除き、業務執行をすることができない (415条)。ただし、取締役が執行役を兼任することはできる。取締役会の中に指名・報酬・監査委員会が設けられ、その構成員の半数以上は社外取締役によって占められることで、取締役会による監督の実効性が確保される。また、原則として執行役に業務決定の権限が幅広く委譲されるため、業務執行の機動性を図ることができる。

(5) 監査等委員会設置会社の業務執行

　監査等委員会設置会社は、監査役会を設けず、取締役会の一組織として、社外取締役が過半数を占める監査等委員会を設置し、監査等委員会が委員会として監査役会が行ってきた監査を行うという新しいガバナンスの仕組みである。わが国の上場会社の約98％を占める監査役会設置会社において、新たに事実上、社外取締役を置く必要が生じれば、その人材確保の必要もあり、また社外監査役・社外取締役のいずれも、業務執行者から客観的に独立した立場から監督の役割を果たす意味では、その機能が重複してしまう。そこで、平成26年会社法改正によって、社外取締役の活用を促進させ、取締役会の監督強化を図ることを目的に、監査等委員会設置会社制度が新設された。監査等委員会設置会社制度は、従来の監査役会設置会社における監査役を監査等委員である取締役に置き換える形での制度利用が見込まれており、既存の社外監査役を社外取締役の立場で監査委員とすることにより、社外取締役の導入を円滑に進めるこ

とができるよう配慮されたものと位置づけることができよう。

監査等委員会設置会社では、監査役の設置が認められず(327条4項)、監査等委員である取締役(任期は2年。332条3項・4項)は、それ以外の取締役とは区別して株主総会決議によって選任される(329条2項)。監査等委員会は、監査等委員3人以上で組織され、その過半数は社外取締役でなければならない(331条6項)。監査等委員の地位の独立性を確保するために、報酬規制の特則(361条2項・3項)、人事・報酬に関する株主総会での意見陳述権(342条の2・361条5項)、選任議案の同意権(344条の2)等が規定されている。

監査等委員会設置会社において、取締役の過半数が社外取締役である場合または定款で定めた場合には、取締役会の権限を基本的事項の決定等に限定し、業務執行の権限を取締役に委譲することが認められている(399条の13第5項・6項)。

監査等委員会は、監査役会設置会社における監査役の権限に相当する権限を有するほか、いわゆる妥当性監査の権限も有しており、監査等委員でない取締役と会社との間の利益相反取引について、監査等委員会の承認を受けたときは、任務懈怠の推定(423条3項)が適用されないものとされている(423条4項)。

また、監査等委員会が選定する監査等委員は、株主総会において、監査等委員でない取締役の人事および報酬等について、監査等委員会の意見を述べることができる(342条の2第4項・361条6項)。

2 取締役会

取締役全員により構成され(362条1項)、その会議により業務執行に関する会社の意思決定を行うとともに、取締役の職務執行を監督、代表取締役の選定・解職を行う機関である(362条2項)。

(1) 業務執行に関する意思決定

取締役会は取締役会設置会社における業務執行を決定する(362条2項1号)。会社法上、会社の重要な業務執行として取締役会の決定事項とされているものは必ず取締役会で決定しなければならず、特定の取締役にその決定を委任する

> ◎ notice：内部統制システムの整備
> 　大規模な会社組織では、多くの従業員によって行われている日常的な業務執行等について取締役が直接的に監視・監督するのは困難である。そこで、業務の有効性・効率性、財務報告の信頼性、事業活動に関わる法令等の遵守ならびに資産の保全といった目的を達成するために、業務執行の手順を合理的に設定するとともに、不祥事の兆候を早期に発見し是正できるような組織体制を整備することが求められている。これを内部統制システム（またはリスク管理体制）の整備といい、法務省令にその具体的項目が示されている（会施規98条・100条・112条）。
> 　また、上場会社では、金融商品取引法において、財務計算に関する書類その他の情報の適正性を確保するための体制の評価について、内部統制報告書を有価証券報告書と合わせて内閣総理大臣に提出しなければならない（金商法24条の4の4）。さらに、内部統制報告書には、公認会計士・監査法人の監査証明を受けることが要求されている（金商法193条の2第2項）。

ことはできない（362条4項）。会社法は、重要な業務執行として、①重要な財産の処分および譲受、②多額の借財、③支配人その他の重要な使用人の選任・解任、④支店その他の重要な組織の設置、変更および廃止、⑤社債の募集、⑥取締役の職務の執行が法令・定款に適合することを確保するための体制その他株式会社の業務の適正を確保するために必要なものとして法務省令で定める体制の整備（＝**内部統制システムの整備**）、⑦定款規定に基づく取締役等の責任の一部免除、を列挙しているが、これらは例示にすぎない。

このうち、大会社では⑥の内部統制システムの整備については必ず定めなければならないものとされている（362条5項）。

(2) 業務執行の監督

取締役会は取締役の職務の執行を監督する（362条2項2号）。取締役会で決定した事項は代表取締役等の業務執行取締役が執行するため、その執行が取締役会の決定通りのものであるかについて、取締役会として業務執行を監督する権限を有することとなる。特に、取締役会の決定に反する執行もしくは法令・定款違反、不正な業務を執行した代表取締役等を取締役会の決議により解職することができるという点で本質的な監督権限を有している。

この監督の実効性を確保するため、代表取締役・業務執行取締役は、3か月に1回以上自己の職務の執行の状況を取締役会に報告しなければならない（363条2項）。また、監査役は取締役会に出席し、意見を述べる義務を負い（383条1項）、取締役の不正行為やそのおそれ、または法令・定款に違反する事実、著しく不当な事実があると認められるときは、遅滞なく、これを取締役会に報告しなければならない（382条）。

（3）取締役会の招集

　取締役会は各取締役が招集するのが原則であるが、通常は、定款または取締役会で定められた招集権を有する取締役が招集する（366条1項）。また、招集権者以外の取締役も、招集権者に対して、取締役会の目的たる事項を示して招集を請求することができ（同2項）、その請求から5日以内に、その請求のあった日から2週間以内の日を会日とする招集通知が発せられないときは、その請求をした取締役が自ら取締役会を招集することができる（同3項）。

　また、監査役も取締役会に出席して意見を述べる義務を負う（383条1項）ことから、取締役の不正行為、またはそのおそれ、法令・定款違反の事実、著しく不当な事実があると認めるときは、必要があれば取締役と同じ手続により取締役会の招集を請求できる（383条2項～4項）。

　さらに、監査等委員会設置会社および指名委員会等設置会社以外の会社で監査役を置いていない会社では、株主も法定の要件に基づいて、取締役会を招集することができる（367条）。

　招集通知は取締役会の日の1週間前までに書面または口頭により発するのが原則であるが、定款によりこの期間を短縮することができる（368条1項）。また、招集通知には議題等を記載しなくてもよい。

（4）取締役会の決議

　取締役会決議は、議決に加わることができる取締役の過半数が出席し、その出席取締役の過半数で決定するのを原則とする（369条1項）。定款によりこの決議要件を加重することができる。また、会社法は、迅速・機動的な業務執行の決定を可能にするため、定款に規定を置くことにより、議決に加わることが

できる取締役全員が書面（または電磁的記録）により議案に同意した場合には、その議案を可決する取締役会決議があったものと見なすことを認めている（370条。書面決議）。ただし、監査役が異議を述べた場合は、書面決議を行うことができない。さらに、取締役・監査役の全員に報告事項を通知したときは、取締役会への報告を一定限度で省略できるものとしている（372条）。

取締役会の決議は、一人一議決権の頭数主義による。その議決権には個性が認められる（取締役はそれぞれの個人的な能力を前提にして選任されている）ので、議決権の代理行使は認められない。また、決議の公正を確保するため、決議に特別な利害関係を有する取締役は議決に加わることができない（369条2項）。

(5) 特別取締役による取締役会の決議

迅速・機動的な業務執行の決定を可能にするため、取締役の中から3人以上の特別取締役をあらかじめ選定して、重要な財産の処分・譲受、多額の借財については特別取締役が決定権限を有するものとする制度である（373条）。この制度を利用できるのは、取締役の数が6人以上の会社で、1人以上の社外取締役がいる会社である。また、取締役会による監督機能を充実させるため、特別取締役の互選で定めた者は、決議後、遅滞なく決議の内容を特別取締役以外の取締役に報告しなければならない（373条3項）。

(6) 取締役会の議事録

取締役会の議事については、法務省令（会施規101条）に従って議事録を作成し、出席した取締役・監査役は署名・記名押印しなければならない（369条3・4項）。議事録は10年間本店に備え置かれる（371条1項）。取締役会の議事録は、①株主がその権利を行使するため必要なとき、②会社債権者が役員・執行役の責任を追及するため必要なとき、③親会社役員がその権利を行使するため必要なとき、それぞれ裁判所の許可を得て、その閲覧・謄写を請求することができる（371条2項〜5項）。この場合、裁判所は、会社・その親会社・その子会社に著しい損害を及ぼすおそれがあると認められるときは、閲覧等を許可することができない（371条4項）。

3　代表取締役

(1) 選定・終任

　株式会社の業務執行を実行し、会社を代表する常設の機関であり、委員会設置会社を除く取締役会設置会社においては必要的機関として位置づけられる（362条3項）。他方、取締役会を設置しない会社（＝公開会社・監査役会設置会社・監査等委員会設置会社および指名委員会等設置会社以外の会社。327条1項参照）では、原則として、取締役に業務執行の実行および代表の権限が認められる（349条1項）。

　取締役会設置会社では、取締役会の決議において、取締役の中から1人または数人の代表取締役を**選定**する（362条2項9号・3項）。

　代表取締役は取締役の地位を前提とするため、欠格事由（331条1項各号）の発生等で取締役の地位を失えば、代表取締役としても終任することとなる。また、取締役の地位にとどまりながら、代表取締役の地位のみを辞任することもできる。さらに、取締役会は代表取締役の選定機関として、その決議により代表取締役を解職することができる。

　代表取締役の終任によって代表取締役の員数が欠けるに至った場合、任期満了・辞任により退任した者は、後任者が就任するまで引き続き代表取締役の権利・義務を有するのが原則である。しかし、必要な場合には、裁判所によって仮代表取締役を選任してもらうことができる（351条）。

(2) 代表取締役の権限

1）業務執行権限

　代表取締役は取締役会設置会社において、その業務を執行する権限を有する（363条1項1号）。具体的には、株主総会または取締役会において決定された事項をそのまま実行するのみならず、日常的業務も含めて、取締役会から委譲された事項については、自ら決定し、実行する権限を有する。

　また、取締役会の決議により、代表取締役以外の取締役を業務執行取締役として選定し、一定の業務執行を行わせることもできる（363条1項2号）。実際には、数人の代表取締役の中の1人を最高執行責任者（＝社長等）として定めて、

他の代表取締役や業務執行取締役との間で上下関係を定めて（＝副社長・専務・常務等）、統一的な業務執行を可能とする体制をとる会社が多い。

2）代表権限

　代表取締役は、株式会社の業務に関する一切の裁判上または裁判外の行為をする権限を有し（**包括的代表権**。349条4項）、この権限に加えた制限は、善意の第三者に対抗できない（同5項）。代表取締役が複数いる場合でも、各自が単独で会社を代表する（＝**単独代表**）。また、代表取締役は、自ら会社を代表して法律行為を行うことなく、他の取締役・使用人に特定の事項に関する代理権を与えて、対外的な業務執行行為について委任することができる。

(3) 表見代表取締役

　株式会社は、代表取締役以外の取締役に社長、副社長その他株式会社を代表する権限を有するものと認められる名称を付した場合には、当該取締役がした行為について、善意の第三者に対してその責任を負う（354条）。社長、副社長などの名称は会社内部の職制上の名称であり、これらの肩書が付されていても代表取締役として選ばれているとは限らない。しかし、取引界の実際では、これらの肩書から代表権の存在が推認されることが多いので、このような名称から生ずる外観に対する信頼を保護するために、一定の要件を基にして、表見代表取締役の行為について会社の責任を認めたものである。**外観法理（表見法理）**もしくは表示に基づく**禁反言則**を具体化したものとされる。そこで、同条が適用されるためには、①外観の存在（＝社長、副社長、頭取、総裁、理事長、代表取締役代行者等、取引界における一般の社会通念および当該会社における通常の肩書の使用状況等から総合的に判断される）、②外観作出についての会社の帰責性（＝会社が名称使用を明示または黙示的に認めた場合を指し、行為者が勝手に使用したにすぎない場合〔＝僭称〕は含まれない）、③外観への信頼（＝表見代表取締役が行った行為の相手方において、その表見代表取締役が代表権限を有しないことについての善意・無重過失）の各要件の充足が必要である。

(4) 代表取締役の専断的行為・権限濫用行為の効力

　代表取締役は、株主総会や取締役会の決議を要すると法定されている事項に

ついては、その決議に従った業務執行を行わなければならない（362条4項）。そこで、必要とされる決議に基づかないで行われた代表取締役の専断的行為の効力が問題となる。一般的には、決議を要求することにより守るべき会社の利益と、行為が正当な権限を有する代表者によってなされたことを信頼した第三者の利益とを比較考量して結論づけることが求められ、会社内部における社団的な業務にすぎない行為については無効と解すべきであるが、会社の外部関係についての行為については、第三者の利益に対する配慮が必要となる。会社の組織再編行為、募集株式の発行および利益相反取引等については、別途の考慮が必要となるが、重要財産の処分・多額の借財などの代表行為が、取締役会決議を経ずに行われた場合について、判例は、有効な内部的意思決定を欠くに止まり、原則として意思表示は有効となるが、相手方が決議を経ていないことを知り、または知ることができたときに限って無効としている（民93条類推。最判昭和40年9月22日民集19巻6号1656頁）。代表取締役の権限濫用行為（＝客観的には代表権限の範囲内の行為であるものの、主観的には代表権限を自己の利益のために濫用している場合）についても、同様の結論がとられている（最判昭和38年9月5日民集17巻8号909頁）。

また、取締役会決議を経ていないことを理由とする取引の無効は、原則として会社のみが主張することができ、会社以外の者は特段の事情がない限り、取引の無効を主張することができない（最判平成21年4月17日民集63巻4号535頁）。

4　取締役の報酬規制

（1）取締役の報酬規制の概要

会社と取締役の関係は、委任もしくは準委任であり（330条）、民法の委任契約では受任者は無報酬を原則としているが、明示または黙示の特約により取締役への報酬支給が合意されている場合が多い。その場合、取締役の報酬決定も業務執行行為として取締役会または代表取締役の権限であるが、取締役の受けるべき報酬の決定を取締役会または代表取締役に任せると、いわゆる**お手盛りの弊害**が生じ、高額の報酬により株主の利益が害される危険を排除するため、その報酬額は定款の規定もしくは株主総会の決議によって定めることを要する

ものとされている（361 条 1 項）。

　また、報酬中、①額が確定したものについてはその額、②額が確定しないものについてはその具体的な算定の方法、③金銭でないものについてはその具体的な内容を定めなければならない（361 条 1 項 1 号～3 号）。さらに、②③の場合には議案を提出した代表取締役は総会で当該事項を相当とする理由を開示しなければならないものとされている（361 条 2 項）。

　なお、取締役等に対する**業績連動型のインセンティブ報酬**として**ストックオプション**が設定されることがあるが、会社法上は**新株予約権**（2 条 21 号）の発行としてその支給が位置づけられる。これは、新株予約権の権利行使期間内に、株価が権利行使価額を上回れば、新株予約権を行使することによって安価で株式を取得することによる経済的な利益を得ることが成功報酬となるという仕組みである。上場会社等では、オプションの現在価値が算定できることを前提として、前記①および③に該当するものと解されている。

　これに対して、指名委員会等設置会社では、報酬委員会が取締役・執行役の報酬を決定するので、会社法 361 条 1 項の適用はないものとされている（404 条 3 項）。

（2）退職慰労金等の取扱い

　会社法 361 条にいう取締役の報酬とは、取締役の通常の業務執行の対価として与えられるものであり、この意味において、俸給、給与、手当などの名称の如何を問わない。**退職慰労金**がここでいう報酬に当たるか否かについて、判例は、それが「在職中における職務執行の対価として支給される」ときは、同条にいう報酬に含まれるとする（最判昭和 39 年 12 月 11 日民集 18 巻 10 号 2143 頁）。退職慰労金を受ける者はすでに取締役の地位を離れた者であるものの、現在の取締役も将来退職し、その際退職慰労金を受けるわけで、自己の利益を考慮して馴れ合いによるお手盛りが行われることを防止する趣旨による。

（3）報酬の具体的決定方法

　取締役の報酬に関する定款の定めがなく、株主総会の決議においてこれを決定する場合、その**報酬の総額**または**最高限度額**を決定すれば、お手盛り防止の

趣旨は達成されるので、具体的な各取締役への支給額を取締役会に一任することは差し支えないと解するのが多数説・判例（最判昭和60年3月26日判時1159号150頁）である。さらに、取締役会決議においてその**配分**を代表取締役等に一任することもできると解されている。

　退職慰労金の決定についても、株主総会の決議において、少なくともその総額または最高限度額を定めることを要し、その範囲内において具体的な退任取締役各自に対する支給額の決定を取締役会に一任することは有効と解されている。

　また、退職慰労金の支給につき、株主総会において無縁に取締役会の決定に一任する決議は無効であるが、会社の業績、退職役員の勤務年数、担当業務、功績の軽重などから割り出した一定の基準によって慰労金を決定し、右決定方法が会社の慣例となっていた場合に、この慣例に従って具体的な支給額が決定されるものとして、その決定を取締役会に委ねる決議は有効であるとされている（最判昭和39年12月11日民集18巻10号2143頁）。

(4) 取締役の報酬を無報酬とすることの可否

　常勤の取締役を非常勤とするなど、取締役の降格に伴い、その者に対する報酬を無報酬としたり、減額したりする株主総会決議によって、それに同意しない取締役は報酬請求権を失うことになるかどうかが問題となる。この点につき、判例（最判平成4年12月18日民集46巻9号3006頁）は、株主総会の決議（株主総会において取締役報酬の総額を定め、取締役会において各取締役に対する配分を決議した場合も含む）によって取締役の報酬が具体的に定められた場合には、その報酬額は、会社と取締役間の**契約内容**となり、契約当事者の双方を拘束するから、その後株主総会が当該取締役の報酬につきこれを無報酬とする旨の決議をしたとしても、当該取締役は、これに同意しない限り、右報酬の請求権を失うものではないと解するのが相当である。この理は、取締役の職務内容に著しい変更があり、それを前提に右株主総会決議がされた場合であっても異ならないとしている。

5　取締役の一般的な義務

　株式会社と取締役等の役員との間の法律関係には委任の規定が適用され（330条、民643条以下）、取締役は受任者として、善良な管理者の注意をもって、その職務を遂行する義務を負う（**善管注意義務**。民644条）。さらに、取締役は、法令・定款ならびに株主総会決議を遵守し、会社のため忠実にその職務を行わなければならないと規定されている（**忠実義務**。355条）。この2つの義務の関係について、判例・多数説は、忠実義務は善管注意義務を具体的かつ注意的に規定したもので、両者は表現の差異があるのみで内容は同じであるとする。その趣旨は、忠実義務も善管注意義務も、要は取締役が慎重かつ誠実に会社の業務を遂行すべきことを要求するものにほかならず、ただ昭和25年改正商法が取締役の権限を拡大すると同時にその責任を強化したことに対応して、取締役の一般的義務についても特にその明確化を図ったもの、ないしは任意規定たる民法規定に対して法定義務化したものと解している。

　これに対して、有力説は、善管注意義務（duty of care）は、取締役が職務の執行に当たって尽くすべき注意の程度に関するものであるのに対して、会社法355条は、英米法における「**信認**（fiduciary）」関係に基づく忠実義務（duty of loyalty）を継受したものであり、取締役は会社との信認的法律関係に基づき、常に会社の利益のために行動し、その地位を利用して自己や第三者の利益を図ってはならないという義務であり、両者は異なる性質の義務であり、忠実義務に特別な要件・効果を与えるべきであると主張する。

　しかし多数説は、受任者が委任者の利益を優先させるべきことは当然であり、善管義務はその内容も含んでいると考えており、今日、会社と取締役間での利益衝突が問題となる場面における取締役の義務について、特に「忠実義務」と表現されることが多い。

6　取締役の競業取引規制

　取締役が自己または第三者の利益を図るために、会社の事業の部類に属する

取引を自由に行うことができるとすると、会社の経営ノウハウ・顧客情報・企業機密等を悪用して、会社の取引先・得意先を奪う等により、会社の利益が損なわれる危険性が高い。そこで、このような**競業取引**をしようとするときは、株主総会においてその取引につき重要な事実を開示し、その承認を受けなければならないものとされている（356条1項1号）。また、取締役会設置会社では、株主総会に代えて取締役会の承認が要求される（365条1項）とともに、事後的にも、当該取引についての重要事実を取締役会に報告しなければならない（365条2項）。取締役が競業を行う別会社の代表取締役に就任する場合には、事前に取締役会の包括的な承認を受けるという対応をするのが実務では一般的である。これに対して、競業を行う会社が、完全子会社または完全親会社である場合には、実質的な利害の対立が認められないため、承認は不要とされる（大阪地判昭和58年5月11日判タ502号189頁）。

同条項にいう**株式会社の事業の部類に属する取引**とは、会社が実際に行っている取引と目的物・市場において競合する取引であり、自己または第三者の「ために」とは、取引の「名義」ではなく、取引の経済的な利益の帰属主体（＝「計算」）を基礎に判断すべきである。また、会社が現在において行っていない事業であっても、会社が進出を予定してその準備を進めている事業については、規制対象となる（東京地判昭和56年3月26日判時1015号27頁）。

他方、会社の事業遂行のために必要な行為（例えば、資金の借入れ、事業所用の不動産の購入、従業員の雇入れ等）にすぎない補助的行為は、規制対象とはならないが、会社の取引機会を不当に奪取している場合には、その取締役の忠実義務違反と評価される。

会社の承認を得ないでなされた競業取引は、取引自体は有効であるが、法令に違反してその任務を怠ったものとして当該取締役は会社に対して損害賠償責任を負う（423条1項）。この場合、会社による立証の困難を救済するため、その取引により取締役または第三者が得た利益の額が、会社の受けた損害額と推定される（423条2項）。

7 利益相反取引規制

(1) 利益相反取引規制の趣旨

　取締役が会社の製品その他の財産を譲り受け、会社に対して自己の製品その他の財産を譲渡し、会社から金銭の貸し付けを受ける等、自己または第三者のために株式会社と取引（＝**直接取引**）をするには、株主総会において、当該取引につき重要な事実を開示し、その承認を受けなければならない（356条1項2号）。また、会社が取締役の債務を保証すること、その他取締役以外の者との間において会社と当該取締役との利益が相反する取引（＝**間接取引**）をするときも同様である（356条1項3号）。これらの取引を**利益相反取引**という。取締役会設置会社においては、株主総会ではなく取締役会での事前・事後の情報開示および承認が義務づけられる（365条1項・2項）。

　同規制の対象として、取締役が自ら会社を代表して自分自身と取引する場合（「**自己取引**」）が含まれるのは当然であるが、例えば、取締役Aが株式会社と取引をする際に、代表取締役であるBが会社を代表している場合についても、取締役の仲間意識により会社の利益が損なわれる危険があるため、規制の対象に含まれる。

　利益相反取引規制の立法趣旨は、このような取引を自由に認めると、取締役が会社の利益を犠牲にして自己または第三者の利益を図るおそれがあり、取締役の会社に対する善管義務・忠実義務と抵触することとなるから、そのような結果を事前に予防するために取締役会の監督の下に置くことにある。

(2) 利益相反取引規制の対象

　利益相反取引規制の対象となる取引は、取締役の裁量によって会社に不利益を及ぼすおそれのあるすべての財産上の法律行為をいう。しかし、その範囲は、当該行為の一般的・抽象的性質に従って、会社との間に利害衝突を生ずるものに限定され、会社に不利益を及ぼすおそれのない取引は除外される。したがって、①料金、その他の取引条件が明確化されている運送・保険・預金など普通取引約款による定型的取引等、②取締役から会社に対する何らの負担のない無

償贈与、③債務の履行行為、④相殺、⑤株式の引受けならびに現物出資、⑥取締役による会社財産の競落等は、いずれも本条項にいう取引には含まれない。また、⑦取締役の会社に対する無利息・無担保の貸付けは会社にとって利益にこそなれ不利益であるとはいえないため、取締役会の承認は不要である（最判昭和38年12月6日民集17巻12号1664頁）。また、⑧一人会社における唯一の株主かつ取締役である者が会社を取引する場合にも、会社の営業は実質上取締役の個人経営にすぎないから実質的に利益相反を生じないため、承認は不要と解されている（最判昭和45年8月20日民集24巻9号1305頁）。

これに対して、会社が取締役に対して約束手形を振り出す場合は、債務の履行・取引の決済手段と見ることができるが、これにより、手形振出の原因関係とは別個の、より厳格な支払義務を負担するものであるため、取締役会の承認を要するとされている（最判昭和46年10月13日民集25巻7号900頁）。

(3) 利益相反取引規制に違反してなされた取引の効果

会社法356条1項2・3号違反の取引の効果については明文の規定がなく、利益相反取引の規制において会社の利益を保護するという立法趣旨と、取引における善意の第三者を保護するという取引安全の要請をどのように調和させるかが問題となる。そこで、判例・多数説は、同条項に違反する行為は会社とその取引の相手方である取締役との間では無効だが、善意の第三者との間では有効であるとしている（最大判昭和43年12月25日民集22巻13号3511頁。相対的無効説）。本来、有効か無効かということ自体が、いかなる利益を守るために誰が誰に対して主張することを認められているかという観点から相対的に決められるべきものであって、あらゆる関係において法律行為の効果が絶対的に肯定または否定されるべきものではない。このような**相対的無効**の観念は、明文の規定がなくても、特定の規程に違反する行為について、その規定によって守ろうとする利益と取引安全の保護との調和から必要な場合に解釈上、認められるべきものと考えられている。

8　役員等の会社に対する責任

(1) 制度の趣旨

　株式会社の役員（取締役・会計参与・監査役）、執行役および会計監査人（以上を総称して「**役員等**」という）は、会社に対して受任者（330条）として善管注意義務（民644条）、ならびに忠実義務（355条）を負っており、その任務に違反して会社に損害を与えたときは、会社に対して民法上の債務不履行に基づく損害賠償責任を負うこととなる（民415条）。しかし、このような民法の一般原則に基づく規律のみでは、取引力のある役員等が会社との間で免責特約を交わす等により、会社の利益が損なわれる危険がある。そこで、会社法は、役員等が、その任務を怠った（**任務懈怠**という）ときは、株式会社に対し、これによって生じた損害を賠償する責任を負う（423条1項）として、複数の役員間での連帯責任（430条）を定めるとともに、原則として総株主の同意がなければ免除されない（424条）等、役員等に厳格な責任を規定することにより会社の利益保護を図っている。

　役員等の任務懈怠に基づく責任を追及するには、任務懈怠の事実のほか、会社に損害があること、任務懈怠と損害の間に相当因果関係があることが必要であり、これらは責任を追及する者の側が証明しなければならない。また、この責任は、役員等に過失があるときに責任が生じる（**過失責任**）のが原則であるが、責任がないと主張する役員等の側が自らの無過失を証明しなければならない。

(2) 役員等の任務懈怠
1) 法令違反

　取締役・執行役は、その職務を行うに際して法令を遵守する義務を負っている（355条・419条2項等）ため、法令に違反する行為をすれば、役員等がその任務を怠ったこととなる。ここでいう法令には、会社・株主の利益を保護するために設けられている規定のみならず、会社法の規定にとどまらず、会社を名宛人とし、会社が事業を行う際に遵守すべき法令のすべてが含まれると解されて

いる（最判平成12年7月7日民集54巻6号1767頁）。

2）善管注意義務違反―経営判断の原則

　取締役・執行役が、株式会社の業務執行行為をする際に、受任者として負担している善良な管理者としての注意義務（民644条）に違反した場合には、その任務を怠ったものとして会社に対して損害賠償責任を負う。しかしながら、取締役等の業務執行行為の失敗によって生じた会社の損害を常に賠償しなければならないわけではない。一般的に、会社経営には危険がつきものであり、企業価値の維持・向上のためには、積極的にリスクのある冒険的な経営決定を行うことが必要な場面もあり得る。そのような経営決定をしたものの、その結果が失敗に終わり、会社に多額の損害が発生した場合に、裁判所が事後的に取締役等の任務懈怠責任を厳格に認定するのでは、取締役等の経営行動を委縮させてしまう。

　そこで、米国判例法の考え方をもとに、裁判所は、取締役等の経営判断を尊重し、事後的な介入を控えるという経営判断の原則をわが国にも導入すべきとする見解が示されており、最近の判例においても同原則が採用されていると評価できる（最判平成21年7月9日判時2055号147頁、最判平成22年7月15日金判1347号12頁、東京地決平成16年6月23日金判1213号61頁等参照）。この原則は、取締役等が、通常の経営者がなすべき情報収集を行い、その情報をもとに会社の最善の利益を考慮した経営決定をした場合には、事後的にその結果が妥当でなかった場合でも、当該取締役等は善管注意義務違反としての責任を負わないなどと表現されている。

3）監視・監督義務違反

　代表取締役・業務執行取締役・執行役は、その業務執行権に基づく善管注意義務の一環として、他の代表取締役等の業務について監視義務を負う。代表権・業務執行権のない取締役もまた、取締役会の構成員として、代表取締役の業務執行一般につき、これを監視し、必要があれば取締役会を通じて業務執行が適正に行われるようにする職務を有している（最判昭和48年5月22日民集27巻5号655頁）。このような**監視・監督義務**を怠った（不作為）ことにより会社に損害が生じれば、取締役は会社に対する損害賠償責任を負うことがある。また、監査役は、取締役の職務執行の監査を職務とし（381条1項）、会計監査人は、

計算書類その他の書類の監査を職務としているので、これらの職務についての不作為もまた任務懈怠に基づく会社への責任を構成することがある。

さらに、大会社で取締役会設置会社においては、取締役は、内部統制システムを整備すべき義務（362条4項6号・416条1項1号・348条3項4号等）、および代表取締役等が内部統制システムの運用についての監視・監督義務を負うため、同義務違反についても取締役の責任が生ずる余地がある（大阪地判平成12年9月20日判時1721号3頁、最判平成21年7月9日判時2055号147頁等参照）。

(3) 特別責任規定

1) 利益相反取引による責任

利益相反取引（356条1項2号・3号）によって会社に損害が生じたときは、①当該利益相反関係のある取締役・執行役、②会社を代表して取引を決定した取締役・執行役、③取締役会の承認決議に賛成した取締役は、その任務を怠ったものと推定される（423条3項）。また、自己のために直接取引をした取締役・執行役は、任務懈怠が自己の責めに帰することができない事由によるものであることをもって責任を免れることはできず（428条1項。無過失責任を規定したものと理解されている）、責任の一部免除の対象ともならない（428条2項）。

2) 株主権の行使に関する利益供与による責任

株主の権利の行使に関し、財産上の利益を供与することに関与した取締役は、供与した利益の価額に相当する額を会社に支払う義務を負う。ただし、取締役が職務を行うについて注意を怠らなかったことを証明した場合には免責されるが、利益供与を実行した取締役の責任については、無過失責任とされている（120条4項）。

3) 違法な剰余金等の配当による責任

分配可能額を超過した剰余金の配当等がなされた場合には、①当該行為に関する職務を行った業務執行者、および②株主総会・取締役会に議案を提案した取締役は、会社に対して、配当された金銭等の帳簿価額に相当する金銭の支払義務を負う（462条1項）。ただし、これらの者が自らの無過失を証明したときは、その責任を免れる（同2項）。取締役等がこの義務を履行したときは、悪意の株主に対してのみ求償することができる（463条1項）。

4) 欠損が生じた場合の責任

剰余金の配当等を行った結果、事業年度末に係る計算書類において、**欠損**（＝分配可能額がマイナスとなること）が生じた場合には、配当等に関する職務を行った業務執行者は、会社に対して欠損額と株主に交付した金銭等の帳簿価額の総額のいずれか少ない額を支払う義務を負う。無過失を証明すれば、この責任は免れる（465条1項）。資本維持の観点から、配当等を慎重にさせるために課された責任である。

（4）役員等の会社に対する責任の一部免除

役員等の任務懈怠に基づく会社に対する責任（423条1項）は、総株主の同意がなければ免除できないのが原則であるが、上場会社等の大企業において会社経営の失敗によって損害が発生した場合に、株主代表訴訟の提起により、巨額の賠償責任が追及されることもあり、リスクをとる積極的な経営姿勢が委縮するとともに、責任の大きさをおそれて社外役員の有能な人材確保が難しくなるという問題が指摘された。そこで、定款自治を前提として、役員の責任を一部免除することが認められている。

一部免除の方法・内容について、その役員が職務を行うにつき善意かつ重大な過失がないときは、実際の損害賠償額から、役員等が会社から職務執行の対価として受け、または受けるべき財産上の利益の事業年度ごとの合計額の4年分を差し引いた額が限度となる（代表取締役・代表執行役の行為に関する責任について、前記の算定基準は「4年分」ではなく、「6年分」となる。他方、社外取締役・会計参与・監査役・会計監査人の場合、前記の限度額の算定基準は「2年分」となる）。具体的な一部免除の方法としては、次の3つがある。

1) 株主総会の特別決議による事後的な責任免除（425条1項）

決議に際しては、責任原因となる事実や賠償額、限度額と算定根拠、責任免除の理由とその額を開示する必要がある。取締役が責任軽減を提案するには、監査役全員の同意を要する。

2) 事前の定款の授権に基づく、取締役会の決議による責任軽減（426条1項）

この方法で責任軽減の決議をしたときは、遅滞なく株主に対して、免除額等の情報および、異議があれば一定期間内に述べるべき旨を通知・公告しなけれ

ばならない。この期間内に、議決権の100分の3以上を有する株主が異議を述べたときは、責任免除することはできない。取締役による定款変更の提案、および実際に免除するための取締役会決議の提案の双方について、監査役全員の同意を要する。さらに、責任の軽減ができるのは、「責任の原因となった事実の内容、当該役員等の職務の執行の状況その他の事情を勘案して特に必要と認めるとき」に限られる。

3) 責任限定契約による責任軽減（427条1項）

会社は、定款の規定により、社外取締役、会計参与、社外監査役または会計監査人との間において、取締役の損害賠償責任について、定款に定めた範囲内においてあらかじめ定めた額と前記の限度額とのいずれか高い額を限度としてのみ賠償すべき旨の契約（「**責任限定契約**」）を結ぶことができる（427条1項）。

9　役員等の第三者に対する責任

(1) 責任の性質

株式会社の役員等がその職務を行うについて悪意または重大な過失があるときは、当該役員等は、これによって第三者に生じた損害を賠償する責任を負う（429条1項）。この責任の性質について、役員等がその任務に違反した場合には、本来は会社に対する関係で責任を負うにすぎないのが原則であるが、その結果、会社債権者などの第三者が損害を受ける場合を想定し、会社法は、役員等に会社以外の第三者に対する特別の責任を認める規定を設けているものと理解されている。すなわち、判例（最大判昭和44年11月26日民集23巻11号2150頁）・多数説によれば、会社法429条の規定は、役員等の任務懈怠行為によって損害を受けた第三者の利益を救済するために、特別に法が定めた責任であるとされている（**特別法定責任説**）。十分な資力を有しない中小企業が倒産した場合に、損害を受けた会社債権者がオーナー経営者に対してこの責任を追及する事例が多く見られ、法人格否認の法理と同様、株主有限責任原則から会社債権者の利益を確保する手段として機能している。

(2) 責任が認められる場合
1) 間接損害事例

上記の判例・多数説の立場を前提に、会社法429条に基づく責任が認められる場合として、間接損害事例が挙げられる。これは、第三者が会社と取引等の法律関係に入ったときには、会社には支払能力があったものの、その後の役員等の任務懈怠により会社が損害を受け、その結果、支払いが不能となる等により、第三者が損害を受けた事例をいう（図表8-4参照）。典型的には、放漫経営・過剰の投機等の不適切な経営により、会社が倒産した結果、第三者が債権回収不能による損害を受けた場合等である。損害を受けた第三者は、役員等の悪意または重過失による会社に対する任務懈怠の事実、および相当因果関係に立つ損害発生の事実を主張して、責任追及することができる。

2) 直接損害事例

第2に、株式会社の資産状態が悪化し、支払能力が欠如している段階において、第三者が当該会社と支払見込みのない信用取引に入り、損害を受ける等、役員等の任務懈怠によって第三者が直接的に損害を受ける場合（図表8-5）についても、その第三者は会社法429条に基づく責任追及が可能である。この場合、

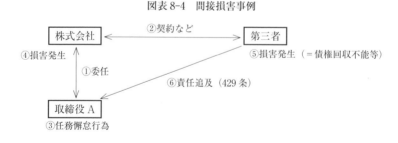

図表8-4 間接損害事例

図表8-5 直接損害事例

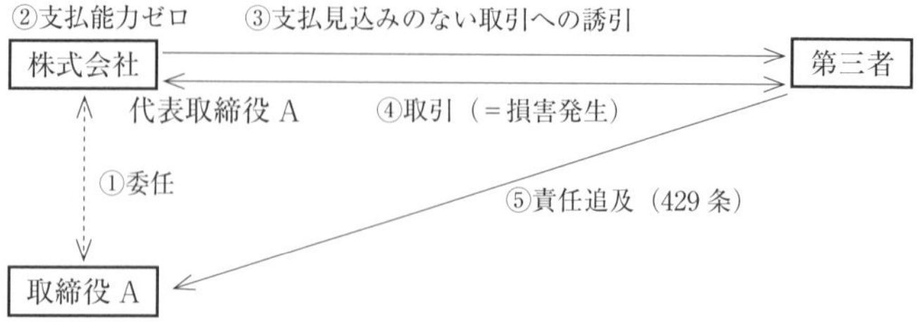

役員等の会社に対する任務懈怠をどのように理解すべきかが問題となるが、債務超過状態に近い会社では取締役には会社債権者の損害拡大を阻止すべき義務が注意義務として課されている、あるいは第三者に損害を及ぼしかねない状況下で、会社の状況を把握すべき義務を放棄または著しく怠っている等と説明されている。

3）虚偽の情報開示

役員等が、①株式・新株予約権・社債・新株予約権付社債を引き受ける者の募集をする際に通知しなければならない重要事項について虚偽の通知、または目論見書等の資料についての虚偽の記載・記録、②計算書類・事業報告・これらの附属明細書・臨時計算書類の重要事項についての虚偽の記載・記録、③虚偽の登記、④虚偽の公告をしたときは、その者が無過失を証明しない限り、第三者に対して、これによって生じた損害を賠償する責任を負う（429条2項）。会社情報に係る開示の重要性に鑑み、第三者による責任追及を容易にするため、証明責任を転換し、軽過失でも責任を負うものとしている。

(3) 責任の主体

1）名目的取締役

取引先の代表者が、要請により会社の株式を引き受けるとともに非常勤のいわゆる社外重役として名目的に取締役に就任した場合において、一度も出社せず、代表取締役の独断専行に任せてその業務執行を監視せず、同代表取締役に対して取締役会の招集を求めたり自ら招集することもなかった場合、会社の業務執行を監視するという職責を尽くさなかったことをもとに、対第三者責任に基づく責任が認められている（最判昭和55年3月18日判時971号101頁）。

2）登記簿上の取締役の対第三者責任

取締役としての選任決議がないのに取締役として就任の登記をされた者は、不実の登記の出現に加功した者として、会社法908条2項の類推適用により、善意の第三者に対して会社法429条の取締役としての責任を免れない（最判昭和47年6月15日民集26巻5号984頁）。また、取締役を辞任した者が、登記申請権者である当該会社の代表者に対して辞任登記を申請しないで不実の登記を残存させることに承諾を与えていた等の特段の事情がある場合にも、同条項によ

る責任を負うものとされている（最判昭和62年4月16日判時1248号127頁）。

3）事実上の取締役

　取締役でなくても対外的にも対内的にも重要事項についての決定権を有する実質的経営者（＝**事実上の取締役**）については、会社法429条1項の責任が類推適用されることがある（東京地判平成2年9月3日判時1376号110頁）。親会社の代表取締役であり、小規模な子会社の実質的所有者として、事実上、会社の業務執行を継続的に行い、会社を支配していた監査役も、事実上の取締役として、代表取締役の業務執行についての監視義務を負うものとされている（京都地判平成4年2月5日判時1436号115頁）。

罰則規定：取締役等の特別背任罪等の罰則規定（960条・967条）

　取締役等が、自己もしくは第三者の利益を図りまたは株式会社に損害を加える目的で、その任務に背く行為をし、当該株式会社に財産上の損害を加えたときは、10年以下の懲役もしくは1000万円以下の罰金に処し、またはこれを併科する（960条）。未遂も同様である（961条）。これは取締役の背任行為が刑法上の背任罪（刑247条。5年以下の懲役または50万円以下の罰金）よりも広範かつ深刻となることに鑑み、刑法上の刑を加重したものである。任務違反行為は法律行為に限らず事実行為でもよい。典型的な任務違反行為としては不正貸し付け等が想定されるが、実際に背任に当たるかどうかは、経営判断の原則により決せられるとするのが判例である（いわゆる北海道拓殖銀行・ソフィアグループ事件〔最決平成21年11月19日判タ1317号142頁、判時2069号156頁〕）。損害には積極的損害ばかりではなく、得べかりし利益が増加しなかったような消極的損害も含まれる。

　また取締役等がその職務に関し、不正の請託を受けて賄賂の収受をした場合は、5年以下の懲役または500万円以下の罰金に処せられる（967条）。

―設　問―

① 工作機械の製造・販売を事業目的とするA株式会社（資本金5億円・総資産80億円・年間売上高450億円の会社法上の公開会社である）の代表取締役Bは、A会社の取締役会の承認を受けずに、(1) 設備投資資金として3億円の融資を受けた。また、(2) 運転資金として1億5000万円の融資を受けた。さらに、(3) 自宅の改築資金に充てるため、A会社名義で500万円の融資を受けた。これらの融資契約の効力はどうなるか。

② ソフト開発・販売を業とするA株式会社は、インターネットにおける情報配信サービス事業を新たに展開しようと計画していた。(1) A社の常務取締役であるBは、取締役会の承認を得ることなく、A社の有する技術・データ等を利用して利益を得るためにC株式会社を設立して、同社の代表取締役としてネット上の情報配信サービス事業を行い、多大な利益を獲得した。(2) また、A社が、過去に画期的なソフト開発を手がけた経験をもつ優秀なエンジニアであるDを他社から引き抜く計画を察知したBは、さらに魅力的な待遇・条件を提示したうえで、DをC社の従業員として迎え入れた。A社は、BおよびC社に対してどのような請求をすることができるか。

③ ②の事例におけるBは、その妻であるEが消費者金融業者から借金を繰り返していることに気づき、独断でA社を代表して、A社がEの債務を保証する旨の契約を締結した。その後、A社は、保証債務の履行による損害を被った。A社は、Bに対してどのような請求を行うことができるか。

【参考文献】

落合誠一『会社法要説』有斐閣、2010年
龍田節『会社法大要』有斐閣、2007年
『別冊ジュリスト会社法判例百選（第2版）』有斐閣、2011年

9 章

会社の監査機関と新たなガバナンスシステムとは

【導入判例】 監査役の任務懈怠責任と責任限定契約（大阪高判平成27年5月21日金判1469号16頁）

〔事実〕 Z株式会社とその社外監査役X（公認会計士、報酬は年324万円）の間では、Xがその職務を行うにつき、任務懈怠（423条1項）に基づく損害賠償責任を負う場合であっても、善意かつ重過失がなかったときは、報酬の2年分をもってZ社に対する損害賠償責任の限度とする責任限定契約（427条1項）が締結されていた。Z社は、Xによりその必要性や合理性に問題があるとの指摘を受けていたにもかかわらず、多額の金員貸し付け、現物出資による募集株式の第三者割当発行、多額の約束手形の振出し、募集株式の発行等を行った。Z社の破産管財人Yは、Xの善管注意義務違反に基づく役員責任査定の申立てを行ったのに対して、裁判所はXの善管注意義務違反を認め、かつ、責任限定契約の適用を認めた（原決定）。Xは、監査役としての善管注意義務違反はないとして、その変更を求める訴えを提起した。原審（大阪地判平成25年12月26日金判1435号42頁）は、Xに重過失はなかったとして、原決定を認可した。これに対して、XおよびYが控訴した。

〔判旨〕 控訴棄却。大阪高裁は、Xの内部統制システム構築勧告義務違反、取締役会に対する代表取締役の解職勧告義務違反を認定したうえで、「Xを含むZ社の監査役会は、……一連の任務懈怠行為に対して、取締役会において度々疑義を表明したり、事実関係の報告を求めるなどしており、……多額の約束手形の発行が振り出された際には、監査役として看過できず、然るべき対応をせざるを得ない旨申入れるなどしていて、監査役として、取締役の職務執行の監査を行い、一定の限度でその義務を果たしていたことが認められる。……このような事情を考慮すると、Xには……義務違反はあったものの、その義務違反が監査役としての任務懈怠に当たることを知るべきであるのに、著し

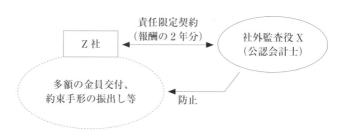

く注意を欠いたためにそれを知らなかったとまで認めることはできない」として、Xの重過失を認めなかった。

〔問題のポイント〕

本件は、Z社と責任限定契約（427条1項）を締結していたX（監査役）の善管注意義務違反が問題となった事案である。裁判所は、Z社の一連の任務懈怠行為につき、内部統制システムの構築や代表取締役の解職を勧告するなどの措置を講じなかったXの善管注意義務違反を認めた。他方、裁判所は、Z社の取締役会に疑義を表明するなど、Xは一定の限度で監査役としての職務を果たしており、その職務を遂行する際、著しく注意を欠いていた（すなわち重過失があった）とまではいえないとして、責任限定契約の適用を認め、損害賠償額を648万円（報酬の2年分）に限定した。

1 監 査 役

(1) 総　説

監査役は、取締役（会計参与設置会社では取締役および会計参与）の職務の執行を**監査**する機関である（381条1項前段）。設置は任意であるが（326条2項）、監査等委員会設置会社および指名委員会等設置会社を除く取締役会設置会社または会計監査人設置会社は、監査役を置かなければならない（327条2項・3項）。監査等委員会設置会社および指名委員会等設置会社では、監査等委員会および監査委員会に業務監査権限があることから（399条の2第3項・404条2項）、監査役を置くことはできない（327条4項）。監査役は各自が会社の機関を構成し、複数の監査役がいたとしても各自が単独で監査権限を行使する（**独任制**）。

(2) 資格・員数・任期

監査役の資格に制限はないが、取締役と同様の欠格事由があるほか（335条1項・331条1項・2項）、一定の者との兼任が禁止される（335条2項）。員数に制限はなく、任期は**4年**である（336条1項）。

(3) 選任・終任

監査役は、株主総会の普通決議で選任される（329条1項）。取締役が監査役の選任議案を株主総会に提出する場合には、監査役（監査役が2人以上ある場合に

は過半数、監査役会設置会社の場合は監査役会）の**同意**が必要である（343条1項・3項）。監査役は、取締役に対し、監査役の選任を株主総会の目的とすることまたは監査役の選任に関する議案を株主総会に提出することを請求することができる（343条2項）。監査役は、その選任について、株主総会において意見を述べることができる（345条4項・1項）。

監査役は、任期の満了、資格の喪失、解任等により終任する。解任は、株主総会の特別決議による（309条2項7号。なお345条4項・1項・2項も参照）。

（4）権　　限

1) 会計監査と業務監査

監査役の権限は、計算書類等（435条2項・441条1項・444条1項）の監査（**会計監査**。436条1項・441条2項・444条4項）のほか、会計監査以外の業務全般に対する監査（**業務監査**）に及ぶ（381条1項前段）。

2) 非公開会社における例外

非公開会社（監査役設置会社および会計監査人設置会社を除く）は、監査役の監査の範囲を会計に関するものに限定する旨を定款で定めることができる（389条1項）。この場合、株主が直接業務執行を監督する（357条1項・360条1項・2項・367条等）。

◎ **notice：業務監査の範囲―適法性監査と妥当性監査**

監査役の業務監査権限の範囲については、取締役の職務の執行が法令および定款に適合しているか否かの監査（適法性監査）が含まれることは当然であるが、その妥当性の監査（妥当性監査）が含まれるか否かについては争いがある。会社の業務執行に関する決定は取締役会でなされ、その決議に監査役は参加できないことから、取締役会の決議の妥当性に関する判断は、制度上、取締役会に委ねられている。また、監査役に妥当性監査の権限まで認めると、その負担が重くなる。したがって、監査役は妥当性監査を行うことはできないと解すべきである。ただし、監査役は取締役の職務の執行に関して「著しく不当」な事項を報告すべき義務（382条・384条後段）を負っていることを考慮すると、監査役の業務監査権限の範囲は、「著しく不当」な場合を含む意味での適法性監査に限られると解すべきである。

3）監査報告の作成

監査役は、法務省令（会施規105条）で定めるところにより、監査の結果を記載した監査報告を作成しなければならない（381条1項後段）。

4）調査権・子会社調査権

監査役は、いつでも、取締役および会計参与ならびに支配人その他の使用人に対して事業の報告を求め、または会社の業務および財産の状況の調査をすることができる（381条2項）。監査役は、その職務を行うため必要があるときは、子会社に対して事業の報告を求め、業務および財産の状況の調査をすることができる（381条3項・4項）。

（5）義　　　務

監査役は、取締役（会計参与設置会社では会計参与を含む）が不正の行為をし、もしくは当該行為をするおそれがあると認めるとき、または法令もしくは定款に違反する事実もしくは著しく不当な事実があると認めるときは、遅滞なく、その旨を取締役（取締役会設置会社では取締役会）に報告しなければならない（382条）。また、監査役は、取締役会へ出席し、必要があると認めるときは、意見を述べなければならないほか（383条1項本文）、必要があると認めるときは、取締役会の招集権者に対して取締役会の招集を求めることもできる（同条2項・3項）。監査役は、取締役が株主総会に提出しようとする議案、書類その他法務省令で定めるもの（会施規73条1項3号・106条）を調査し、一定の場合にはその結果を株主総会に報告しなければならない（384条）。

（6）差止請求および会社代表

監査役は、取締役が会社の目的の範囲外の行為その他法令もしくは定款に違反する行為をし、またはそのおそれがある場合において、その行為によって会社に著しい損害が生じるおそれがあるときは、その取締役に対して、その行為をやめるよう請求することができる（385条1項）。また、会社が取締役（取締役であった者を含む）に対し、または取締役が会社に対して訴えを提起する場合には、その訴えについては、監査役が会社を代表する（386条1項。なお同条2項も参照）。

(7) 報酬・費用

監査役の報酬等（報酬、賞与その他の職務執行の対価として株式会社から受ける財産上の利益〔361条1項〕）は、定款または株主総会の決議で定める（387条1項）。取締役の報酬等に関するお手盛り防止の趣旨とは異なり、監査役の独立性を確保するための規制である。すなわち、監査される側の取締役が監査役の報酬等を決定できるとすると、監査役が適正に職務を果たすことが期待できなくなるからである。

なお、監査役は、株主総会において、監査役の報酬等について意見を述べることができる（387条3項）。また、監査役は、監査役設置会社に対して、監査役の職務の執行に関する、①費用の前払い、②支出した費用および支出の日以後におけるその利息の償還、③負担した債務の債権者に対する弁済を請求することができる（388条）。

(8) 責　　任

監査役は、その任務を怠ったことにより、会社および第三者に対する損害賠償責任を負う（423条1項・429条1項・2項3号）。

2　監査役会

(1) 総　　説

大会社（非公開会社、監査等委員会設置会社および指名委員会等設置会社を除く）は**監査役会**を置かなければならない（328条1項）が、それ以外の会社では設置は任意である（326条2項）。株式会社の監査業務の複雑さに鑑み、監査役間の役割分担および情報共有を通じて、組織的かつ効率的な監査業務を可能にする趣旨である。

(2) 構成・員数

監査役会は、すべての監査役で組織される（390条1項）。員数は3人以上で、そのうち半数以上は**社外監査役**でなければならない（335条3項・2条16号）。監査役会は、監査役の中から**常勤監査役**を選定しなければならない（390条3項）。

常勤監査役とは、会社の営業時間中、原則としてその会社の監査役としての職務を行う者をいう。

(3) 権　　　限

監査役会は、①監査報告の作成、②常勤監査役の選定および解職、③監査の方針、監査役会設置会社の業務および財産の状況の調査の方法その他の監査役の職務の執行に関する事項の決定を行う（390条2項）。ただし、監査の実効性を確保する観点から、③の決定については、監査役の権限の行使を妨げることはできない（390条2項柱書ただし書）。なお、監査役は、監査役会から求めがあるときは、いつでもその職務の執行の状況を監査役会に報告しなければならない（390条4項。なお395条も参照）。

(4) 運　　　営
1) 招　　　集

監査役会は、各監査役が招集する（391条）。監査役会を招集するには、監査役は、監査役会の日の**1週間前**までに、各監査役に対してその通知を発しなければならない（392条1項。なお招集手続の省略につき同条2項参照）。招集通知には、取締役会と同様、議題等を示す必要はない（298条1項2号・299条4項対照）。

2) 決議・議事等

監査役会の決議は、監査役の**過半数**をもって行う（393条1項）。議事につき、法務省令（会施規109条）で定めるところにより、議事録を作成し、出席した監査役は、これに署名し、または記名押印しなければならない（393条2項。なお

◎ **notice：社外監査役**

社外監査役制度は、第三者的な立場から実効性のある監査が行われることを期待して、平成5年の商法特例法の改正において導入された制度である。想定される人材は、例えば他企業の取締役、弁護士、公認会計士、学者等、当該会社の業務執行に対して影響力の少ない者が考えられる。平成26年の会社法改正において、社外取締役の要件（2条15号）が改正されたことに合わせて、社外監査役の要件も変更された（同条16号）。

議事録の備置きにつき394条1項参照)。監査役会の決議に参加した監査役であって、議事録に異議をとどめないものは、その決議に賛成したものと推定される(393条4項)。株主は、その権利を行使するため必要があるときは、裁判所の許可を得て、監査役会の議事録の閲覧・謄写の請求をすることができる(394条2項。なお同条3項も参照)。

3 会計監査人

(1) 総　説

会計監査人は、会計の専門家として、計算書類等(435条2項・441条1項・444条1項)を監査する機関である(396条1項前段)。設置は任意であるが(326条2項)、大会社ならびに監査等委員会設置会社および指名委員会等設置会社は、会計監査人を置かなければならない(327条5項・328条1項)。なお、会計監査人設置会社(監査等委員会設置会社および指名委員会等設置会社を除く)は、監査役を置かなければならない(327条3項)。

(2) 資格・員数・任期

会計監査人は、**公認会計士**または**監査法人**でなければならない(337条1項・2項前段、欠格事由につき同条3項)。員数に制限はなく、任期は**1年**である(338条1項。なお会計監査人の再任につき同条2項参照)。

(3) 選任・終任

会計監査人は、株主総会の普通決議で選任される(329条1項)。<u>株主総会に提出する会計監査人の選任および解任ならびに会計監査人を再任しないことに関する議案の内容は、監査役(監査役会設置会社では監査役会)が**決定**する(344条1項・3項)。会計監査人の選任等の議案に監査役(会)の意思を反映させ、監査役(会)と会計監査人との職務上の連携を図る趣旨から、平成26年の会社法改正により、同意権から決定権へと改正された。</u>

会計監査人は、任期の満了、自らの意思による辞任によるほか、株主総会の普通決議により解任される(339条1項。その他340条1項も参照)。

(4) 権　　　限

　会計監査人は、会社の計算書類等を監査し（396条1項前段）、その結果を記載した会計監査報告を作成しなければならない（同条1項後段）。会計監査人は、いつでも、会計帳簿またはこれに関連する資料の閲覧および謄写をし、また、取締役（指名委員会等設置会社では取締役・執行役）および会計参与ならびに支配人その他の使用人に対して、会計に関する報告を求めることができる（396条2項・6項）。会計監査人は、その職務を行うため必要があるときは、子会社に対して会計に関する報告を求め、または会社もしくは子会社の業務および財産の状況の調査をすることができる（396条3項・4項）。

(5) 義　　　務

1) 監査役に対する報告

　会計監査人は、その職務を行うに際して、取締役（指名委員会等設置会社では取締役または執行役）の職務の執行に関し不正の行為または法令もしくは定款に違反する重大な事実を発見したときは、遅滞なく、これを監査役（監査役会設置会社では監査役会、監査等委員会設置会社では監査等委員会、指名委員会等設置会社では監査委員会）に報告しなければならない（397条1項・3項・4項・5項）。また、監査役（監査等委員会では監査等委員会が選定した監査等委員、指名委員会等設置会社では監査委員会が選定した監査委員）は、その職務を行うため必要があるときは、会計監査人に対し、監査に関する報告を求めることができる（397条2項・4項・5項）。

2) 定時株主総会における意見の陳述

　計算書類等が法令または定款に適合するかどうかについて、会計監査人が監査役（監査役会設置会社では監査役会または監査役、監査等委員会設置会社では監査等委員会または監査等委員、指名委員会等設置会社では監査委員会または監査委員）と意見を異にするときは、会計監査人は、定時株主総会に出席して意見を述べることができる（398条1項・3項・4項・5項）。また、定時株主総会において、会計監査人の出席を求める決議があったときは、会計監査人は、定時株主総会に出席して意見を述べなければならない（398条2項）。

(6) 報酬・費用

　取締役が会計監査人（または一時会計監査人の職務を行うべき者）の報酬等（361条1項）を定める場合には、監査役（監査役が2人以上ある場合にはその半数、監査役会設置会社では監査役会、監査等委員会設置会社では監査等委員会、指名委員会等設置会社では監査委員会）の同意を得なければならない（399条）。

(7) 責　　任

　会計監査人は、その任務を怠ったことにより、会社および第三者に対する損害賠償責任を負う（423条1項・429条1項・2項4号）。

◎ notice：経営者不正を防止するための監査役と会計監査人の連携

　日本公認会計士協会は、平成17年7月、「監査役等と監査人の連携に関する共同研究報告」（最終改訂は平成15年11月）を公表し、コーポレート・ガバナンスの実効性を高める観点から、監査役と会計監査人が、相互の信頼関係を基礎としたコミュニケーション（情報交換および意見交換等）を図るべきことを勧告している。会社法においても、会計監査人による法令・定款違反発見時の報告義務（397条1項）、監査役の会計監査人に対する報告請求権（397条2項）、会計監査人の報酬等に関する監査役の同意権（399条）、<u>会計監査人の選任等議案の内容に関する監査役の決定権</u>（344条1項。<u>平成26年改正により同意権から決定権への変更</u>）等において、監査役と会計監査人の連携を指向した規定が見られる。このような連携は、主として経営者が関与する不正な財務報告の防止を目的とするものであるが、広く経営者の不正・不祥事の防止という観点からも実務上の連携が図られることが、適正なコーポレート・ガバナンスの実現に資するといえよう。

　　参照：日本公認会計士協会ホームページ
　　　　　http://www.hp.jicpa.or.jp/specialized_field/post_1721.html

4　会 計 参 与

(1) 総　　説

　会計参与とは、取締役（指名委員会等設置会社では執行役）と**共同して**計算書類等（435条2項・441条1項・444条1項）を作成する機関である（374条1項前段）。設置は任意であるが（326条2項）、監査等委員会設置会社および指名委員会等設置会社を除く取締役会設置会社のうち公開会社でも大会社でもない会社が監査役を置かないこととした場合には、会計参与を置かなければならない（327条2項ただし書）。

　会計参与は、平成17年の会社法制定により新たに導入された機関である。主に中小会社の計算書類等の作成に会計の専門家を加えることで、その正確性を担保することが期待されている。会計参与は、会社内部において取締役と共同で計算書類等を作成する機関であり、計算書類等を外部からチェックする会計監査人とはその役割が異なる。

(2) 資格・員数・任期

　会計参与は、**公認会計士**（もしくは監査法人）または**税理士**（もしくは税理士法人）でなければならない（333条1項・2項。欠格事由につき同条3項）。員数に制限はなく、任期は**2年**である（334条1項・332条）。

(3) 選任・終任

　会計参与は、株主総会の普通決議で選任される（329条1項）。会計参与は、任期の満了、自らの意思による辞任、株主総会の普通決議での解任（339条1項）等により終任する。会計参与は、株主総会において、会計参与の選任・解任・辞任について意見を述べることができ（345条1項）、会計参与を辞任した者は、辞任後最初に招集される株主総会に出席して、辞任した旨およびその理由を述べることができる（同条2項）。

(4) 権　　限

　会計参与は、法務省令（会施規102条）で定めるところにより、計算書類等の作成に係る会計参与報告を作成しなければならない（374条1項後段）。その他、会計参与には、会計帳簿の閲覧・謄写権（374条2項）、子会社調査権（同条3項・4項）、株主総会における意見陳述権（377条）がある。

(5) 義　　務

　会計参与は、その職務を行うに際して、取締役の職務の執行に関し不正の行為または法令もしくは定款に違反する重大な事実があることを発見したときは、遅滞なくこれを株主・監査役等に報告しなければならない（375条）。会計参与は、計算書類等を承認する取締役会（436条3項・444条5項）に出席し、必要があると認めるときは意見を述べなければならない（376条1項）。会計参与は、計算書類等の作成に関して取締役と意見を異にするときは、株主総会において意見を述べることができる（377条）。その他、会計参与は、計算書類等を当該会計参与が定めた場所に備え置かなければならず（378条1項）、それらは株主および債権者等の閲覧・謄写・抄本の交付等に供される（同条2項・3項）。

(6) 報酬・費用

　会計参与の報酬等（361条1項）は、定款に額の定めがないときは、株主総会の決議によって定める（379条1項。なお会計参与が2人以上ある場合につき同条2項参照）。会計参与の地位の独立性を保障するため、会計参与は、株主総会において会計参与の報酬等について意見を述べることができ（379条3項）、また、会社に対して会計参与の職務の執行に関する①費用の前払い、②支出した費用および支出の日以後におけるその利息の償還、③負担した債務の債権者に対する弁済を請求することができる（380条）。

(7) 責　　任

　会計参与は、その任務を怠ったことにより、会社および第三者に対する損害賠償責任を負う（423条1項・429条1項・2項2号）。

5 指名委員会等設置会社

(1) 総　　説

指名委員会等設置会社とは、取締役会に**指名委員会、監査委員会、報酬委員会**（指名委員会等）**を置く株式会社をいう**（2条12号）。平成26年の会社法改正により監査等委員会設置会社制度が導入されたため、これと区別するため、従来の「委員会設置会社」から「指名委員会等設置会社」へと名称が変更された。

指名委員会等設置会社制度は、取締役会により選任された執行役（officer）が会社の通常の業務執行を行い、取締役会は業務執行に対する監督（oversight, monitoring）を行うことにより、**執行と監督の分離**を目指す米国型の**モニタリング・モデル**を採用したものである。わが国においては、かねてより取締役会の監督機能（362条2項2号）が形骸化しているとの批判があったことから、米国型のモニタリング・モデルを参考に、執行と監督を分離させ、迅速な意思決定と会社の業務活動に対する効果的な監督を行わせることとした。

(2) 指名委員会等設置会社の選択と構成

指名委員会等設置会社となるためには、その旨を定款で定めなければならない（326条2項）。指名委員会等設置会社では、取締役会に指名・監査・報酬の三委員会を置かなければならず（2条12号）、また、1人または2人以上の**執行役**を置かなければならない（402条1項）。指名委員会等設置会社は、会計監査人を置かなければならず（327条5項）、監査等委員会を置くことはできない（同条6項）。各委員会は、委員3人以上で構成される（400条1項）。各委員は、取締役の中から、取締役会の決議で選定され（400条2項）、その過半数は**社外取締役**でなければならない（同条3項・2条15号）。なお、人材確保の観点から、同じ取締役（社外取締役を含む）が複数の委員会の委員を兼ねることも可能である。

(3) 取　締　役

取締役の任期は**1年**である（332条1項・6項）。取締役は、原則として指名委

員会等設置会社の業務を執行することができない（415条）。ただし、執行役が取締役を兼任することは可能である（402条6項）。

(4) 取締役会

1) 権　　　限

　指名委員会等設置会社の取締役会は、会社の業務執行を決定し（416条1項1号）、執行役等（取締役、執行役および会計参与）の職務の執行を監督する（同条1項2号）。取締役会は、一定の専決事項を除き、会社の業務執行の決定を執行役に委任することができる（416条4項）。取締役会の専決事項は、取締役および執行役に委任できない事項として、①経営の基本方針、②監査委員会の職務の執行のため必要なものとして法務省令（会施規112条1項）で定める事項、③執行役が2人以上ある場合における執行役の職務の分掌および指揮命令の関係その他の執行役相互の関係に関する事項、④執行役から取締役会の招集の請求を受ける取締役、⑤執行役の職務の執行が法令および定款に適合することを確保するための体制その他株式会社の業務の適性を確保するために必要なものとして法務省令（会施規112条2項）で定める体制（**内部統制システム**）の整備（以上、416条1項1号イ～ホ）があるほか、執行役に委任することができない事項として、会社法416条4項各号に定める事項がある。

2) 運　　　営

　指名委員会等設置会社では、招集権者の定めがある場合であっても、指名委員会等がその委員の中から選定する者は、取締役会を招集することができる（417条1項。なおその他の招集手続につき同条2項参照）。また、指名委員会等がその委員の中から選定する者は、遅滞なく、当該指名委員会等の職務の執行の状況を取締役会に報告しなければならない（417条3項）。さらに、執行役は、3か月に1回以上、自己の職務の執行の状況を取締役会に報告しなければならない（417条4項）。また、執行役は、取締役会の要求があったときは、取締役会に出席し、取締役会が求めた事項について説明をしなければならない（417条5項）。

(5) 委 員 会

1) 指名委員会

指名委員会は、株主総会に提出する取締役（会計参与設置会社では取締役および会計参与）の選任および解任に関する議案の内容を決定する（404条1項）。

2) 監査委員会

監査委員会は、執行役等の職務の執行を監査し、その結果を記載した監査報告を作成し、株主総会に提出する会計監査人の選任および解任ならびに会計監査人を再任しないことに関する議案の内容を決定する（404条2項）。

3) 報酬委員会

報酬委員会は、執行役等の個人別の報酬等の内容を決定する（404条3項・409条1項・2項）。この場合、報酬委員会は、執行役等の個人別の報酬等のうち、①額が確定しているものについては個人別の額、②額が確定していないものについては個人別の具体的な算定方法、③金銭でないものについては個人別の具体的な内容を決定しなければならない（409条3項）。

(6) 執行役および代表執行役

1) 執 行 役

執行役は、取締役会の決議によって委任を受けた指名委員会等設置会社の業務執行を決定し、執行する（418条）。執行役が複数いる場合、任意に執行役会を設けることも可能である。執行役は、取締役会の決議によって選任される（402条2項）。任期は**1年**である（402条7項）。執行役は、いつでも、取締役会の決議によって解任することができる（403条1項）。また、執行役は、指名委員会等設置会社に著しい損害を及ぼすおそれのある事実を発見したときは、直ちに、その事実を監査委員に報告しなければならない（419条1項）。なお、取締役の忠実義務（355条）、競業および利益相反取引（356条）等の規定は、執行役に準用される（419条2項）。

2) 代表執行役

取締役会は、執行役の中から**代表執行役**を選定しなければならない（420条1項前段）。執行役が1人の場合、その者が代表執行役に選定されたものとされる（420条1項後段）。代表執行役は、いつでも、取締役会の決議によって解職する

ことができる（420条2項）。代表執行役の権限については、代表取締役に関する規定が準用される（420条3項）。

6 監査等委員会設置会社

(1) 総　　説

監査等委員会設置会社とは、**監査等委員会**を置く株式会社をいう（2条11号の2）。監査等委員会設置会社は、監査役会設置会社と指名委員会等設置会社との中間的な機関設計として、平成26年の会社法改正により新設されたものである。指名委員会および報酬委員会を設置しなくてもよい点において監査役会設置会社に類似し、監査等委員が取締役会の一員として（代表）取締役の業務執行の妥当性を監査し、議決権を行使し得る点において指名委員会等設置会社に類似する。

平成26年の会社法改正の目的の一つは、取締役会の監督機能を充実させる観点から、社外取締役を積極的に活用することにあった。しかし、従来型の監査役会設置会社において、社外監査役の選任（335条3項）に加え、社外取締役の選任をも義務づけることについては、企業側の負担が大きいとの指摘があった。他方、指名委員会等設置会社においては、社外取締役の選任が義務づけられるものの（400条3項）、指名委員会および報酬委員会の設置が強制されることから、執行役等の候補者の指名や報酬等が社外取締役主導で決定されることとなり、このことへの抵抗感から、指名委員会等設置会社の利用が進まなかった。そこで、社外取締役の活用という改正法の趣旨の下、取締役会の監督機能を強化する観点から、業務を執行しない社外取締役を複数置くことで執行と監督の分離を図りつつ、社外取締役が監査を担うとともに、経営者の選定・解職等の決定への関与を通じて監督機能を果たす役割を期待して、監査等委員会設置会社制度が導入された。

(2) 監査等委員会設置会社の選択と構成

監査等委員会設置会社となるためには、その旨を定款で定めなければならない（326条2項）。監査等委員会設置会社においては、執行役は置かれず、代表

取締役および選定業務執行取締役が業務を執行する（363条）。取締役会および会計監査人は必ず置かなければならない（327条1項3号・5項）。監査等委員会に監査権限があることから、監査役を置くことはできない（327条4項）。監査等委員会は、**3名以上**の取締役（監査等委員）で構成され、いずれも**非業務執行者**でなければならず（331条3項）、かつ、その過半数は**社外取締役**でなければならない（同条6項・2条15号）。指名委員会および報酬委員会を置くことはできない（327条6項参照。任意に置くことは可能）。監査役会設置会社においては常勤監査役の選定が義務づけられるが（390条3項）、監査等委員会設置会社においては常勤の監査等委員を置く必要はない。以上、監査等委員会設置会社は、社外取締役2名以上の監査等委員会を設置すれば、監査役会や、指名委員会および報酬委員会の設置は不要となることに大きな特徴がある（図表9-1）。

(3) 監査等委員会
1) 監査等委員の選任・解任

監査等委員は、株主総会の普通決議により、監査等委員以外の取締役とは区別して選任される（329条2項）。監査等委員以外の取締役は株主総会の普通決議により、監査等委員は株主総会の特別決議により解任される（309条2項7号）。監査等委員の選任議案について、監査等委員会は同意権・提案権を有する（344条の2）。

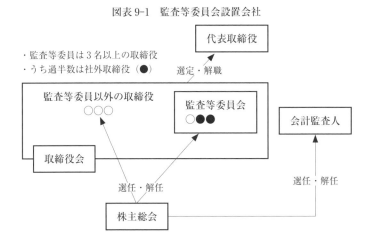

図表9-1　監査等委員会設置会社

2）監査等委員の任期

　監査等委員以外の取締役の任期は**1年**である（332条1項・3項）。監査等委員の任期は**2年**であり、定款や株主総会決議によっても短縮することはできない（332条1項本文・4項）。

3）監査等委員の報酬等

　監査等委員の報酬等（361条1項）は、他の取締役と同様、定款または株主総会の決議によって定められるが、監査等委員以外の取締役とは区別して定めなければならない（361条2項）。なお、監査等委員の報酬等につき定款または株主総会の決議がないときは、その報酬等は、監査等委員の協議により定める（361条3項）。

4）監査等委員会の運営

　監査等委員会の招集および運営は、指名委員会等設置会社の監査委員会に準じたものとなっている。すなわち、①監査等委員会は、各監査等委員が招集する（399条の8）。②招集通知は、監査等委員会の日の1週間（定款で短縮可）前までに発する（399条の9第1項）。ただし、監査等委員全員の同意があれば、招集手続を省略することができる（399条の9第2項）。③取締役および会計参与は、監査等委員会の要求があったときは、監査等委員会に出席し、監査等委員会が求めた事項について説明をしなければならない（399条の9第3項）。④監査等委員会の決議は、議決に加わることができる監査等委員の過半数が出席し、その過半数をもって行う（399条の10第1項）。ただし、決議に特別利害関係を有する監査等委員は議決に加わることができない（399条の10第2項）。⑤監査等委員会の議事については、所定の議事録を作成し（399条の10第4項・5項）、本店に備え置かなければならない（399条の11第1項）。株主等は、その権利を行使するため必要があるときは、裁判所の許可を得て、議事録の閲覧または謄写を請求することができる（399条の11第2項）。

5）監査等委員会の職務

　監査等委員会の職務は、指名委員会等設置会社の監査委員会と同様、①取締役（会計参与設置会社では取締役および会計参与）の職務の執行の監査および監査報告の作成、②株主総会に提出する会計監査人の選任および解任ならびに会計監査人を再任しないことに関する議案の内容の決定、③監査等委員以外の取締役

の選任等および報酬等（361条1項）に関する意見の決定である（399条の2第3項）。また、③につき、監査等委員会は、株主総会において意見を述べることができる（選任等につき342条の2第4項。報酬等につき361条6項）。そして、これらの権限を実行あるものとするため、監査等委員会または監査委員（あるいは監査等委員会が選定する監査委員）には、監査役と同様、調査権限（399条の3）、報告義務（同条の4・同条の5）、取締役の違法行為差止請求権（同条の6）および、取締役等の提訴に関する会社代表権（同条の7）等の権限が与えられている。

（4）取締役会

監査等委員会設置会社の取締役会の職務は、①経営の基本方針、監査等委員会の職務の執行のため必要なものとして法務省令（会施規110条の4）で定める事項、および、取締役の職務の執行が法令および定款に適合することを確保するための体制その他株式会社の業務ならびに当該株式会社およびその子会社からなる企業集団の業務の適性を確保するために必要なものとして法務省令（会施規110条の4第2項）で定める体制（**内部統制システム**）の整備、②取締役の職務の執行の監督、③代表取締役の選定および解職である（399条の13第1項）。

また、監査等委員会設置会社の重要な業務執行の決定は取締役会が行い、個々の取締役に委任することはできない（399条の13第4項）。ただし、取締役の過半数が社外取締役である場合（399条の13第5項）、または、定款で定めた場合（同条6項）には、重要な業務執行の決定を個々の取締役に委任することができる。

設問
① 監査役の業務監査権限は、取締役の職務執行の妥当性にまで及ぶか。
② 会計監査人と会計参与の役割の違いを述べよ。
③ 監査役会設置会社、指名委員会等設置会社、監査等委員会設置会社について、それぞれの機関設計を採用するメリットとデメリットを述べよ。

【参考文献】
伊藤靖史・大杉謙一・田中亘・松井秀征『会社法（第3版）』有斐閣、2015年
江頭憲治郎『株式会社法（第6版）』有斐閣、2015年
神田秀樹『会社法（第17版）』弘文堂、2015年

三枝一雄・南保勝美・柿﨑環・根本伸一『最新　基本会社法』中央経済社、2015 年
坂本三郎編著『一問一答・平成 26 年改正会社法』商事法務、2014 年
中東正文・白井正和・北川徹・福島洋尚『会社法』有斐閣、2015 年
野村修也・奥山健志編著『平成 26 年改正会社法―改正の経緯とポイント』有斐閣、2014 年

Ⅳ 部

企業会計と資金調達

10 章

企業会計のルールとは

【導入判例】 公正なる会計基準（公正ナル会計慣行）と虚偽記載（最判平成 20 年 7 月 1 日刑集 62 巻 7 号 2101 頁、判時 2019 号 10 頁）

〔事実〕 本件は、被告人 A ら（日本長期信用銀行〔以下「B」〕の元頭取）が、平成 10 年 3 月期決算に B の 5800 億円余の当期未処理損失を、取立不能と見込まれる貸出金の償却・引当をせず、2700 億円余に圧縮して計上した貸借対照表、損益計算書および利益処分計画書を掲載するなどした重要事項につき虚偽の記載のある有価証券報告書を提出した証券取引法違反（虚偽記載有価証券報告書提出罪）、および圧縮された当期未処理損失を基礎に B 株主総会に利益処分案を提出して可決承認させて配当金合計 71 億円余を支払い、商法違反（違法配当罪）が問われた刑事事件である。

上記貸出金は専ら関連ノンバンク等に対するもので、従来の決算経理基準（以下「旧経理基準」）は、関連ノンバンク等への継続的金融支援につき、支援損として損金算入を認める税法基準に依拠していた。銀行は段階的な損失処理が可能であり、同通達が準用される B も関連ノンバンク貸出金につき償却・引当てをほとんど行っていなかった。

平成 9 年 3 月に翌年度以降適用の「資産査定通達」が発出され、同通達は金融機関にも公表され、対応して全国銀行協会連合会の解釈指針・公認会計士協会の監査方針が発表された。関連ノンバンク貸出金の査定については特に事務連絡が出された（非公表・全国銀行協会連合会の解釈指針のみ公表）。同年 7 月末大蔵省銀行局長から B へ、基本事項通達の一部改正およびその多くが B に及ぶ旨が通達された。

改正「新経理基準」は、回収不能あるいは回収に重大な懸念がある貸出金等に関し、平成 9 年度末決算から償却・引当処理を求めていた。B は自己資本比率の維持などのため、関連ノンバンク融資につき通常先と異なる査定基準を策定し、償却・引当を緩和した自己査定を行った。この査定は旧経理基準下では直ちに違法とは認められないが、資産査定通達等によって補充される新経理基準の方向性からは逸脱していた。

検察官は新経理基準のみが旧商法 32 条 2 項の「公正ナル会計慣行」に該当すると主張し、第一審（東京地判平成 14 年 9 月 10 日出所上記最高裁刑集に掲載）および原審（東京高判平成 17 年 6 月 21 日出所上記最高裁刑集に掲載）は、改正後の新基準が唯一の公正なる会計慣行であるとして A らを有罪とし、控訴も棄却。A ら上告。

〔判旨〕 破棄自判

最高裁は職権調査により①新経理基準は具体的定量の基準でなく、②資産査定通達・

公認会計士の監査方針は定性的でノンバンク貸出金への適用も不明確であり、事務連絡も具体的定量的でないうえ、非公表だった、③税効果会計導入前に新経理基準に従うと、当期利益の減少や自己資本比率の低下に直結し、銀行経営が危機に陥るおそれが高かった、④多くの銀行はノンバンク貸出金につき新経理基準によるべきとは認識しておらず、大手銀行18行中14行は支援予定額について引当金を計上せず、B以外の大手銀行も多額の償却・引当不足が指摘されていたと指摘して破棄して（刑訴法411条1号・3号）Aらを無罪とした。

すなわち、資産査定通達等によって補充される改正後の新決算経理基準は、大枠の指針を示す定性的なもので、その具体的適用は必ずしも明確でなく、関連ノンバンク等に対する貸出金についての資産査定に関しては、具体性や定量性に乏しく、実際の資産査定が容易ではないと認められるうえ、改正後の新決算経理基準が関連ノンバンク等に対する貸出金についてまで同基準に従った資産査定を厳格に求めるものであるか否か自体も明確ではなかったことが認められるとしている。

当時、関連ノンバンク等に対する貸出金についての資産査定に関し、従来の税法基準による処理を排除すべきか否かは明確ではなく、過渡的な状況下では、これまで「公正ナル会計慣行」として行われていた税法基準の考え方によって関連ノンバンク等に対する貸出金についての資産査定を行うことが資産査定通達等の示す方向性から逸脱するものであったとしても、直ちに違法であったということはできないとしている。

〔問題のポイント〕

① 株式会社の財務情報の適正を図る一般的原則として、企業会計は、「一般に公正妥当と認められる企業会計の慣行に従うものとする」（**会計の原則**。431条）。会社法や法務省令による計算規定に明確な定めがない場合に、指針となる原則として機能するものである。

② 本件は「**公正なる会計慣行**」を斟酌すべき旨を定めた会計包括規定である旧商法32条2項（「**商業帳簿**ノ作成ニ関スル規定ノ解釈ニ付テハ公正ナル会計慣行ヲ斟酌スヘシ」）の解釈について論じた初めての最高裁判決であり、現行会社法431条・641条、商法19条1項にも妥当する重要な意義を有する判決である。本件からは、新・旧経理基準の複数の「公正なる会計慣行」が併存すること、および通達も「公正なる会計慣行」に該当し得ることを容認したと解される事例である。

なお、大阪地判平成19年4月13日判時1994号94頁では、平成9年度中間期決算当時は税法基準に基づいた会計処理が最も一般的であり、改正後の決算経理基準は、早期是正措置が平成10年4月1日より導入され、金融機関が自己査定基準に基づいて資産査定を行うようになり、また平成11年3月期から税効果会計が導入されて初めて、会計慣行として一般性を有するに至ったとしている。この基準による会計処理が「公正ナル会計慣行」となったといえるのは、実際には、金融検査が金融監督庁の手に委ねられ、金融検査マニュアルに則った改正後の決算経理基準に基づき、自己査定を厳格に審査する慣行が定着した後であるとされている。

③　本件では**違法配当罪**が問われたが、会社は分配可能額の範囲内でいつでも**剰余金の配当**をすることができ（453条）、配当の決定は、原則として株主総会の普通決議による（454条1項）。その他剰余金の算定および分配可能額に関する規定を設けている（446条・461条）。

　④　本判決後、最判平成21年12月7日（金法1891号43頁。差戻審・東京高判平成23年8月30日判時2134号127頁）が、日債銀の支援先への貸出金の査定に関し本件と同様に判示し、**虚偽記載有価証券報告書提出罪**を認めた原審を破棄差し戻している。

1　会社の計算

(1) 計算規定の趣旨

　合名会社・合資会社では、会社計算は、全部または一部の社員が会社債権者に対して直接無限責任を負うため基本的には会社の自治に委ねられている。これに対して株式会社では、会社財産が会社債権者にとって唯一の担保であり、会社財産の確保維持と会社の財務状況の正確な把握のための会社情報開示が、会社債権者保護機能として必要である。

　そのため、会社法は、株式会社の財産関係を明らかにするために、詳細な会社の計算規定を設けている（431条〜465条）。会社法の計算規定による規制の目的は、①株主および会社債権者への適切な企業会計情報の提供、②**剰余金の分配規制**である。前者は、株式会社は所有と経営が分離されており、その経営は取締役・執行役に委ねられるため、会社の経営成績・財政状況についての情報を株主、会社債権者に提供することにより、会社の経営や投資の継続性等について判断材料を提供するものである。会社財産は会社債権者にとっての唯一の担保財産であり、会社会計情報開示により確保されるものである。後者の剰余金の分配規制は、より多くの配当を望む株主と会社債権者の利害調整のためである。

　会社法の会計制度以外に金融商品取引法上の会計制度と税法上の会計制度がある。**金融商品取引法上**の会計は、証券市場における投資家保護のためであり、税法上の会計は、課税の公平性・確実性のためである。この3つの会計制度が相互に機能し合っている（**トライアングル体制**）。

(2) 会計の原則

　株式会社の財務情報の適正を図る一般的原則として、企業会計は、一般に公正妥当と認められる企業会計の慣行に従うものとする（431条）。会社法や法務省令による計算規定に明確な定めがない場合に、指針となる原則として機能するものである。

　「一般に公正妥当と認められる企業会計の慣行」とは、企業会計審議会が定めた「企業会計原則」、その他の会計基準である企業会計基準委員会（**公益財団法人財務会計基準機構**）が定めた「企業会計基準」等が一般に該当すると解される。「企業会計原則」等以外であっても、公正妥当と解されるものであれば、それに従った会計処理も認められる。中小企業の場合には「中小企業の会計に関する指針」が該当する。

2　会 計 帳 簿

(1) 会計帳簿の作成・保存義務
1）作成・保存義務

　株式会社は、法務省令（計算規則）で定めるところにより、適時に、正確な会計帳簿を作成・保存しなければならない（432条）。

　会計帳簿とは、会社の事業上の財産およびその価額を記載した帳簿で、計算書類とその附属明細書の作成の基礎となる帳簿をいう（会計規4条1項・59条3項）。会計帳簿には、日記帳、仕訳帳、総勘定元帳、また仕訳帳に代用される場合の各種の伝票が含まれる。

　会計の書類とは、「会計帳簿」に記入する際の材料となった書類その他会計帳簿を実質的に補充すると見るべき書類をいう。会計の書類には、納品書、請求書、領収書、その他の伝票などのほか、会計帳簿の記録材料として使用されている場合は、契約書や通信文書が含まれる。

　会計帳簿は、書面または電磁的記録をもって作成しなければならない（会計規4条2項）。保存について、会計帳簿の閉鎖のとき（**帳簿締切時**）から10年間、その会計帳簿およびその事業に関する重要な資料を保存しなければならない（432条2項）。重要な資料とは、契約書・請求書・領収書など事実関係や法律関

係を証明するために重要となる資料である。

2）裁判所による提出命令

　裁判所は、申立てによりまたは職権で、訴訟の当事者に対し、会計帳簿の全部または一部の提出を命ずることができる（434条。民訴法の原則では提出を申し立てる必要がある。民訴法219条。文書提出命令に従わない場合の効果、民訴法224条）。

（2）株主の会計帳簿等の閲覧・謄写請求権

1）少数株主権としての会計帳簿等の閲覧・謄写請求権

　総株主の議決権の100分の3以上（定款で要件の緩和は可能）または発行済株式総数（自己株式を除く）の100分の3以上（定款で要件の緩和は可能）の数の株式を有する株主は、会社の営業時間内は、いつでも、会計帳簿および資料（電磁的記録で作成されたときは、電磁的記録による情報を表示したもの）の閲覧・謄写の請求をなすことができる（433条1項前段）。親会社の社員・株主も裁判所の許可を得て閲覧・謄写の請求をなすことができる（433条3項）。

　株主の閲覧の対象となる会計帳簿・書類の範囲について多数説は、会計の帳簿とは、会社計算規則91条3項にいう「会計帳簿」と解し、会計の書類とは、「会計帳簿」に記入する際の材料となった書類その他会計帳簿を実質的に補充すると見るべき書類に限定されると解する。これに対して、会社の経理状況を示す一切の帳簿および書類が含まれ、会社法上作成が要求される会計帳簿に限定されないと解する説もある。

　閲覧・謄写の請求には理由を明らかにしてしなければならない（433条1項後段）が、その理由がどの程度具体的に記載されなければならないかについては、理由の記載は具体的で、また対象は具体的に特定されてなければならないと解する（最判平成2年11月8日判時1372号131頁）。多数説は、理由の記載は、会社が理由と関連性のある帳簿の範囲を知り、**閲覧拒否事由**に該当するか否かを判断する手がかりとなる程度具体的でなければならず、単に株主の権利の行使の確保または行使に関して調査をするためという記載では不十分であるとする。

2）会計帳簿等の閲覧拒否事由

　閲覧の濫用防止のため、会計帳簿等の閲覧拒否事由として、①当該請求を行う株主（以下、請求者）が株主の権利行使の確保または行使に関する調査以外の

10章　企業会計のルールとは

> ◎ notice：会計帳簿等の閲覧拒否事由（最判平成21年1月15日民集63巻1号1頁）
> 　旧商法293条の8第1項（433条3項）に基づき、子会社の会計帳簿等の閲覧謄写の許可を申請した親会社の株主につき、商法293条の7第2号が規定する拒絶事由があるというためには、当該株主に会計帳簿等の閲覧謄写によって知り得る情報を自己の競業に利用するなどの主観的意図があることを要するか争われた事例。判旨は、子会社の会計帳簿等の閲覧謄写許可申請をした親会社の株主につき、旧商法293条ノ8第2項が不許可事由として規定する同法293条ノ7第2号（433条2項3号）に掲げる事由があるというためには、当該株主が子会社と競業をなす者であるなどの客観的事実が認められれば足り、当該株主に会計帳簿等の閲覧謄写によって知り得る情報を自己の競業に利用するなどの主観的意図があることを要しないと判示している。

目的で請求を行ったとき、②請求者が、会社の業務の遂行を妨げ、株主共同の利益を害するため請求をしたとき、③株主が当該株式会社の業務と実質的に競争関係にある事業を営み、またはこれに従事するものであるとき（株主名簿等に同様の規定が新設。125条3項2号3号、252条3項3号）。④請求者が会計帳簿またはこれに関する資料の閲覧または謄写によって知り得た事実を利益を得て第三者に通報するため請求したとき、⑤請求者が、過去2年以内において、会計帳簿またはこれに関する資料の閲覧または謄写によって知り得た事実を、利益を得て第三者に通報したことのある者であると認めるべき相当の理由があることが立証できれば、請求を拒否することができる（433条2項）。

3　計 算 書 類

（1）計算書類等の作成・保存義務

　株式会社は、法務省令で定めるところにより、①その成立の日における貸借対照表を作成し（435条1項）、②各事業年度に係る計算書類および事業報告ならびにこれらの附属明細書を作成しなければならない（435条2項・3項）。計算書類は、貸借対照表および損益計算書、ならびに株主資本等変動計算書および個別注記表（会施規59条1項、後2者は会計規59条）である（図表10-1）。

　計算書類を作成したときから10年間、当該計算書類およびその附属明細書

図表10-1　計 算 書 類

書類	内容
1．貸借対照表	一定の時期における会社の財務状況を明らかにするため、資産・負債・資本を記載した書類。
2．損益計算書	一定期間に会社が獲得した収益と、それを得るために要した費用の明細やその期間における会社の経営成績を明らかにするもの。
3．株主資本等変動計算書	貸借対照表の純資産の部の各項目が一定期間内にどのように変動したかを示すもの。
4．個別注記表	上記1〜3を理解するために追加で必要となる事項を記載した書類。

を保存しなければならない (435条4項)。

（2）計算書類等の種類・内容

1) 貸借対照表

貸借対照表は、一定の時期における会社の財務状況を明らかにするためのものであり、**バランス・シート** (B/S) と呼ばれる。貸借対照表の表示方法としては、資産の運用結果を示す「資産の部」を左側（借方）に、資金調達先を示す負債の部および純資産の部を右側（貸方）とするのが一般的である（図表10-2）。

株式会社は、その成立の日、また事業年度の末日における貸借対照表を作成しなければならない（435条）。貸借対照表の記載事項は法務省令で定められている（435条2項。会計規72条〜86条）。

2) 損益計算書

損益計算書は、一定期間に会社が獲得した収益と、それを得るために要した費用の明細を記載し、その期間における会社の経営成績を明らかにするものである（図表10-3）。

3) 株主資本等変動計算書

株主資本等変動計算書は、会社法で新たに導入されたものであり、貸借対照表の純資産の部の各項目が、一定期間内にどのように変動したかを示すものである（会計規127条）。

10章 企業会計のルールとは

図表10-2 貸借対照表

【通則的事項】
　計算関係書類に係る事項の金額は、一円単位、千円単位または百万円単位をもって表示する。なお、表示単位未満の端数処理について注記することも考えられる。

[記載例]

貸借対照表
(平成○年○月○日現在)

(単位：百万円)

科目	金額	科目	金額
(資産の部)		(負債の部)	
流動資産	×××	流動負債	×××
現金及び預金	×××	支払手形	×××
受取手形	×××	買掛金	×××
売掛金	×××	短期借入金	×××
有価証券	×××	リース債務	×××
商品及び製品	×××	未払金	×××
仕掛品	×××	未払費用	×××
原材料及び貯蔵品	×××	未払法人税等	×××
前払費用	×××	前受金	×××
繰延税金資産	×××	預り金	×××
その他	×××	前受収益	×××
貸倒引当金	△ ×××	○○引当金	×××
固定資産	×××	その他	×××
有形固定資産	×××	固定負債	×××
建物	×××	社債	×××
構築物	×××	長期借入金	×××
機械装置	×××	リース債務	×××
車両運搬具	×××	○○引当金	×××
工具器具備品	×××	その他	×××
土地	×××	負債合計	×××
リース資産	×××	(純資産の部)	
建設仮勘定	×××	株主資本	×××
その他	×××	資本金	×××
無形固定資産	×××	資本剰余金	×××
ソフトウェア	×××	資本準備金	×××
リース資産	×××	その他資本剰余金	×××
のれん	×××	利益剰余金	×××
その他	×××	利益準備金	×××
投資その他の資産	×××	その他利益剰余金	×××
投資有価証券	×××	○○積立金	×××
関係会社株式	×××	繰越利益剰余金	×××
長期貸付金	×××	自己株式	△ ×××
繰延税金資産	×××	評価・換算差額等	
その他	×××	その他有価証券評価差額金	×××
貸倒引当金	△ ×××	繰延ヘッジ損益	
繰延資産	×××	土地再評価差額金	×××
社債発行費	×××	新株予約権	
		純資産合計	×××
資産合計	×××	負債・純資産合計	×××

出典) 社団法人　日本経済団体連合会ひな型。

図表10-3 損益計算書

[記載例]

損益計算書
(自平成○年○月○日 至平成○年○月○日)

(単位：百万円)

科目	金額	
売上高		×××
売上原価		×××
売上総利益		×××
販売費及び一般管理費		×××
営業利益		×××
営業外収益		
受取利息及び配当金	×××	
その他	×××	×××
営業外費用		
支払利息	×××	
その他	×××	×××
経常利益		×××
特別利益		
固定資産売却益	×××	
その他	×××	×××
特別損失		
固定資産売却損	×××	
減損損失	×××	
その他	×××	×××
税引前当期純利益		×××
法人税、住民税及び事業税	×××	
法人税等調整額	×××	×××
当期純利益		×××

出典）社団法人　日本経済団体連合会ひな型。

4) 個別注記表

個別注記表は、貸借対照表、損益計算書、株主資本等変動計算書に関する注記事項を記載する文書である（会計規128条）。

5) 事業報告書

事業報告書は、ある一定期間における事業状況の概要を文章で記載した報告書である（会施規117条以下）。計算書類には含まれず、会計監査人の監査対象にはならない（436条2項2号参照）。

6) 附属明細書

附属明細書は、計算書類および事業報告の記載内容を補充し、その主要な内訳を記載した文書である（435条、施行規則128条、会計規117条以下参照）。

公開会社の場合は、会社役員の兼務状況の明細は記載事項である（会施規128条。図表10-4）。

7）連結計算書類

連結計算書類は平成14年改正で導入され、情報提供の充実を図るもので、「その会社及びその子会社から成る企業集団の財産及び損益の状況を示すものとして法務省令で定めるもの」をいう（444条1項。連結貸借対照表、連結損益計算書、連結株主資本等変動計算書・連結注記表。会計規61条）。

会計監査人設置会社は各事業年度に作成することができる。一定の大会社では作成が義務づけられる（444条3項）。

（3）計算書類等の監査

株式会社では、計算書類等の適正であることを確保するために、監査役等の監査を受けなければならない（436条1項・2項）。取締役会設置会社では、取締役会の承認を受けなければならない（436条3項）。

図表10-4　附属明細書（計算書類関係）

【通則的事項】
1．該当項目のないものは作成を要しない（「該当事項なし」と特に記載する必要はない。）。
2．会社計算規則に規定されている附属明細書の記載項目は最小限度のものであるので、株式会社は、その他の情報について株主等にとり有用であると判断した場合には、項目を適宜追加して記載することが望ましい。ただし、通常の場合においては、これらの事項以外、特に記載すべき事項はない。

共通記載事項（すべての株式会社が附属明細書に記載すべき事項）
有形固定資産及び無形固定資産の明細
［記載例］

（単位：百万円）

区分	資産の種類	期首帳簿価格	当期増加額	当期減少額	当期償却額	期末帳簿価格	減価償却累計額
有形固定資産	○○	×××	×××	××× （×××）	××× （×××）	×××	×××
	○○	×××	×××	×××	×××	×××	×××
	計	×××	×××	×××	×××	×××	×××
無形固定資産	○○	×××	×××	×××	×××	×××	
	○○	×××	×××	×××	×××	×××	
	計	×××	×××	×××	×××	×××	

注）「当期減少額」欄の（　　）は内数で、当期の減損損失計上額（直接控除方式の場合）。
出典）社団法人　日本経済団体連合会ひな型。

（4）計算書類等の提供、取締役会・株主総会の承認

　取締役会設置会社においては、計算書類、事業報告書およびこれらの付属明細書は取締役会の承認を受けなければならない（436条3項）。取締役は、定時株主総会の招集の通知に際して、株主に対し、取締役会の承認を受けた計算書類および事業報告（監査役設置会社または会計監査人設置会社では、監査報告または会計監査報告）を提供しなければならない（437条）。そして、計算書類および事業報告を定時株主総会に提出し承認を受けなければならない（438条1項・2項）。会計監査人設置会社では、一定の条件を満たせば計算書類についての定時総会の承認は不要である（439条後段）。

（5）計算書類等の備置・閲覧・公告

　株式会社は、計算書類等を、定時株主総会の日の1週間（取締役会設置会社にあっては、2週間）前の日から5年間その本店に、定時株主総会の日の1週間（取締役会設置会社にあっては、2週間）前の日から3年間、その支店に備え置かなければならない（442条1項・2項）。

　株主および債権者は、株式会社の営業時間内は、いつでも、閲覧・謄写請求をすることができる（442条3項）。株式会社の親会社社員は、その権利を行使するため必要があるときは、裁判所の許可を得て、当該株式会社の計算書類等について閲覧・謄写請求をすることができる（442条4項）。

　法務省令により、定時株主総会の終結後遅滞なく貸借対照表（大会社は、貸借対照表および損益計算書）を公告しなければならない（440条1項）。大会社で金融商品取引法に基づく**有価証券報告書**の提出を義務づけられている株式会社は、**決算公告義務**は免除されている（440条4項）。

4　資本金と準備金

（1）資　本　金

　資本金とは、会社財産として確保すべき計算上の一定の額をいう。物的会社である株式会社の資本金は会社の信用の基礎ともなり、原則として設立または新株の発行に際して株主となる者が払込み・給付した金銭・財産の額で資本の

> ◎ notice：東芝虚偽記載不正会計と個人株主訴訟
> 　東芝の利益の2000億円を超える水増しなどの虚偽記載による不正会計問題で、株価が下落し損害を受けたとして、東京の個人株主など50人が、会社と旧経営陣におよそ3億円の賠償を求める裁判の第1回口頭弁論が平成28年3月東京地裁で開かれた。
> 　東京や北海道など15都道県の原告は有価証券報告書の虚偽記載によって平成20年度以降東芝株を購入し、訴状では「東芝は有価証券報告書に虚偽の事実を記載して投資家の判断を誤らせた。当時の役員らは利益のかさ上げという目的意識をもって、故意に虚偽の記載をした」などと主張。東芝の個人株主などは大阪と福岡でも計52人が計約2億6000万円の賠償を求めて集団訴訟を起こし、原告の数は100人あまりに上っていて、3月28日には新たに150人以上の個人株主と元株主が各地で提訴予定。
> 　東芝自身も旧経営陣に計32億円の賠償を求める訴訟を起こしている。東芝は平成15年6月委員会設置会社（現在の指名委員会等設置会社）を設置していた。
> 　金融庁は、平成27年の決算書に経営者の指示による不正会計があることが判明し、会計監査担当の新日本有限責任監査法人に21億円の課徴金と3か月の契約の新規締結の禁止などの業務の停止処分を行い、東芝に係る有価証券報告書等の虚偽記載に対しては、金73億7350万円の課徴金納付命令を決定している。

額に組み入れられた部分である（445条1項）。株主となる者が払込み・給付した金銭・財産の額は、貸借対照表上の資本金として計上され、会社の登記簿に登記される（911条3項5号）。ただし、この払込み・給付に係る額の2分の1を超えない額は、資本金として計上しないで資本準備金とすることができる（445条2項）。

（2）準　備　金

　資本金額に相当する財産のほかに、準備金を確保することによって、企業内の資金的充実を図り、不確定な企業経営の変動に備えるものである。この**準備金**には、**資本準備金**と**利益準備金**がある。上述の資本金として計上しないこととした額は、資本準備金として計上しなければならない（445条3項）。

　剰余金の配当をする場合には、株式会社は、法務省令で定めるところにより、資本金額の4分の1に達するまで、当該剰余金の配当により減少する剰余金の額の10分の1を資本準備金または利益準備金として増加させて計上しなけれ

図表10-5　株主資本の種類

株主資本	資本金		
	資本剰余金	資本準備金	
		その他資本剰余金	
	利益剰余金	利益準備金	
		その他利益剰余金	任意積立金
			繰越利益剰余金
	自己株式		

注）株主資本は、資本金、資本剰余金、利益剰余金から構成される。
出典）中小企業庁『「中小会計要領」の手引き』20ページ。

ばならない（445条4項）。

（3）資本金・資本準備金の減少

　資本金の減少は、会社の基礎的変更で、会社債権者保護のため、株式会社は、株主総会の特別決議と債権者保護手続によって資本金の額を減少することができる（447条1項・309条2項9号）。株式の発行と同時に資本金の額を減少する場合において、当該**資本金の額の減少**の効力が生ずる日後の資本金の額が当該日前の資本金の額を下回らないときは、取締役の決定（取締役会設置会社にあっては、取締役会の決議）で可能である（447条3項）。

　資本準備金の減少には、①株主総会の普通決議か（448条1項）、または、株式の発行と同時に準備金の額を減少する場合において、当該準備金の額の減少の効力が生ずる日後の準備金の額が、当該日前の準備金の額を下回らないときは、②取締役の決定（取締役会設置会社にあっては、取締役会の決議）で可能である。③資本金および準備金の減少は、会社債権者にとって重大な利害関係を有するので、債権者保護手続が定められている（449条）。ただ、欠損塡補のための準備金減少は、会社債権者も了解すべきで、債権者保護手続を要しない。

　資本金・資本準備金の減少の効力は、資本金等の減少決議で定めた資本金額等の効力発生日または債権者保護手続が完了した日のいずれか遅い日に発生する（449条6項）（図表10-5）。

5　剰余金の配当

(1) 剰　余　金

剰余金は、貸借対照表では純資産の部の**資本剰余金**および**利益剰余金**をいう。株式会社では、事業活動によって獲得した利益を株主に分配しなければならない（会社の営利性。105条1項1号・2号）。獲得利益の株主への分配方法としては、会社解散時の残余財産の分配と剰余金の配当がある（504条・453条）。株主は投資を目的としており、会社は、通常、企業の継続を原則とするため、獲得利益の株主への分配としては剰余金の配当の方が合理的である。

剰余金の配当方法としては、金銭による配当が通例であるが、現物配当（金銭以外の財産による配当）も可能である。

(2) 剰余金の分配額の算定

剰余金の株主への配当は、会社財産が社外に流出するため、会社財産を唯一の担保財産とする会社債権者との利害調整が必要となる。そこで会社法は、剰余金を分配するためには、剰余金の額（資産－(負債＋資本金＋準備金)。会計規177条ほか参照）を計算し、その後、株主への剰余金の配当の上限となる**分配可能額**を算定するよう規定する（453条）。

分配可能額は、基本的に以下のように計算される（461条2項1号・3号・4号・6号。会計規158条）。

　　　　分配可能額＝剰余金－自己株式の帳簿価額

剰余金があっても純資産額が300万円未満の場合、剰余金の分配をすることはできない（458条）。最低資本金制度が廃止されたことに伴う会社債権者保護のためである。

(3) 剰余金の分配手続と中間配当

会社は、分配可能額の範囲内で、いつでも剰余金の配当をすることができる（453条）。配当の決定は、原則として株主総会の普通決議により行う（454条1項）。決議では、配当財産の種類（その会社の株式、社債、新株予約権を除く）およ

び帳簿価額の総額、株主に対する配当財産の割当てに関する事項、および剰余金の配当の効力発生日を定めなければならない。ただし、株主に金銭配当請求権を与えずに現物配当を行う場合は、特別決議が必要である（454条4項・309条2項10号・459条1項4項ただし書）。期末配当が一般的である。

取締役会設置会社は、1事業年度の途中において1回に限り取締役会の決議によって中間配当（配当財産が金銭であるものに限る）をすることができる旨を定款で定めることができる（454条5項）。

（4）違法配当の責任

違法配当（たこ配当）には、分配可能額を欠く場合、決定手続に瑕疵がある場合、株主平等の原則に違反する場合などがあるが、通常は、会社債権者を害するおそれがある**財源規制**に違反して剰余金の配当がなされた場合をいう。そこで会社法は、会社は、株主に対して返還を請求できる。しかし、実際上は多数の株主からの返還は困難なので、分配可能額を超えて剰余金を配当した業務執行者（業務執行取締役、執行役）は、会社に対し、連帯して当該金銭等の交付を受けた者が交付を受けた金銭等の帳簿価額に相当する金銭を支払う義務を負うとしている（462条1項）。分配議案の株主総会への提出に同意した取締役、取締役会決議に賛成した取締役も同様の責任を負う。この填補責任は過失責任であるが、立証責任の転換がなされており、その職務を行うについて注意を怠らなかったことを証明できれば責任を負わない（462条2項）。

設　問
① 株式会社が各事業年度に企業会計に関し作成する書類にはどのようなものがあるか。
② 会社法上の配当手続はどのように行われるか。
③ 分配可能額はどのように算出されるか。
④ 違法配当の責任と効力はどのように考えられるか。

【参考文献】
江頭憲治郎『株式会社法（第6版）』有斐閣、2015年
長島・大野・常松法律事務所編『アドバンス会社法』商事法務、2016年
森・濱田松本法律事務所編『会社の計算（第2版）』中央経済社、2015年

11 章

会社はどのように資金を調達するのか

【導入判例】 非公開会社における募集株式の発行と株主総会の決議（最判平成24年4月24日民集66巻6号2908頁）

〔事実〕 Y会社（非公開会社）は、その会社の株式の上場を予定して、役員にストック・オプションを交付することを株主総会の特別決議で承認したが（旧商法280条ノ20、280条ノ21および280条ノ27）、その後、上場が不可能になった時点で、Y会社は取締役会の決議でもって、本件新株予約権の行使条件としての上場条件を撤廃するなどの決議を行った。それに対して、Y会社の株主Xが本件の新株予約権の行使による株式の発行は無効であると主張して訴えを提起したものである。

〔判旨〕「会社法上、公開会社（同法2条5号所定の公開会社をいう。以下同じ。）については、募集株式の発行は資金調達の一環として取締役会による業務執行に準ずるものとして位置付けられ、発行可能株式総数の範囲内で、原則として取締役会において募集事項を決定して募集株式が発行される（同法201条1項、199条）のに対し、公開会社でない株式会社（以下「非公開会社」という。）については、募集事項の決定は取締役会の権限とはされず、株主割当て以外の方法により募集株式を発行するためには、取締役（取締役会設置会社にあっては、取締役会）に委任した場合を除き、株主総会の特別決議によって募集事項を決定することを要し（同法199条）、また、株式発行無効の訴えの提訴期間も、公開会社の場合は6箇月であるのに対し、非公開会社の場合には1年とされている（同法828条1項2号）。これらの点に鑑みれば、非公開会社については、その性質上、会社の支配権に関わる持株比率の維持に係る既存株主の利益の保護を重視し、その意思に反する株式の発行は株式発行無効の訴えにより救済するというのが会社法の趣旨と解されるのであり、非公開会社において、株主総会の特別決議を経ないまま株主割当て以外の方法による募集株式の発行がされた場合、その発行手続には重大な法令違反があり、この瑕疵は上記株式発行の無効原因になると解するのが相当である」。

〔問題のポイント〕

最高裁は、これまで募集株式の無効事由について公開会社と非公開会社とを一般には区別しないで取り扱ってきたが（最判平成6年7月14日判時1512号178頁参照）、本判例は非公開会社にいて、特に既存の株主の支配に関わる権利を重視したものであり、注目すべき判例である。

公開会社においても、平成26年改正により、募集株式の割当てにより特定の株主の

議決権が総議決権株式数の2分の1を超える場合には、10分の1以上の議決権を有する株主の反対意見があれば、原則として、株主総会での決議が必要になったが（260条の2）、これは既存株主の支配権が募集株式の発行（特に第三者に対する発行）により希釈化することを防止することを目的としている。この規定は、これまで募集株式の発行をもっぱら資金調達の観点で捉え、募集株式の発行を取締役の業務執行行為として捉えてきた見解を修正し得るものであり、公開会社でも当該少数株主の反対意見を無視して（株主総会の決議なくして）発行された場合には、発行無効の原因（828条1項2号・3号等参照）となり得ることも考えられる。

1 総　　説

（1）資金調達の手段

　企業が経済活動に必要な資金を調達する手段として、外部金融と内部金融がある。会社の外部から資金を調達する外部金融として、株式発行（増資）、社債発行、コマーシャル・ペーパー（CP）の発行、借入金、企業間信用（支払手形）などがある。会社内部から資金を調達する内部金融として、利益の内部留保、利益準備金、資本準備金、引当金、減価償却等などがある。

　利益の留保、減価償却計算を通しての減価償却基金、諸引当金等の名目での利益の内部留保による資金でもって必要な資金をまかなうことを、特に自己金融と呼ぶことがある。**自己金融**は、株式・社債および借入金等による外部からの資金の調達とは異なり、企業の諸活動によって獲得された利潤を留保して、それを再び営業資本に回すものである。

　また、株式発行による資金調達（エクイティ・ファイナンス）と内部留保の合計を自己資本と呼び、外部資金のうち株式発行を除く負債（借入金、社債、CPなど）の発行による資金調達（デット・ファイナンス）の部分を他人資本と呼ぶ。

　近時の大企業では、設備投資の大部分が内部金融で調達され、外部金融の中でも銀行借入れの比率が低下し、株式、社債を中心とする有価証券の発行による調達が増加している。

　貸借対照表の総資本から負債を除いたものが「自己資本」と呼ばれている。自己資本比率は総資産に対する自己資本の割合である。銀行等については、一

定の自己資本比率が要求されている（銀行法14条の2に基づく銀行がその保有する資産等に照らし自己資本の充実の状況が適当であるかどうかを判断するための基準〔平成18年金融庁告示第19号〕等を参照）。

なお、新株発行（募集株式の発行）は、出資の払込みが前提となり、資金調達を目的とするが、払込みを伴わない（資金調達を目的としない）新株発行もある。その特殊な新株発行として、株式の分割（183条）、株式無償割当て（185条）、取得請求権付株式等の取得（108条2項5号ロ）、新株予約権の行使（280条）、合併等の組織再変更に際して発行される株式（749条1項2号イ）が挙げられる。

（2）株式の発行と自己株式の処分

「募集株式の発行等」（2章8節）は、会社設立後の株式の発行（新株発行）と**自己株式の処分**を同じ手続の下で規制している（199条1項）。新株発行と自己株式の処分とは異なるが、自己株式の処分に関わる既存の株主への影響は新株発行と変わらないため（例えば、自己株式が特定の第三者に譲渡〔処分〕されれば、特定の第三者に引受権を与えて新株を発行する場合と、既存の株主の持株比率や株式価値への影響は変わらない）ことから、会社法はそれらを同一の手続の下に規定している。

（3）募集株式の発行の方法

募集株式の発行の方法には、①**株主割当て**、②**公募（時価発行）**、および③**第三者割当て**の3つの方法がある。わが国では、1970年代までは、上場会社を中心とする大規模な会社の発行形態は①が中心であったが、それ以後、②が大きなウエイトを占めるようになった。③は、一般に企業提携のために用いられることから、企業の再編が盛んな時期には多く利用されるという傾向がある。

1）株主割当て

既存の株主に、**株式の割当てを受ける権利**を与え、その持株比率に応じてその権利を付与するものである（例えば、すでに100株を発行している会社が新たに100株を発行する場合、10株を所有する株主には10株の株式を引き受ける権利が付与されることになる）。この方法による場合には、発行価額（払込金額）は時価を下回ることが多い。

この方法では、株主はその有する持株比率に応じて株式の割当てを受けるた

め、割り当てられた株式について払込みをする限りにおいて、当該株主の持株比率は原則として低下しない。また、発行済株式総数が増えれば、それに伴い企業価値が増加しない限り、1株当たりの株式の価値は低下するが、既存株主の持株数は増えるため、全体としては経済的価値の低下という不利益を受けない。

2）公募（時価発行）

特定の者に株式の割当てを受ける権利を与えずに、広く一般から株式引受人を募集するものである。不特定かつ多数の投資家に対し、新たに発行される有価証券の取得の申込みを勧誘することを募集といい（金商法2条3項）、これを通常は公募と呼んでいる。公募は、発行者が自ら取得の申込みの勧誘を行う直接募集と、証券会社等の第三者に募集を委託し、第三者が当該有価証券の引受けまたは募集の取扱いを行う間接募集（委託募集）とに分類される。新株の発行や社債の発行は一般に間接募集の形で行われる。実際には、会社は証券会社に募集株式をすべて引き受けてもらい、証券会社がそれを売り捌くという形態（いわゆる買取引受け）がとられている。

発行価額（払込金額）は、通常は、市場の時価かまたはそれを少し下回る価格で発行されることから、時価発行と呼ばれることがある。

3）第三者割当て

特定の第三者に株式の割当てを受ける権利を与えて発行するものである。これは取引先との間で関係を強化したり、関連会社となるなど、いわゆる企業提携のために用いられることが多いが、敵対的買収への対抗策として利用されることがあり、会社法上問題となることが多い。

公開会社では、**特に有利な払込金額**（199条3項）の場合には、この形態の発行には株主総会の決議を要するが、特に有利でなければ取締役会の決議で足りることから（201条1項）、特定の第三者に多くの株式を発行することにより、会社の支配的株主の異動が生じうる。そこで、<u>会社法は、募集株式の引受人が総株主の議決権の2分の1を超える株式を保有する結果となる場合には、一定の株主の反対があれば、株主総会での承認を要することとなった</u>（206条の2）。

(4) 募集株式の発行と株主の利害状況

　募集株式の発行に際して、既存の株主に株式の割当てを受ける権利が与えられない②公募や③第三者割当てがなされる場合、既存の株主は、自己の有する株式の発行済株式総数に対する割合（持株比率）が低下する。さらに、発行株式数が増加することで、株式の時価も低下することが多い。そのことで、経済的な損失を被ることにもなる。このように、新株発行に際しては、会社にとって効率的な資金調達を図るという目的と既存株主の利益が対立することが多い。

　会社法は、公開会社において、基本的には既存の株主に株式の割当てを受ける権利を保障していない。取締役会が新株発行を決定し（201条1項）、既存の株主には通知または公告すれば足り（201条2項・3項）、第三者に特に有利な発行価額で発行する場合にのみ株主総会の特別決議を必要としている（201条1項・199条3項）。第三者に対する有利発行があれば、会社が新株発行で資金調達できる金額が少なくなり、資金調達という新株発行の本来の目的に反するだけではなく、既存株主にとってはその差額分に相当する株式価値の低下が生じることになるからである。このため、会社法は、この特別決議のほかに、不公正な払込金額で引き受けた第三者の差額支払責任（212条1項）等の規定を置いている。

　他方、非公開会社では、各株主の持株比率も高く、また株式の譲渡も容易でないために、原則として既存の株主は新株引受権を有することが前提とされており、第三者への新株発行に際しては株主総会の特別決議を要する（199条2項）として、既存の株主には持株比率の低下および株価低下を直接・間接に防止しようとしている。

2　募集株式発行等の手続

　募集株式の発行等の手続は、公開会社と非公開会社とで区別されている。

(1) 非公開会社での募集事項の決定

　株式の発行および自己株式の処分において、①募集株式の数（種類株式では募集株式の種類・数）、②募集株式の払込金額（募集株式1株と引換えに払い込む金銭ま

たは給付する金銭以外の財産の額）またはその算定方法、③金銭以外の財産を出資の目的とする現物出資のときはその旨ならびに当該財産の内容および価額、④募集株式と引換えにする金銭の払込みまたは金銭以外の財産の給付の期日またはその期間、⑤株式を発行するときは増加する資本金・資本準備金に関する事項を決定しなければならないが、その決定には株主総会の特別決議が必要である（199条1項・2項、309条2項5号）。

　②の払込金額が募集株式を引き受ける者に**特に有利な金額**である場合には、取締役は、募集事項を定める株主総会において、それを必要とする理由を説明しなければならない（199条3項）。

　ただし、臨機応変に株式の発行を可能とするために、当該株主総会において募集株式の数の上限と払込金額の下限を定めるだけで、募集事項の決定を取締役（取締役会設置会社では取締役会）に委任することができる（200条1項）。払込金額の下限が募集株式を引き受ける者に特に有利な金額である場合には、取締役は当該金額でその者を募集することを必要とする理由を説明しなければならない（200条2項）。

（2）公開会社における募集事項の決定とその特則

　公開会社における募集事項は、募集株式の払込金額が引受人に特に有利な金額である場合を除き、取締役会で決定する（201条1項）。

　<u>公開会社において、募集株式の引受けにより、当該引受人（特定引受人）の有する議決権の数が、総株主の議決権数の2分の1を超えるとき、すなわち募集株式の発行により支配株主に異動が生じる場合には、会社は、原則として、特定引受人に関する事項を、募集株式の払込期日（または払込期間の初日）の2週間前までに、株主に対して通知または公告をしなければならない（206条の2第1項～第3項）。総株主の議決権の10分の1以上の議決権を有する株主が、通知・公告から2週間以内に、当該募集株式の発行に反対の旨を通知したときは、会社は株主総会の決議（同条5項）により承認を受けなければならない（同条4項）。ただし、会社の財産状態が著しく悪化している場合において、当該募集株式の発行が会社の存立を維持するうえで緊急の必要があるときは、この特則は適用されない（同条4項ただし書）。</u>

なお、「特に有利な払込金額」か否かの判断について、上場会社のように株式の市場価格が存在する場合には、一般的には市場価格を基礎に予定している募集株式の発行が成功するか否かという、いわゆる消化可能性をも考慮して決定されることは認められるが（最判昭和50年4月8日民集29巻4号350頁）、このような市場価格がない場合にはその判断は難しい。判例では、会社の資金調達の方法としては、第三者割当てあるいは株主割当てによる新株発行や、金融機関等からの借入れなど多様な方法が存在する中で、将来の利益配当や金利の負担といった資金調達のコスト、資金調達の確実性や容易性、将来の全体的な事業計画や資金計画、取引先との関係などを総合的に勘案して、最も適当と考えられる方法を選択すべきものであるから、資金調達の必要性が認められ、取締役の資金調達方法の選択に著しい判断の誤りが認められず、また、必要な手続を履践している限り、取締役の**経営判断**は尊重されるべきである、と解されている（東京地判平成6年3月28日判時1496号123頁、最判平成27年2月19日民集69巻1号51頁）。

（3）株主割当てにおける決定事項

　株主に株式の割当てを受ける権利を与える株主割当てでは、募集事項（199条1項）のほかに、①募集株式の申込みをすることでその割当てを受ける権利を与える旨、②募集株式引受けの申込みの期日を定めなければならない（202条1項）。その決定により、株主はその有する株式の数に応じて、募集株式の割当てを受ける権利を有することになる（同条2項）。持ち株数に応じて割り当てても端数が生じる場合には切り捨てられる。

　この募集事項の決定機関は公開会社では常に取締役会である（202条3項3号）が、非公開会社では、その機関について定款の定めがあれば取締役（取締役会設置会社を除く）または取締役会で、定款に定めがなければ株主総会である（202条3項1号・2号・4号）。

（4）募集株式の申込み・割当て

　会社は、募集株式について申込みがあったときは、申込みをしようとする者に対して、募集事項等を通知しなければならない（203条1項）。もっとも、会

社が金融商品取引法上の目論見書を交付している場合には、その必要はない（同条4項）。申込みをする者は、その氏名や引き受けようとする株式の数を記載した書面を会社に交付しなければならない（同条2項。電磁的記録の提供は同条3項）。

会社は、次に、申込者の中から割当てを受ける者、割り当てる募集株式の数を定めることになる（204条1項）。割当数は、払込みまたは給付期日（期間を定めたときはその期間の初日）の前日までに申込者に通知されなければならない（同条3項）。

申込者は、以上の募集株式の申込み・割当手続を経て、会社によって割り当てられた募集株式の引受人となる（206条）。もっとも、総額引受契約を締結した場合には、申込み・割当手続は不要である（205条1項）。

(5) 出資の履行

募集株式の引受人が金銭で払込みをするときは、払込期日または期間内に（199条1項4号）、会社が定めた銀行等の払込取扱場所において、払込金額全額を払い込まなければならない（208条1項）。また、**現物出資**を行う場合には、同じく、払込期日または期間内に、払込金額の全額に相当する財産を給付しなければならない（同条2項）。

なお、現物出資について定めたとき（199条1項3号）は、募集事項の決定の後遅滞なく、その財産の価額を調査させるため、裁判所に検査役の選任を申し立てなければならない（207条1項）。裁判所は、この申立てがあったときは、これを不適法として却下する場合を除いて、検査役を選任しなければならない（同条2項）。ただし、現物出資財産の価額が500万円を超えないときはその手続を要しないなど、会社設立における現物出資規制と同じ取扱いがなされている（207条9項・33条10項参照）。

募集株式の引受人は、払込みまたは給付する債務と会社に対する債権とを相殺することはできない（208条3項）。引受人が出資の履行をしないときは、募集株主の株主となる権利を失うことになる（同条5項）。つまり、払込みがあった限度で発行の効力が生じることになる（打切り発行）。出資をすることにより募集株式の株主となる権利（権利株）の譲渡は、会社に対抗することはできな

い（同条4項）。

（6）払込みの仮装（見せ金）

　募集株式の引受人が払込みを仮装した場合または現物出資財産の給付を仮装した場合において、当該募集株式の引受人およびその仮装に関与した取締役（指名委員会等設置会社における執行役を含む）は、仮装した払込金額の全額の支払いまたは現物出資財産の給付（または現物出資財産の価額に相当する金銭の支払い）をしなければならない（213条の2・213条の3）。また、この義務が履行されなければ、株主の権利を行使することはできない（209条2項）。もっとも、取締役・執行役（出資の履行を仮装した者を除き）は、その職務を行うについて注意を怠らなかったことを証明できたときは、その支払義務を免れる（213条の3第1項ただし書）。

　見せ金による払込みは**預合い**（965条）の脱法行為として一般に無効と解されてきた（最判昭和38年12月6日民集17巻12号1633頁）。しかし、会社法は上のように支払義務を規定したことから、無効と解することは難しくなった（無効であれば、募集株式の引受人は失権することになり、支払義務は生じない）ことから、有効であるが支払義務が履行されないうちは株主としての権利を行使できないものと解さざるを得ない。

（7）募集株式の引受人が株主となる時期

　募集株式の引受人は、払込期日または払込期間内に出資を履行したときは、その日において募集株式の株主となる（209条1項）。

（8）募集株式の発行等における瑕疵と救済

　募集株式の発行等は、株主の支配権や経済的利益に関係することから、会社（経営者）と株主あるいは多数株主と少数株主間において利害対立が生じやすく、違法または不公正な発行として問題となることが多い。

1）募集株式の発行等を止めることの請求

　募集株式の発行または自己株式の処分が、法令・定款に違反する場合あるいは著しく不公正な方法で行われる場合、そのことで株主が不利益を受けるおそ

れがあるときは、株主は、会社に対して、その発行または処分を止めるように請求することができる (210条)。差止めは、新株発行を事前に差し止めるものであるから、新株発行の効力を生じるときまでに請求されなければならず、実際には、**差止めの仮処分**申請 (民保23条2項) でもって行われる。

特に公開会社においては、発行等の手続に瑕疵があっても、発行されればその効力を無効とすることは難しいことから、差止請求は重要な意味をもっている。

「法令違反」として、①取締役会の決議を欠く場合 (201条1項)、②募集事項の通知・公告を欠く場合 (201条3項・4項)、③株主総会決議が必要であるにもかかわらずそれを経ない発行 (199条2項・206条の24項)、④現物出資につき必要な手続をとらない発行 (207条) などが考えられる。「定款違反」として、⑤定款に定めた発行可能株式総数や種類に反する発行などが考えられる。「著しく不公正な方法」として、⑥現経営者が自らの支配権を維持するために新株を発行して、それを自派の者に割り当てる場合、⑦不必要に大量の端株が生じるような募集株式の発行などが考えられる。特に争いの対象となるのは⑥である。

支配権の争奪に関わり経営者が自派の者または多数派に友好的な者に第三者割当てを行うことは「**著しく不公正な発行方法**」と解されている。ただし、同時に資金調達の必要性も認められる場合には、どちらが「主要な目的」かでもって判断される。これまでの判例では、会社の資金調達の必要性が認められれば、会社・経営者の支持派に割り当てられ、結果的に反対派の持株比率が低下しても「著しく不公正な発行方法」と捉えないとする判例もあったが (新潟地判昭和42年2月23日判時493号53頁)、最近では、資金需要の必要性をより厳格に捉える判例も現れている (東京地判平成元年7月25日判時1317号28頁、山口地宇部支判平成26年12月4日金判1458号34頁)。

2) 募集株式発行等の無効・不存在確認請求

会社成立後の株式の発行および自己株式の処分に関わる行為の無効を求める訴えは、株式発行の効力が生じたときから6か月以内に (非公開会社では1年)、当該会社の株主のみが提訴することができる (828条1項2号・3号および同条2項2号・3号)。この訴えは、判決によってのみ権利関係・法律関係の変動させる効力が生じる (つまり、株式の発行等の無効を認める確定判決があって初めて無効という

効果が生じる）**形成訴訟**である。したがって、提訴期間がすぎれば、無効とすべき事由があっても、無効を争えないことになる。これは、発行等の手続の公正さを確保しつつ、法律関係の安定性・取引の安全を確保しようとするものである。

　これまでの判例で認められた主な**無効原因**として、①定款所定の発行可能株式総数を超過した発行（東京地判昭和31年6月13日下民集7巻6号1550頁）、②非公開会社において、株主総会の特別決議を経ないまま株主割当て以外の方法による募集株式の発行がされた場合（最判平成24年4月24日民集66巻6号2908頁）、③募集事項の通知・公告（201条3項・4項）を欠き、当該通知・公告以外に差止事由がない（差止めが認められない）場合でないとき（最判平成9年1月28日民集51巻1号71頁）、④募集株式の発行等の差止仮処分命令に違反して発行がなされた場合（最判平成5年12月16日民集47巻10号5423頁）などが挙げられる。

　逆に無効原因となることが認められなかったものとして、⑤募集株式の発行に有効な取締役会決議がなくても、募集株式の発行に会社を代表する権限のある取締役が新株を発行した場合（最判昭和36年3月31日民集15巻3号645頁）、⑥著しく不公正な方法で発行された場合（最判平成6年7月14日判時1512号178頁）、⑦募集株式の引受人への特に有利な払込金額での発行にもかかわらず株主総会の特別決議を欠く場合（最判昭和46年7月16日判時641号97頁）などがある（ただし、②の非公開会社では無効事由になると解されているので、これは公開会社に当てはまることになる）。

　商業登記簿上発行済株式の総数等の変更登記がなされているが（911条3項9

◎ **notice：募集株式の発行等に関わる無効事由**
　募集株式の発行等が無効となれば、払込みも無効となることから、現在その株式を所有している株主の株式も無効となり、その事後処理も必要となり（840条・841条参照）、また一旦出資された財産の返還が伴うことから会社財産が実質的に減少することにもなる。だからこそ、無効事由を厳格に解されているといえるが、逆に厳格すぎると、募集株主の手続が遵守されなくなるおそれもあり、かつ（特に既存の少数）株主の利益が無視されることにもなる。このようなことから、募集株式の発行等が効力を生じる前にその差止め（210条）を求めることがますます重要となっている。

号・915条1項)、実際には募集株式の発行や自己株式の処分がなされていないと判断できるような場合には、当該行為が存在しないことの確認(不存在確認)の訴えをもって請求することができる(829条)。

3) 不公正な払込金額で株式を引き受けた者等の責任

募集株式の引受人は、①取締役(指名委員会等設置会社では取締役または執行役)と通謀して、著しく不公正な払込金額でもって募集株式を引き受けた場合には、その払込金額と当該募集株式の公正な価額との差額に相当する金額を、また、②出資を履行して募集株式の株主になったときに、その給付した現物出資財産の価額が募集事項の決定に際しての価額(199条1項3号)に著しく不足する場合には、その不足額を、支払う義務を負う(212条1項)。②の場合において、その引受人が、給付価額が著しく不足することを知らず、かつ知らないことに重大な過失がないときは、募集株式の引受けの申込みまたは総数引受契約(205条1項)に係る意思表示を取り消すことができる(同条2項)。

②においては、さらに取締役等の**塡補責任**が定められているが(213条)、①については、不公正な払込金額で募集株式等の発行を行うことが取締役の任務懈怠と解されることから、それに関与した取締役は会社または第三者に対してその差額に相当する損害またはそのことにより生じた他の株主の損害を賠償する責任を負わなければならないことが考えられる(423条1項・429条1項)。

4) 現物出資財産等の価額不足についての取締役の塡補責任

現物出資財産の価額不足の場合には、当該現物出資給付者だけではなく、取締役等も塡補責任を負う(213条)。①当該募集株式の引受人募集の職務を行った業務執行取締役(指名委員会等設置においては執行役)その他その業務執行取締役の業務執行に職務上関与した者として法務省令で定めた価額の決定に関わった取締役等、②現物出資財産の価額の決定について株主総会の決議があったときは、その株主総会に議案を提出した取締役として法務省令で定める者、③現物出資財産の価額の決定に関する取締役会の決議があったときは、その取締役会に議案を提出した取締役または執行役として法務省令で定める者は、不足額を支払う義務を負う(213条1項、会施規44条〜46条)。

ただし、現物出資財産の価額について検査役の調査を経た場合、もしくは取締役等がその職務を行うについて注意を怠らなかったことを証明した場合には、

支払義務を免れる（213条2項）。さらに、現物出資財産について募集事項の決定において定められた価額が相当であるとの証明をした者も不足額を支払う義務を負う（同条3項）。

3　新株予約権

(1) 総　　説

　新株予約権は、平成9年の商法改正に際して役員等に対する業績連動型の報酬（ストック・オプション）として認められたが、平成13年改正では、それに限らず発行できることになった。会社法上、新株予約権は「この権利を付与された新株予約権者がそれを行使することによりその会社の株式の交付を受けることができる権利」と定義づけられている（2条21号）。すなわち、新株予約権を行使するか否かは予約権者の自由に委ねられているが、予約権者は所定の期間内に払込金額を払い込み（236条1項・246条）、会社はその者に対して新株を発行するか保有自己株式を交付することになる。ただし、新株予約権は無償で発行されることもある（277条）。新株予約権の譲渡は可能である（254条1項）。

　新株予約権は、これまでストック・オプションとして利用されるほか、**敵対的買収**への対抗策として（あるいは広く企業提携のために）利用されてきたが、最近では、資金調達の一手段として利用されつつある。これは「**ライツ・イシュー（ライツ・オファリング）**」とも呼ばれるが、既存株主に対して時価よりも低い価格で新株を買える権利（新株予約権＝ライツ）を無償で割り当て、増資に応じる既存株主は予約権を行使して現金を企業に払い込んで新株を受け取ることができるのに対して、増資に応じたくない（応じられない）既存株主は予約権市場でこの権利を売却して現金を受け取ることができる（これは株主割当増資に近く既存株主の権利を保護することにつながるが、コミットメント型とノンコミットメント型に分かれ、コミットメント型は権利行使されずに残ったライツについて、引受証券会社がすべて取得したうえで、権利行使することを内容とする契約が締結されている場合で、ノンコミットメント型はそのような契約がない場合であり、近時後者が予約権者保護との関係で問題となっている）。

（2）新株予約権の発行と募集事項の決定

　会社が新株予約権を募集しようとするときには、その新株予約権の数、払込金額、行使期間等の事項（238条1項）を、株主総会または取締役会で決めなければならない（238条2項・240条1項）。すなわち、非公開会社では、原則として株主総会の特別決議（238条2項。ただし、株主割当てについては241条3項）、公開会社では、株主以外の第三者に対して特に有利な金額または条件で発行する場合を除き、募集事項の決定は取締役会の決議による（240条1項）。ただし、公開会社において、支配株主の異動を伴う募集新株予約権の発行等を行う場合には、募集株式の発行と同じ手続をとる必要がある（244条の2）。

　ストック・オプションが利用される場合には、通常払込みは求められないが、役員報酬の決議に際して新株引受権の公正な価額が示されている場合には、特に有利なものとはいえない。

1）新株予約権の申込み・割当て・払込み

　新株予約権の申込みをしようとする者は、会社からの通知を受けた後、その氏名等を記載した書面で行わなければならない（242条1項・2項）。

　申込みを受けた会社は、割当てを受ける者、その者への割当数を定め、申込者に通知をする（243条1項・3項）。既存の株主に新株予約権の割当てを受ける権利を与えた場合（241条）には、割当てを受けた株主は申込日までに申込みをしなければその割当てを受ける権利を失うことになる（243条4項）。ただし、会社が発行する新株予約権の総数を引き受ける場合には、申込み・割当ての手続は必要でない（244条1項）。

　新株予約権者は払込期日までに払込金額の全額を支払わなければならない（246条1項）。ただし、会社の承諾があれば、払込みに代えて金銭以外の財産を給付し、また会社に対する債権と相殺することができる（同条2項）。

2）新株予約権原簿と新株予約権証券の発行

　会社は、新株予約権を発行した日以後遅滞なく新株予約権原簿を作成し、無記名式の新株予約権証券が発行されている場合や記名式の証券が発行される場合に応じて、証券の番号や予約権者の氏名等をその原簿に記載しなければならない（249条）。会社はその作成した新株予約権原簿を本店に備え置き、株主および債権者はその謄写・閲覧を求めることができる（252条1項～3項）。

3）新株予約権の譲渡等

① **譲渡**　新株予約権は原則として自由に譲渡が可能である（254条1項）が、株式と同じく、譲渡を制限することもできる（262条）。もっとも、新株予約権証書が発行されているときは、新株予約権の譲渡には、その証書の交付が必要となる（255条）。

② **譲渡の対抗要件**　新株予約権の譲渡においては、新株予約権を取得した者の氏名等を新株予約権原簿に記載・記録しなければ会社その他の第三者に対抗できない（257条1項）。記名式の新株予約権証券が発行されているときは、原簿への記載・記録が会社に対する対抗要件となり（同条2項）、無記名の証券が発行されているときは、証券の所持が会社その他の第三者に対する対抗要件となる（同条3項）。

③ **新株予約権の質入れ**　新株予約権に質権を設定できる（267条1項）。質権者の氏名等を新株予約権原簿に記載・記録しなければ会社その他第三者に対応できない（268条1項）。もっとも、新株予約権に新株予約権証券が発行されているときは、その証券の交付が質権設定の効力発生要件であり（257条4項）、その証券の占有が会社その他の第三者に対する対抗要件となる（268条2項）。

④ **新株予約権の行使**　新株予約権の行使に際しては、予約権者は金銭の払込み、現物財産の給付をしなければならず（281条1項・2項）、払込みまたは給付の債務と会社に対する債権とを相殺することはできない（同条3項）。

⑤ **新株予約権の差止請求**　会社が予定している新株予約権の発行が、法令・定款に違反し、または著しく不公正な方法により行われ、株主が不利益を受けるおそれがあるときには、株主は会社に対して当該募集新株予約権の発行を止めることを請求することができる（247条）。募集株式の差止請求（210条）と同じく、実際には、新株予約権発行の差止めの仮処分申請（民保23条2項）でもって行われる。

なお、新株予約権の発行と敵対的買収の防衛策として新株予約権の発行が争われたものとして**ブルドックソース事件**がある（最決平成19年8月7日民集61巻5号2215頁）。この事件では、特定の大株主が公開買付けを実施し、会社を支配するに足る株式を取得しようとしたところ、会社がすべての株主に1株当たり

3個の新株予約権を無償で交付するが、当該大株主は「企業価値をき損する」として新株予約権の行使を認めない（ただし、予約権は相当な価額で買い取る）との（定款変更の）総会決議をなしたことに対して、当該大株主が発行の差止め（247条）を求めて、仮処分決定（民保23条2項）を申し立てた。最高裁は、「特定の株主による経営支配権の取得に伴い、会社の存立、発展が阻害されるおそれが生ずるなど、会社の企業価値がき損され、会社の利益ひいては株主の共同の利益が害されることになるような場合には、その防止のために当該株主を差別的に取り扱ったとしても、当該取扱いが衡平の理念に反し、相当性を欠くものでない限り、これを直ちに」株主平等原則の趣旨に反するものということはできない、とした。

4　社　　債

　社債は、会社を債務者とする金銭債権であって（2条23号）、その債務を細分化して発行することで資金を調達するためのものであるが、債務であることから、会社は一定期間経過後は返済（**償還**）しなければならず、また確定利息の支払義務を負う。社債は持分会社でも発行が可能である（ただし、一般的に利用されるのは株式会社であることから、以下では、株式会社が発行する場合を前提とする）。

　歴史的には、社債の発行に際して社債券を担保するために物上担保が設定される担保付社債が一般的であったが、最近では、無担保のものが圧倒的に多い。

（1）社債の発行手続
1）社債の募集・申込み・割当て

　会社は、社債を引き受ける者を募集しようとするときは、その都度、募集社債の総額、各募集者債の金額等、一定事項を決定しなければならない（676条1項・362条4項5号）。また、会社は、募集社債の申込みをしようとする者に対して、一定の重要な事項（676条1号〜12号、会施規163条）を通知しなければならない（677条1項）。

　社債の発行は、社債の発行・募集を代行する引受証券会社が行う**間接募集**で、かつ引受証券会社が発行する社債全額を買い取って、自らの負担で市場で売却

する（総額引受け）方法が一般的である。なお、総額引受けでは社債の申込み（677条）、割当て（678条）の手続は不要である（679条）。

2）社債券の発行・社債原簿

社債券は、募集社債発行の決定に際して、社債券の発行を決めた場合にのみ発行される（676条6号）。社債券は、有価証券として、社債の譲渡には社債券の交付が必要となる等、株券と同じ効力が認められる（687条〜689条・692条・693条）。

また、社債を発行した日の後遅滞なく社債原簿を作成し、本店に備え置かなければならない（681条・684条）。社債権者等は会社の営業時間内はいつでもその閲覧・謄写の請求をすることができる（684条2項、会施規167条）。社債券を交付しない場合には、社債権者は会社に対して社債原簿記載事項を記載した書面の交付を請求することができる（682条1項・4項）。

3）社債の管理

会社は、社債を発行する場合、原則として、**社債管理者**を設置しなければならない（702条）。社債管理者は、社債権者のために公平かつ誠実に社債の管理を行わなければならないが（704条）、社債権者のために社債に係る債権の弁済を受け、または社債に係る債権の実現を保全するために必要な一切の裁判上または裁判外の行為をする権限をもっている（705条1項）。さらに、社債権者集会の決議（716条・724条）があれば、社債の償還期限や利息支払時期の延長といった「支払の猶予」等も行う権限をもつ（706条1項）。これらの権限を行使するに必要な場合には、裁判所の許可を得て、発行会社の業務・財産の状況の調査を行い（706条4項）、社債権者集会を招集することができる（717条1項）。

ただし、各社債の金額が1億円以上である場合その他法務省令で定める場合（会施規169条）には、社債管理者の設置は義務づけられない（702条ただし書）。各社債の金額が絶対的・相対的に大きい場合には、社債管理者を通して社債権者を保護する必要に乏しいからである。

4）社債権者集会

社債権者は社債の種類ごとに社債権者集会を組織する（715条）。種類は、社債の利率、社債の償還期限などの募集事項により判断される（681条1号、会施規165条）。そこでは、社債管理者への特別な権限授与など（706条1項・707条等）

会社法に規定する事項および社債権者の利害に関する事項について決議する（716条）。

社債権者集会の招集権者は社債発行会社または社債権利者であるが（717条2項）、ある種類の社債の総額の10分の1以上に当たる社債を有する社債権者も、裁判所の許可を得て、招集することができる（718条1項・3項）。

社債権者は、当該種類の社債金額の合計額に応じて議決権を有し（723条1項）、決議が成立するには原則として、出席した議決権者の議決権総額の2分の1を超える議決権を有する者の同意が必要である（724条1項）。ただし、その決議は、原則として、裁判所の認可を受けなければ効力は生じない（734条1項）。これは、社債権者の大衆性から裁判所での後見的作用を期待したものといわれている。

（2）新株予約権付社債

社債に新株予約権が付された社債であり、社債と新株予約権は別個に譲渡できず、社債の発行価額と新株予約権の行使に際して払い込む金額は同一とされる。すなわち、新株予約権を行使するときには社債が償還されることになり、その償還額が新株予約権行使に際しての払込金額に充当されることになる。この社債権者には、権利行使価格より株価が上昇すれば予約権を行使することで利益を得ることになるが、権利行使価格より株価が下がってしまい権利を行使しない場合には、その分が損失となる。この社債の発行会社では、普通社債よりは利率を低く設定できることから、資金調達コストは低くなるというメリットがある。

新株予約権付社債の発行手続は募集新株予約権の手続でもって行う（238条・239条・240条）。

なお、新株予約権付社債のような条件がつかない社債は一般的に普通社債といわれている。

> **罰則規定：虚偽文書行使等の罪（961条）**
> 発起人や取締役等が、株式等を引き受ける者を募集するに当たり、会社の事業等の説明資料や当該募集に関する資料の重要な事項について、虚偽の記載をしたものを行使等した場合、5年以下の懲役もしくは500万円以下の罰金に処し、またはこれを併科する。このような行為を詐欺罪とすることは困難であることから、本罪によって一般投資家が会社に投資をするために依拠する投資情報に過誤があれば会社役員等を処罰することとした。

設　問

① 差止請求（210条）を行う場合に、いつまでにその請求がなされるべきか。新株発行禁止（自己株式処分禁止）を求める仮処分が認められたにもかかわらず、その決定を無視して発行された場合、新株発行の効力をどう考えるべきか。

② 募集株式の発行が無効とされた場合において、すでに発行された株式はどのように処理されるのか。

【参考文献】
田中亘『企業買収と防衛策』商事法務、2012年
吉本健一『新株発行のメカニズムと法規制』中央経済社、2007年

Ⅴ部

会社間連携と組織再編

12章

ホールディングシステムとは

【導入判例】 福岡魚市場株主代表訴訟事件判決（福岡高判平成24年4月13日金判1399号24頁）

〔事実〕 株式会社福岡魚市場は水産物およびその加工品の売買の受託等を業としており、その100パーセント子会社株式会社フクショクは食料品の購入、販売、あっせんを業としていた。㈱フクショクが、親会社を含む仕入業者に、一定の預かり期間内に売却できなければ期間満了時に在庫商品を買い取る旨の約束をして魚を輸入してもらい、期間満了時に一旦商品を買い取り、それを当該仕入業者または他の仕入業者に同様の条件で買い取ってもらう手法を繰り返し行っていた。この取引を繰り返すと、商品に手数料や倉庫代が付加されて帳簿価格は上昇するが、それは実態を伴わない売上ないし利益である。また親会社は㈱フクショクの保証債務がどの程度になるかを確認せず、現状の買掛債務も調査せずに極度額の定めのない連帯保証契約を締結し、さらに㈱フクショクからの報告書と担当者からの聞き取り調査だけで高額の貸し付けを行った。その後、不良在庫を抱え経営破たんした㈱フクショクへの親会社からの不正融資により損害を被ったと主張する親会社株主が、親会社代表取締役等の役員に対し損害賠償請求を行った。

〔判旨〕 判旨は大要以下の通り忠実義務および善管注意義務違反を認めた。まず、問題とされた在庫の増加についての取締役会等を通じた指摘指導にもかかわらす改善されていないことを認識していたことから、一般的な指示ばかりではなくより具体的かつ詳細な検査をし、またこれらを命ずべき義務があったのに、具体的な対策をとることなく損害を拡大させた調査義務を怠り、上記義務違反を認定した。第2に連帯保証契約についても、子会社から提供された資料のみを検討しただけで詳細な調査や検討を行うことなく、安易に極度額の定めのない本件連帯保証契約を締結した点で、第3に親会社から子会社への高額融資について、不良在庫問題について調査委員会の調査報告書の信用性に疑問を抱くべきなのに、検証をすることなく調査報告書を前提に貸し付けを行った点で、それぞれ上記義務違反を認定した。

〔問題のポイント〕

上記事実記載の通り、本件は指示して輸入させた商品を、一定の条件の下で指示を行った仕入業者が買い取り、また別の仕入業者に売買する手法を繰り返し行っており、繰り返される売買により手数料や売買利益が上乗せされ、商品の簿価が増加するいわゆる「ぐるぐる回し取引」の事例である。

このような取引が行われるのは、一時的に商品を売却することで売却元に対する資金の一時的な融資機能があるからであり、その実態は商品を担保に借入と返済を繰り返す取引である。この繰り返しにより同一商品の簿価は実態を伴わないままどんどん増加するばかりか、特に本件のような水産物や加工品は時間の経過による劣化は免れず実際の商品価値は低下することとなる。そのため当該商品に関する財務状況はまったく実態を反映せず、見かけ上は巨額の売上や利益が計上されることとなる。このような取引が繰り返されれば早晩当該取引が破たんし会社財産に重大な影響を及ぼすことは明らかであろう。

　このような事実関係の下で、法律上は、親会社の取締役が子会社のこのような取引を監視する義務が認められないかが問題となったのが本件である。持株会社の利用が盛んとなった近年では、子会社のこのような取引を監視して、親会社の財産の一つである子会社株式の価値を減損させないよう監視する義務があると考えられている。本件でも、当該取引に起因する子会社の経営破たんについて、株主代表訴訟を通じて取締役の忠実義務ないし善管注意義務の成否が問題となった。

1　ホールディングシステムとは

(1) ホールディングシステムとしての純粋持株会社

　ホールディングシステムとは、持株会社が傘下のグループ会社を保持して、グループとしての経営・管理を行っていくシステムである。会社間における支配従属の関係が創出される。持株会社が、グループの経営理念やビジョンを提示し、グループ全体の経営戦略を策定し推進していくことで、個々の傘下グループ会社に分散した事業を統合することにより**事業の効率化**を図り、個々の会社の**企業価値**（EV, エンタープライズ・バリュー）の総和を超えたグループ全体としての企業価値を創することで、企業価値を向上させる。これはひいては、持株会社（親会社）の株主の利益の向上に資することとなる。

　このホールディングシステムの典型は、純粋持株会社である（図表12-1）。これは平成9年の独占禁止法の改正で認められた会社形

図表12-1　純粋持株会社のイメージ図

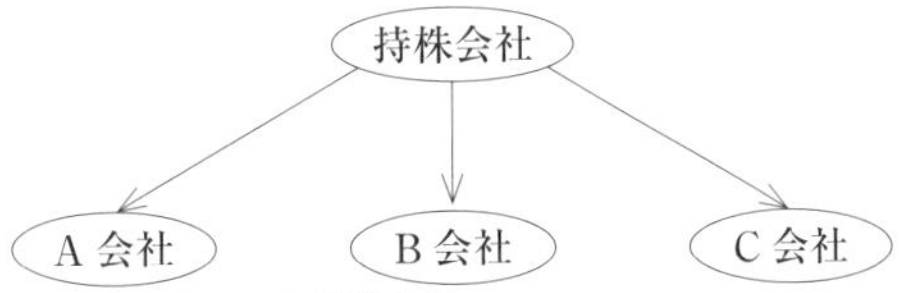

```
        持株会社
       ／  ↓  ＼
     A会社 B会社 C会社
```
AないしCは事業会社

態である。

　今日の企業経営、特に大企業の経営において、事業の多角化およびグローバル化は避けられない課題であり、そのためには、より効率的な経営を行うことが必要とされ、その一つの方策として企業の統治形態としての持株会社制がクローズアップされてきた。すなわち、株式交換・株式移転や会社分割等の手法と同様に持株会社制によって、合弁企業や新規M&Aにより買収した企業を保有したり、既存グループ内の組織再編を促すことで、グループ運営の効率化を図り企業価値を向上させようとするものである。

　経済産業省の平成26年の統計調査によると、日本における純粋持株会社数は452社、純粋持株会社が保有する子会社数は、1企業当たり国内12.6社、海外7.5社、関連会社数は国内2.2社、海外1.3社となっている。設立形態別では、株式移転によるものが最も多く、会社分割、株式交換と会社分割によるものがそれに続く。

(2) 純粋持株会社の特徴

　それではこの純粋持株会社の特徴は何かを持株会社側からと傘下のグループ企業側から検討する。

　まず、持株会社側からすると、第1に、個々の傘下企業を超えたグループ全体の経営理念・ビジョンを提示することでグループに統一的な政策を提示し、グループ全体の統制のとれた利益追求を可能にできることである。グループ全体の経営は持株会社が担い、実際の個別事業は傘下のグループ会社が実行することで、経営と執行が効率的に分離できる。第2に、持株会社でグループ全体の資産や予算を管理し、グループ内での時機に適した投資等を行える点も特徴の一つである。持株会社が、集約的にグループ全体の財産を管理し、個別の傘下グループ各社の売上をはじめとする損益状況をタイムリーに把握し、グループ内で発生した不採算事業からの撤退、将来性のある事業への集中的な投資、重複投資の回避等の資産効率性を高めたメリハリの利いた経営戦略を迅速に行える。第3に、傘下のグループ企業の業務を監視・監督し（モニタリング）、あるいは適時に業務監査を行うことで、ガバナンスを重視した、より効率的な経営を行うことができる。第4に、グループ全体のITを集約して、コンピュー

タシステムの統一化を図り、グループ内コミュニケーションを促進し、グループ内での意思疎通を透明化・迅速化でき、経営の効率化をよりいっそう促進できる。またグループの人事を統一化することができれば、多様な人材を、個々の会社の枠を超えて、別なグループ会社に異動させるなどでグループ間人事異動を可能とし、適材適所に配置することが容易になる。

　次に、傘下のグループ会社にとっても、持株会社から委譲を受けた個別事業において内部的意思決定を機動的に行えるばかりではなく、グループ会社間の連携により、自分の会社の弱い分野（例えば製造は得意だが営業は弱い）を、その分野に強い他のグループ会社に応援を求めることでシナジー効果が生まれる。さらに間接部門と呼ばれる経理部門、財務部門、総務部門、人事部門、法務部門等の業務をグループ全体として持株会社に集約・標準化することで、自社のコスト削減や業務効率化が大きく図られる（いわゆるシェアードサービス）。

（3）純粋持株会社以外の形態

　ホールディングシステムには、純粋持株会社のほかに、事業持株会社がある。純粋持株会社の短所を直視し、企業間の経営統合の方式として、純粋持株会社の形式をとらず、むしろ複数の企業を合併して、その会社を事業持株会社とする方がより効率的であると判断される場合に採用される形態である。純粋持株会社の形態では、持株会社の下に既存の会社を残しながら、時間をかけて経営統合を進めていく点に特徴がある。しかしむしろ合併により企業間の統合を加速化して、後は合併後に会社内部でのコントロールを注意深く行うことで、より効率的な経営を目指そうと判断すると、事業持株会社も選択肢となる。

　事業持株会社では、合併により存続する会社は、事業を行いつつも、持分会社としての機能も併存する。存続会社と消滅会社がそれぞれ保有していた子会社・関連会社等を傘下のグループ会社として保有し、グループ全体の経営管理を行っていくこととなる。なお本章では、純粋持株会社を中心に説明をする。

2　ホールディングシステムと会社法との関係

(1) 会社法の下での取締役の義務

　会社法の下では、別個の法人格の下で、それぞれの会社の権利・義務が遂行される。傘下グループ会社が引き起こした第三者に対する損害について、持分会社は賠償責任を負うことがあるか。法人格が別個であるから原則として問われないはずである。では例外的に持株会社の責任や持株会社の取締役の責任が問われる場合は出てくるのであろうか。例えば、持株会社の強いコントロールの下で傘下のグループ会社の事業方針が決定され、それに基づくグループ企業の事業遂行にも持株会社が強く関与しているような場合である。その場合には、持株会社の支配権や支配権に基づく影響力の行使の程度、具体的な指示の内容等が判断の重要なファクターとなり例外的に責任を負うかどうかが判断されるであろう。

　　(参照判例)
　　東京地判平成13年1月25日（判時1760号144頁）は、子会社の損失（によって結果的に親会社に損失）について、親会社取締役の任務懈怠責任を問題として親会社株主が代表訴訟を提起している。裁判所は「親会社と子会社（孫会社も含む）は別個独立の法人であって、子会社（孫会社）について法人格否認の法理を適用すべき場合のほかは、財産の帰属関係も別異に観念され、それぞれ独自の業務執行機関と監督機関も存することから、子会社の経営についての決定、業務執行は子会社の取締役が行うものであり、親会社の取締役は、特段の事情がない限り、子会社の取締役の業務執行の結果子会社に損害が生じ、さらに親会社に損害を与えた場合であっても、直ちに親会社に対し任務懈怠の責任を負うものではない。もっとも、親会社と子会社の特殊な資本関係に鑑み、親会社の取締役が子会社に指図するなど、実質的に子会社の意思決定を支配したと評価し得る場合であって、かつ、親会社の取締役の右指図が親会社に対する善管注意義務や法令に違反するような場合には、右特段の事情があるとして、親会社について生じた損害について、親会社の取締役に損害賠償責任が肯定されると解される」と判示し、本件では、この特段の事情はないとされた。

(2) 持株会社のステークホルダー

　ホールディングシステムの下では、持分会社の傘下のグループ会社は、会社

法上の子会社、関連会社、関係会社等の名称（以下、子会社等で総称する）の下、それぞれの要件適合性が問われる。このような子会社等には、各々独自の株主、債権者、取引先、仕入先等がある。さらに持分会社自身にも、独自の株主等が存在する。ここではまず、会社法における子会社等の定義を確認し、次項以降でステークホルダーの保護について検討する。

1) 親会社と子会社

子会社とは「会社がその総株主の議決権の過半数を有する株式会社その他の当該会社がその経営を支配している法人として法務省令で定めるもの」（2条3号）とし、経営を支配している法人として「他の会社等の財務及び事業の方針の決定を支配している場合における当該他の会社」と定めている（会施規3条1項）。

他方で、親会社とは「株式会社を子会社とする会社その他の当該株式会社の経営を支配している法人として法務省令で定めるもの」（2条4号）とし、経営を支配している法人として「株式会社の財務及び事業の方針の決定を支配している場合における当該会社等とする」と定めている（3条2項）。この場合、会社等とは、会社（外国会社を含む）、組合（外国における組合に相当するものを含む）その他これらに準ずる事業体をいう（会施規2条3項2号）。

上記親子会社両方で規定されている「財務及び事業の方針の決定を支配している場合」とは何かである。会社法施行規則は大きく3つに区分けし、議決権の保有割合（50％）を判断の中心にしつつも、保有割合が若干少ない場合（40％）であって、他の会社等の財務および事業の方針の決定を支配しているか否かを実質的に判断することで該当性の有無を判断している。

◎ notice：「財務及び事業の方針の決定を支配している場合」とは何か？

　第1に「他の会社等の議決権の総数に対する自己の計算において所有している議決権の数の割合が100分の50を超えている場合」である（3条3項1号）。この「自己」には子会社や子法人も含み、以下でも同様である。子法人とは、会社以外の会社等が他の会社等の財務および事業の方針の決定を支配している場合における当該他の会社等をいう。

　第2に、上記が満たされない場合であっても、「他の会社等の議決権の総数に対する自己の計算において所有している議決権の数の割合が100分の40以上である場合」であって（条件（A）とする）、かつ「他の会社等の議決権の総数に対する自己所有等議決権数の割合が100分の50を超えていること」である（3条3項2号）。この「自己所有等議決権数」には、①自己の計算において所有している議決権、②自己と緊密な関係があることより自己の意思と同一の内容の議決権行使をすると認められるものが所有している議決権、ならびに③自己の意思と同一の内容の議決権行使に同意している者が所有している議決権を合わせた合計数が含まれる（2号イ）。

　また、上記条件（A）の下、他の会社の取締役会等の構成員の総数に対する、自己の役員、業務執行社員ならびに使用人等の合計の人数の割合が100分の50を超えていること（2号ロ）、自己が他の会社等の重要な財務および事業の方針の決定を支配する契約等が存在すること（2号ハ）、他の会社等の資金調達額の総額に対する自己の行う融資の額の割合が100分の50を超えていること（2号ニ）、あるいは自己が他の会社等の財務および事業の方針の決定を支配していることが推測される事実が存在すること（2号ホ）、のいずれか（条件（B）とする）が満たされているかを確認する。

　第3に、上記第1および第2の条件が満たされていない場合であっても、「他の会社等の議決権の総数に対する自己所有等議決権数の割合が100分の50を超えている場合であって」、条件（B）のいずれかが満たされているか否かを判断する（3条3項3号）。この自己所有等議決権数とは、上記第2で説明した。

　総じていえば、親子会社の判断においては、議決権の過半数を保有していれば形式上の判断で対応し、そうでない場合でも議決権の40％以上を保有している場合や自己と密接な関係者の保有株式を合わせれば過半数となる場合などには、別途の考慮要素を合わせて支配の有無を判断している。

2) 関連会社と関係会社

　他方で、傘下のグループ会社には、関連会社、関係会社も含まれる。関連会社とは、「会社が他の会社等の財務及び事業の方針の決定に対して重要な影響

を与えることができる場合における当該他の会社等（子会社を除く）」をいう（会計規2条3項18号）。この「財務及び事業の方針に重要な影響を与えることができる場合」とは、他の会社等の議決権の割合が20％以上である場合が典型である（会計規2条4項1号）。

> ◎ notice：その他の関連会社となる場合
> 仮に本文で記載したような会社の議決権が他の会社等の議決権の割合の20％に満たない場合でも15％以上であり（2条4項2号）、かつ、自己の役員、業務執行社員ならびに使用人等が他の会社の代表取締役等の役員に就任していたり（2号イ）、重要な融資や技術を提供していたり（2号ロ・ハ）、重要な取引を行っていたりする（2号ニ）等の事情があればこの要件に該当する。
> 以上を満たさない場合でも、上記「自己所有等議決権数」が20％以上である場合（3号）や、自己と自己から独立した者との間の契約等に基づきこれらの者が他の会社を共同で支配している場合（4号）であれば、この要件に該当する。

最後に、関係会社とは「当該株式会社の親会社、子会社及び関連会社並びに他の会社等の関連会社である場合における当該他の会社等」をいう（会計規2条3項22号）。公開会社の事業報告において、株式会社の現況の一環として重要な親会社および子会社の状況を報告するが（会施規119条・120条1項7号）、それと合わせて関係会社については、貸借対照表等において関係会社株式等を表示し、また関係会社に対する金銭債権や金銭債務を注記しなければならない（会計規82条1項・同103条6号）。

(3) 持株会社のステークホルダーの保護

持株会社が解禁となるまでは、親子会社における子会社の少数株主の保護や債権者の保護が伝統的な議論の対象となってきたことから以下では親子会社のこれまでの議論を紹介し、持株会社にも敷衍していく。

1) 子会社自体の保護

子会社が親会社との支配服従関係から不利益を被る典型は、例えば親会社と不公正な取引を行ったことで子会社が損害を受けた場合である。この場合、損失を被った子会社の保護は、親会社に対する詐害行為取消権（民424条）や子

会社倒産時における否認権行使（破産法第6章第2節等）の活用のほか、親子会社間の取引を通じた子会社から親会社への利益の移転を子会社株主である親会社の権利の行使（例えば親会社による子会社役員の任免の実質的決定権）に関する利益供与（120条3項）と構成する説、親会社の命を受け業務を執行して子会社に損失を被らせた子会社の取締役は委任契約上の義務懈怠であり、この債務不履行に加功した親会社や親会社の取締役に債権侵害による不法行為責任（355条・423条、民709条）を負わせるとする説等がある。

もっともこの場合、親子間で行われた当該取引が「不公正」であるかを判断する基準が必要であり、これについては独立した関係にある会社間でも同様な取引が行われ得るかという基準（独立当事者間取引基準）によって決するとの説が有力である。

この議論を持株会社に敷衍した場合、持株会社がほかに事業を行っていないのであれば、親子会社間の不当な利益の移転は想定されず、実際には持株会社の指示の下で、傘下のグループ企業間で不当な利益の移転がなされたかが問題となるであろう。

2) 子会社の少数株主の保護

親会社は、株主総会における議決権の行使、子会社役員等の派遣等を通じて、法律上も事実上も子会社に強い影響力を行使することから、親会社の支配の下で、子会社に少数株主がいる場合にその利益をどのように保護するかが問題とされる。

この点、会社法では、株主総会の議決権の行使を利用した保護が規定されている。子会社の事業の全部や一部の譲渡には株主総会の特別決議が必要とされること（467条1項・309条2項11号）、少数株主は反対株主として株式の買取請求権を行使することができること（469条）、子会社が募集株式の発行をする場合には株主総会の特別決議が要求されること（199条2項・309条2項5号）、公開会社でも親会社等に有利な発行を行おうとする場合には株主総会の特別決議が必要となること（201条1項）等である。合併や会社分割、株式交換等組織再編の場合も原則として株主総会の特別決議を要求している（783条1項・795条1項・804条1項・309条2項12号）。また<u>平成26年に会社法が改正され、少数株主の保護がより充実された</u>。

> ◎ notice：平成26年会社法改正による少数株主の保護の強化
> 　公開会社において取締役会で決定される募集株式の割当てについて、公開会社の一定数の株主が、特定の引受人による募集株式の取得に反対する場合には株主総会の普通決議を要することとした（206条の2第4項および第5項）。さらに、少数派株主を締め出すスクイーズアウトに関して、手続を整備し対価の公正性を保証した（179条以下参照）。また全部取得条項付種類株式や株式併合における情報開示の充実を図り、また不利益を受ける株主に対し差止請求権および株式併合に反対する株主の株式買取請求権を付与して、少数株主の保護を充実させた（171条の2・173条の2・182条の2・171条の3・182条の3・182条の4）。

　以上は持株会社における傘下グループ会社の少数株主の保護にもそのまま当てはまる。

3）子会社の債権者

　例えば子会社から親会社や他の傘下グループ企業への資産の移転が、無償あるいは低廉で譲渡された場合には詐害行為取消権や子会社倒産の場合には否認権行使により会社財産を取り戻すことができる。法人格否認の法理により親会社に対し救済を求めることも可能である。子会社が親会社に対して有する請求権をいつまでも行使しない場合には、子会社の債権者が代位請求（民423条）をすることも可能であろう。

4）子会社取締役の責任

　親子会社における子会社取締役の義務も、以上の議論から明らかになってくる。子会社を典型とする傘下グループ会社の取締役は、自社の利益を最大化することが求められるのであり、持分会社（あるいは親会社）の一方的な指示に従いグループ全体（あるいは親会社）の利益を優先させて自社の利益を損なうことを許されない。特に自社に少数株主がいる場合には、少数株主の利益をも平等に保護すべき義務が取締役には課せられている。

5）親会社株主の保護

　親会社の株主の権利が縮小しているのではないかという問題があることは意外かもしれない。親会社株主は、親会社については直接コントロールを及ぼせるが、子会社についてコントロールが間接的となる。自らは持株会社の株主であると、子会社をコントロールする権限は、持株会社の取締役会に移行してお

り、持株会社株主は、子会社の業務（例えば事業の譲渡の可否の決定）には直接には関与できない。要するに、いわゆる所有と経営の分離のもとで、親会社の株主に、子会社の業務執行をどの程度監視させるべきか、親会社株主の意向を子会社業務にどこまで反映させなければならないのかということが議論されている。子会社の取締役会の議事録の閲覧・謄写、多重代表訴訟等はこの関係で議論される内容である。

　この多重代表訴訟は、平成26年改正で新たに取り入れられた制度である(847条の3)。そもそも会社法では、親会社の株主が子会社から必要な情報を収集する方策として、裁判所の許可を得て、子会社に対し、定款、株主名簿、株主総会議事録、取締役会議事録や会計帳簿等の閲覧等を請求する権利を認めている（31条3項・81条4項・82条4項・125条4項・252条4項・318条5項・319条4項・371条5項・433条3項等）。そして子会社の任務懈怠が放置され、親会社を通じた子会社に対する監視・監督が十分行われてない場合に対応する方策が、多重代表訴訟制度である。これはある会社の完全親会社であって完全親会社を有しない最終完全親会社の株主が、一定の株式保有要件の下、当該最終完全親会社に対し、重要な子会社の取締役の役員の責任追及等の訴えの提起を請求したものの適わなかった場合、当該株主が同訴えを提起することができるとする制度である。

　さらに平成26年改正により、重要な価値をもつ子会社株式の譲渡は、親会社の株主総会の特別決議を要するものとされた（467条1項第2の2号）。これは子会社株式を譲渡することは、当該子会社に対する支配を失うこととなり、事業譲渡と実質的に異ならない実態を有しているからである。

6) 親会社取締役の責任

　親子会社における親会社取締役には、親会社の経済利益を増進する義務があり、その一環として親会社財産を適切に管理・処分する義務がある。この場合、親会社財産の一つとして子会社株式があり、親会社の取締役は子会社の株主権を適切に行使して親会社の経済的利益の増進に貢献することが求められる。特に持株会社においては、子会社の支配が業務の一つであることから、株主権の行使のみならず事実上の影響力を行使してでも子会社の企業価値を増進することが、親会社取締役の義務であるともいえよう。そのための方策として、会社

法が用意しているのは、①定時総会の招集通知添付の計算書類や事業報告書（および監査報告や会計監査報告）の内容の確認、株主総会における質問権（314条・437条）、②取締役会議事録、監査役会議事録、指名委員会等議事録の閲覧・謄写請求権（371条2項、394条2項・413条3項）、③会計帳簿等閲覧・謄写請求権（433条1項）、である。とはいっても、会社法上は、親会社取締役（会）には、子会社の取締役（会）の監視・監督義務までは求められておらず、子会社の業務の適正を確保するための親会社の業務体制の整備が求められているにすぎない（348条3項4号・362条4項6号・399条の13第1条1項ハ・416条1項1号ホ）。また持分会社の取締役は傘下のグループ会社の全体の価値を増進することが求められるため、あるいは特定のグループ会社を犠牲とする場合もあり得るが、その場合には当該グループ会社の取締役の義務である自社の企業価値を増進するというテーゼと衝突する可能性もあることに留意しなければならない。

設　問

① 持株会社からの指示により、傘下のグループ会社の取締役が、自己の会社の利益を犠牲にして、グループ会社の利益を優先させる取引行為を行うことに問題はないか。

② 持株会社の取締役は、当該会社の善管注意義務・忠実義務の一環として、子会社の個別の事業に介入することが義務となる場合があるのか。

③ 持分会社が、製造業を営むグループ会社の取締役に対し、当該会社で製造している機械のトレードシークレット（企業秘密）の開示を請求した場合、当該取締役は開示を受託するのか。それとも子会社に対する善管注意義務の一環として開示を拒むべきなのか。企業秘密が、製造した機械の瑕疵に関する情報である場合に結論は異なるか。

【参考文献】
江頭憲治郎『株式会社法（第6版）』有斐閣、2015年
神作裕之「親子会社とグループ経営」江頭憲治郎編『株式会社法大系』有斐閣、2013年
舩津浩司『「グループ経営」の義務と責任』商事法務、2010年

13 章

企業組織再編はどのように行われるか

【導入判例】 事業譲渡規制の会社分割への類推適用（最判平成20年6月10日判時2014号150頁）

〔事実〕 Y会社は、Z会社が行った新設分割により設立された会社であり、預託金会員制のゴルフクラブ「Yゴルフ倶楽部」を承継し、この名称の下にゴルフ場を経営している。ただし、承継する債務に、本倶楽部の会員に対する預託金返還債務は含まれていなかった。

会員であるX社は、Y社に対し、本倶楽部から退会する旨の意思表示をするとともに、預託金の返還を求めた。

〔判旨〕「預託金会員制のゴルフクラブの名称がゴルフ場の事業主体を表示するものとして用いられている場合において、ゴルフ場の事業が譲渡され、譲渡会社が用いていたゴルフクラブの名称を譲受会社が引き続き使用しているときには、譲受会社が譲受後遅滞なく当該ゴルフクラブの会員によるゴルフ場施設の優先的利用を拒否したなどの特段の事情がない限り、譲受会社は、会社法22条1項の類推適用により、当該ゴルフクラブの会員が譲渡会社に交付した預託金の返還義務を負うものと解するのが相当であるところ……このことは、ゴルフ場の事業が譲渡された場合だけではなく、会社分割に伴いゴルフ場の事業が他の会社又は設立会社に承継された場合にも同様に妥当するというべきである。

なぜなら、会社分割に伴いゴルフ場の事業が他の会社又は設立会社に承継される場合、法律行為によって事業の全部又は一部が別の権利義務の主体に承継されるという点においては、事業の譲渡と異なるところはなく、事業主体を表示するものとして用いられていたゴルフクラブの名称が事業を承継した会社によって引き続き使用されているときには、上記のような特段の事情のない限り、ゴルフクラブの会員において、同一事業主体による事業が継続しているものと信じたり、事業主体の変更があったけれども当該事業によって生じた債務については事業を承継した会社に承継されたと信じたりすることは無理からぬものというべきであるからである。なお、会社分割においては、承継される債権債務等が記載された分割計画書又は分割契約書が一定期間本店に備え置かれることとなっているが……ゴルフクラブの会員が本店に備え置かれた分割計画書や分割契約書を閲覧することを一般に期待することはできないので、上記判断は左右されない」。

〔問題のポイント〕
　①　会社分割について、事業譲渡に関する条文（22 条 1 項）を類推適用した理由。
　1．法律行為によって事業の全部または一部が別の権利義務の主体に承継されるという点は共通していること、2．事業主体を表示するものとして用いられていたゴルフクラブの名称が事業を承継した会社によって引き続き使用されているときには、ゴルフクラブの会員において、同一事業主体による事業が継続しているものと信じたり、事業主体の変更があったけれども当該事業によって生じた債務については事業を承継した会社に承継されたと信じたりすることは無理からぬものというべきであること。もっとも、本件でも、1 については、「事業」が承継された場合が対象とされていること、2 については、取引上の債権者ではなく、ゴルフクラブの会員（預託金返還請求権者）であることに留意する必要があろう。
　②　会社法 22 条 1 項は「商号」についての条文だが、「ゴルフクラブの名称」についても類推適用した（最判平成 16 年 2 月 20 日民集 58 巻 2 号 367 頁参照）。どのような場合に類推適用できると判示されているか。
　預託金会員制のゴルフクラブの名称がゴルフ場の事業主体を表示するものとして用いられている場合。
　③　Y 社が「Y ゴルフ倶楽部」という名称を使っていなかった場合、上記の類推適用はできない。ただし、平成 26 年改正では、759 条 4 項・764 条 4 項・23 条の 2 が新設された。
　商号等の続用の有無に関わりなく、詐害事業譲渡、濫用的会社分割に対処する規定が新設された。

1　定款変更

　株式会社の成立後に定款の定め（定款規定）を新設・変更・廃止（削除）することは、もちろんできる。ただし、定款の絶対的記載事項を削除することはできないし、定款規定の内容に法が制限を加えている場合に（会議体の定足数の減少を認めていない場合などのほか、例えば 113 条のように変更の制約を直接に定めている場合もある）、それに反してはならない。定款で定めても、解釈により無効と解される事項もある。しかしそれら以外なら、何を定款で規定するかは、会社の自由である（29 条）。
　会社の根本規則である定款の変更は慎重に行わせる必要があるが、必ずしも例外的な場合に限って行われる行為というわけでもないので、持分会社と同じ

> ◎ notice：定款変更の決議要件等の特則
>   定款変更は株主総会特別決議によるという原則に対し、変更の内容によっては、株主全員の同意（110条・164条2項）や種類株主全員の同意（111条1項・164条2項）、株主総会特殊決議（309条3項1号4項）や種類株主総会決議が要求される場合がある。加えて反対株主の株式買取請求権（116条1項1号・2号）などが認められる場合もある。また、同じ事項でも、新設する場合と内容を変更する場合とで要件が異なる場合もある。（種類）株主の利害関係に与える影響の大きさの違いなどにより、規制内容は様々である。
>   逆に、株主一般には不利益を与えない場合に、株主総会決議が不要とされる場合もある（184条2項・191条・195条1項、もっとも、種類株主総会決議まで当然に不要とするものではない）。

ように総株主の同意を要求することは現実的ではない。また、会社・社員（株主）間や社員相互間の関係も持分会社とは異なるので、同じ規制である必要はない。そこで、定款変更は株主総会の決議で行うことができるが、原則として特別決議によることとされている（466条・309条2項11号）。

特に別に定めなければ、法定の要件を満たしたときに定款変更の効力が生じる。定款の内容を記した書面や電磁的記録を書き換えることは、その要件ではない。定款変更に連動して一定の効果が認められる場合もある（332条7項など）。なお、変更した事項が登記事項であるときは、その登記をしなければならない（915条1項）。

2　資本金の額等の減少

(1) 資本不変の原則

447条～451条は、資本金・準備金（資本準備金・利益準備金）・剰余金（資本剰余金・利益剰余金）の間の計数の変動、452条は、剰余金の項目内部の計数の変動を定めている（いずれも、453条以下の剰余金の配当と異なり、会社財産が社外に流出するわけではなく、その増減はない。図表13-1）。

資本金の額や準備金の額は、分配可能額の増加を制約する機能を果たしているので、それらの額の減少は、会社財産がむやみに社外に流出しないことを望

む会社債権者の利害に大きな影響を与える。会社が資本金の額等を減少させることに厳格な手続を求める理念は、「資本不変の原則」と呼ばれてきた。

(2) 資本金の額の減少

1) 意　　義

　資本金の額の減少（以下、減資という）は、例えば次のような場合に行われる。減資をする額の全部または一部をその他資本剰余金に計上したうえで剰余金の配当などを行うといった方法で、会社の余剰資金を株主に還元する目的で行われる場合（これらの行為により会社財産は減少する）や、資産額が小さすぎたり負債額が大きすぎて長期にわたり分配可能額がプラスになりそうにない（剰余金の配当を行えず、また、金融機関からの借入れなども難しい）ときに、減資をして、短期間のうちに分配可能額がプラスになって剰余金の配当が可能となるようにしたいという場合（欠損の填補、この場合の欠損とは、分配可能額が0以下であることをいう。会施規68条、会計規151条）などである。窮状にある会社が新たな出資者からの出資を得るために、全部取得条項付種類株式を取得し、同時に大幅な減資を行うこともある。

　もっとも、減資をする目的に会社法上の制約はない。つまり、減資自体は他

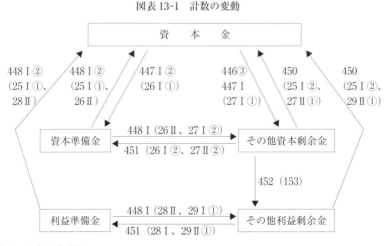

図表13-1　計数の変動

注）カッコ内は会計規。

の行為を組み合わせて行うかどうかとは関係のない、額を減少させるだけの計算上の操作を指し、会社財産も株式数も変動しない。減資をする額は、資本準備金の額またはその他資本剰余金の額に組み入れられる（446条3号・447条1項2号、会計規26条1項1号・27条1項1号）。

減資は分配可能額を増加させる方向に作用するため、その意味では株主にとって不利益にはならない。しかし実際には、上記のように、会社財産を減少させたり、財務状況が芳しくないときに行われたりするものであることから、減資をするには原則として**株主総会の特別決議**が必要とされる（減資の額・効力発生日などが法定の決議事項である。447条1項）。他方、分配可能額を増加させる方向に作用するということは、剰余金の配当などの形で会社財産が流出しやすくなるということであり、会社債権者の利害には重大な影響を及ぼす。そこで、減資には常に**債権者異議手続**が必要とされる。

2） 手　続　等

減資は、株主総会の特別決議によるのが原則である（447条1項・309条2項9号）。もっとも、減資をする額が欠損額を超えない減資（マイナスである分配可能額のマイナス分を減らすもののプラスにまではならない減資）を定時株主総会で決議する場合は、普通決議で足りる（同号括弧、会施規68条）。また、減資と同時に新株発行を行い、減資の効力発生前後で資本金の額が減少しないという場合は、取締役の決定（取締役会設置会社では取締役会決議）で足りる（447条3項）。

会社債権者は、減資について、異議を述べることができる（449条1項）。手続等は、後述の合併の場合（4 (2) 4)）と同様である（同条2項〜5項・740条1項。なお2項）。「知れている債権者」（449条2項）について、債権の存在について会社が訴訟で争っているだけでは、それに当たらないとはいえないとの判例がある（大判昭和7年4月30日民集11巻706頁）。

3） 効力の発生・資本金の額の減少の無効の訴え

前述の決議・決定で定められた効力発生日に、減資の効力が生じる（449条6項。なお同項ただし書・7項）。効力が生じた日から2週間以内に登記をしなければならない（915条1項）。

減資の手続に何らかの瑕疵があった場合でも、それが効力を生じた後で簡単に覆るようでは法的安定性を害してしまうことから、後述の合併無効の訴え

(4 (2) 6)) と同様、減資無効の訴えの制度が定められている（828条1項5号・同条2項5号・838条・839条・937条1項1号ニ）。

(3) 準備金の額の減少

　資本準備金や利益準備金（以下、合わせて準備金という。445条4項）の額を減少させ、資本金またはその他資本剰余金やその他利益剰余金に組み入れることもできる（448条1項、会計規27条1項2号・29条1項1号）。

　準備金の額は、資本金の額よりも緩和された手続で減少することができる。すなわち、**株主総会の普通決議**によるのが原則である（448条1項）。もっとも、取締役の決定（取締役会設置会社では取締役会決議）で足りる場合もある（448条3項・459条1項2号・449条1項2号、会計規151条）。

　債権者異議手続も設けられているが、減資の場合と異なり、例外もある（449条1項柱書括弧・449条1項1号2号・459条3項）。

　なお、減資と異なり、会社法上、特別の訴えの制度は設けられていない。

3　組　織　変　更

(1) 意　　　義

　組織変更とは、株式会社が持分会社（合名会社・合資会社・合同会社のいずれか）に会社の種類を変更すること（2条26号イ）、または逆に、持分会社が株式会社に種類を変更すること（同号ロ）をいう。合名会社・合資会社・合同会社の間で会社の種類を変更する行為は、定款変更手続として行われ（638条）、組織変更ではない。

　会社の種類は変わっても法人格は同一のままだから、資本金の額なども引き継がれ（会計規33条・34条）、会社の事業活動も継続して行われるが（事業に必要な許認可などを取得し直す必要はない）、組織は変わるから、株主（社員）にとっては、その責任の態様も会社との法律関係等も変わる。また、適用される規制内容も変わることになるから（決算公告、剰余金の分配規制など）、会社債権者の利害にも重大な影響を与える。そこで、組織変更には株主（社員）全員の同意が必要とされ、また、常に債権者異議手続が必要となる。

(2) 手続等

　株式会社が持分会社に組織変更をする場合、まず、組織変更計画を作成する(743条)。どの種類の持分会社になるか、各株主が無限責任社員になるのか有限責任社員になるのか、その他組織変更後の定款記載事項や、効力発生日などを定める(744条)。

　その後、株主・会社債権者に向けた事前開示の手続を経て(775条)、**総株主の同意**を得ることが必要となる(776条1項)。また、新株予約権を発行している場合、新株予約権は効力発生日に消滅するから(745条5項。持分会社に新株予約権はないから、消滅させざるを得ない)、新株予約権者に金銭等を交付したり(744条1項7号8号)、当該内容に満足しない新株予約権者の請求に応じて買い取る(777条)などの対処が必要となる。

　債権者異議手続もある(779条1項)。手続等は、後述の合併の場合(4(2)4))と同様である(同条2項〜5項・740条1項・なお2項)。

　持分会社が株式会社に組織変更をする場合、事前開示手続はないが、計画の作成(746条)、総社員の同意(781条1項本文。なおただし書)、債権者異議手続(同条2項・779条)などが必要である。

(3) 効力の発生・組織変更の無効の訴え

　原則として、組織変更計画に定めた効力発生日に、持分会社または株式会社となる(745条・747条・780条・781条2項)。効力が生じた日から2週間以内に登記をしなければならない(920条)。

　組織変更計画の内容や手続に何らかの瑕疵があった場合でも、それが効力を生じた後で簡単に覆るようでは法的安定性を害してしまうことから、後述の合併無効の訴え(4(2)6))と同様、組織変更の無効の訴えの制度が定められている(828条1項6号・同条2項6号・838条・839条・937条3項1号)。

4　組織再編行為

(1) 組織再編行為の意義

　企業が自社の競争力を高めるために、他の企業が営んでいる事業を取り込ん

だり、不採算部門を切り離したりして、その事業組織を組み直すことが行われる。このような事業財産自体の移転による方法のほかにも、例えば他の株式会社の株式を100％取得すれば（完全親会社になれば）、経済的には他の株式会社の事業を自らの一部門としたのに等しいから、株式所有関係を新たにすることによっても、事業組織を再編成し得る。ここでは、このように複数の企業間の結びつき方を変えたり、一定の事業の分離・統合を図る手段として用いられる、合併・会社分割・株式交換・株式移転・事業譲渡等を取り扱う。

以下の説明では、株式会社間の組織再編行為を中心とする。

(2) 合併（吸収合併・新設合併）

1）意　　義

吸収合併は、一方の会社（A社）が、その全財産・全事業（2条27号は「会社の権利義務の全部」と規定している）を、現存する別の会社（B社）に包括的に承継させ、A社自らは清算手続を経ることなく解散して消滅するという行為である（吸収合併を行うのは、消滅するA社である）。A社は吸収合併消滅会社、B社は吸収合併存続会社と呼ばれる（図表13-2）。

新設合併では、複数の会社（C社・D社）が（3社以上でもよい）、各々の全財産・全事業（2条28号は「会社の権利義務の全部」と規定している）を、新たに設立する会社（E社）に包括的に承継させ、C社・D社自らは解散して消滅する（新設合併を行うのは、消滅するC社・D社である）。C社・D社は新設合併消滅会社、E社は新設合併設立会社と呼ばれる。なお、新設合併設立会社の設立は、合併手続によって行われ、25条以下の規制の適用を受けるものではない（例外はある。814条1項参照。図表13-3）。

なお、**包括承継**というのは、個々の権利義務の引継ぎ自体についての手続がとられることなく移転することが認められるということである。また、権利義務の移転は、契約に基づくものではなく、法定の効果として認められる。これらのことから、合併は、取引法上の行為と区別され、組織法上の行為とされる。

吸収合併ではA社・B社間の契約により、新設合併ではC社・D社間の契約により、その内容（749条、753条）が定められ（E社は現存していないので、合併契約の当事者になり得ない）、それぞれの会社で手続が進められる。合併において

図表13-2 吸収合併（合併対価がB社株式であったとすると）

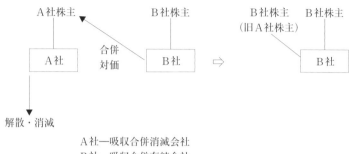

A社―吸収合併消滅会社
B社―吸収合併存続会社

図表13-3 新設合併（合併対価にE社株式は含まれる）

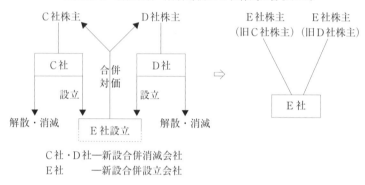

C社・D社―新設合併消滅会社
E社　　　―新設合併設立会社

は、既存の当事会社が必ず複数存在するので、それらの会社間で契約（合併契約）を締結することが求められている（748条）。なお、合併は、すべての種類の会社間で行うことができる。

2) 合併対価

合併後に消滅する会社（A社およびC社・D社）の株主が、合併後にいかなる地位に立つかは、合併契約で定められる合併対価の内容による。すなわち、吸収合併では、B社がA社の全財産・全事業を承継する代わりに、A社株主に対して対価を交付する（もっとも、対価はなくてもよい）。対価がB社株式である場合は、A社株主は、合併後、B社株主となる（従来からのB社株主の持株比率は下がる）。しかし、B社株式を対価とする必要はない。対価はB社の社債や新株予約権などでもよく、また、これらを組み合わせてもよい（749条1項2号参

照)。例えば、対価が金銭である場合は（交付金合併、キャッシュ・アウト・マージャー)、A社株主は、合併後、金銭を受け取り、B社とは関係ない立場に立つことになる（従来からのB社株主の持株比率に影響はない)。対価がB社の親会社株式である場合は（三角合併、その実現のため800条が規定されている)、A社株主は、合併後、B社の親会社の株主となる。対価としてB社株式を含まずに金銭その他の財産を交付することや、対価を交付しないことを、**「対価の柔軟化」**と呼ぶが、A社株主の合併後の立場は、対価がいかに定められるかにより、大きく異なることになる。

新設合併では、E社がC社株主・D社株主に対して対価を交付する。しかしE社は新たに設立される会社であり、そして株主がいない会社は認められないので、必ずE社株式は交付されなければならない（753条1項7号)。つまり、対価の柔軟化は認められない（E社株式と、社債・新株予約権・新株予約権付社債を組み合わせてもよい。同項8号参照)。

3) 手続1（株主の利益保護)

上記のように、合併は、当事会社の株主に重大な影響を与えるので、**株主総会の特別決議による承認**が必要となるのが原則である（783条・795条・804条・309条2項12号)。そのため、次のような規制が加えられる。

当事会社の代表取締役（代表執行役）が合併契約を締結した後、その内容を事前開示しなければならない（782条・794条・803条)。株主に合併の内容を知らせて、合併承認決議に対する賛否や株式買取請求権を行使するかどうかの判断材料を提供し、会社債権者に対して、異議申立てをするかどうかの判断材料を提供する。

また、株主総会の招集通知・株主総会参考書類においても、株主に対する情報提供がされる。株主に準備の機会を与え、また、株主総会による公正な意思形成を保障するためである。

合併契約の承認は、原則として株主総会の特別決議が求められるが、①消滅会社の株主の投下資本回収の利益が制限されることになる場合に特殊決議が求められる（309条3項2号3号）ほか、次の例外が特に重要である。②吸収合併において、株主総会による承認決議が成立することが確実に見込まれる場合に株主総会決議が不要となり、③株主に重大な影響を与えるといえない合併の場

合に、原則として株主総会決議が不要となる。同じく株主総会決議を不要とする規制だが、趣旨はまったく異なることに注意する必要がある。

　②は**略式の手続**といわれる（略式合併）。会社法は、株主総会による承認決議が成立することが確実に見込まれる場合を、一方の当事会社が他方の特別支配会社である場合としている（784条1項・796条1項）。特別支配会社とは、相手方会社の総株主の議決権の90％以上を有している会社である（468条1項）。すなわち、90％以上の株主たる会社が吸収合併の当事会社でもあるのに、相手方会社の株主総会で反対するはずがない（決議は必ず成立する）ので、わざわざ株主総会を開催するまでもないという規制である。このような趣旨なので、消滅会社にも適用される（会社が消滅してしまうので、特別支配会社以外の株主には重大な影響を与えるが、決議が成立するのは確実なので、株主総会を開催する意味がない）。なお、新設合併に略式の手続はない。特別支配会社関係は、全事業を吸収される会社と吸収する会社との関係であり、新設合併設立会社は現存していないことから、このような関係は成立しないからである。

　③は**簡易な手続**といわれる（簡易合併）。株主に重大な影響を与えるといえない合併とは、吸収合併存続会社が交付する合併対価が、その純資産額の5分の1以下しかない場合である（796条3項）。比較してあまりに小さな会社を吸収するときにまで、大きな会社の株主に重大な影響を及ぼすとはいえないということである（比喩的に、クジラがメダカを飲み込む場合といわれる）。ただし、事前に反対の株主が多数であることが判明したときは、株主総会に諮る必要がある（同条3項ただし書・4項）。なお、吸収合併消滅会社や新設合併消滅会社は、会社が消滅してしまうので株主に重大な影響を与えるし、また、新設合併設立会社は現存していないので、これらの会社に簡易な手続はない。

　株主には、<u>吸収合併に法令定款違反がある場合</u>、略式の手続をとり株主総会決議が不要となるが合併対価が著しく不当であるという場合に、**差止請求権**が認められている（784条の2・796条の2）。<u>ただし、上述の簡易な手続に当たる場合などは、原則として認められない（796条の2柱書ただし書）</u>。新設合併の場合は、<u>法令定款違反がある場合である（805条の2）</u>。いずれも、募集株式の発行等に対する差止請求権（210条）などと同じく、「株主が不利益を受けるおそれがあるとき」が要件である（360条などとは異なる）。

また、合併に反対する株主（合併自体に反対したり、合併契約の内容に反対する株主）に、会社から退出する機会と経済的な保障を与えるため、**反対株主の株式買取請求権**の制度が設けられている。すなわち、反対株主（785条2項・797条2項・806条2項）は、会社に対し、自己の有する株式を**公正な価格**で買い取ることを請求することができ（785条1項・797条1項・806条1項）、会社との協議が整わないときは、裁判所に対して買取価格の決定の申立てをすることもできる（786条・798条・807条）。もっとも、上述の簡易な手続に当たる場合は、原則として認められない（797条1項ただし書）。

4）手続2（債権者異議手続）

合併は、会社債権者にも重大な影響を与える。消滅会社の債権者にとっては、合併によって債務者が変更されることになるし、存続会社の債権者にとっては、存続会社の財産状況が変動することになる。そこで、前述（3））の事前開示手続に加え、吸収合併消滅会社・吸収合併存続会社・新設合併消滅会社の全債権者につき、**債権者異議手続**が設けられている（789条・799条・810条）。

会社債権者が合併について異議を述べる機会を与えるため、会社は、一定事項を官報に公告し、かつ、異議を述べることができる「知れている債権者」には各別に催告しなければならない。ただし、官報に加えて、当該会社の公告方法に従って定款紙への公告または電子公告をする場合は、各別の催告は不要となる。異議を述べることができる期間として、1か月以上の期間を設定しなければならない。債権者異議手続が終了しないと、合併の効力は認められない（750条6項。新設合併では設立登記が受理されない）。

債権者が異議を述べなかった場合は承諾したものと見なされるが、異議を述べた債権者に対しては、会社は、原則として、弁済・担保の提供などの措置をとる必要がある。なお、社債権者が異議を述べるためには、社債権者集会の決議によらなければならない（740条1項。なお2項）。

5）効力の発生

吸収合併の効力は、当事会社間の契約で定められた効力発生日に生じる（750条1項・749条1項6号）。それに対して、新設合併設立会社の設立は25条以下の設立規制に従ってなされるわけではないが、その成立については49条が適用されることとされており（814条）、設立登記によって会社が成立し、新設

合併の効力が発生する（754条1項）。登記につき、921条・922条参照。

吸収合併存続会社・新設合併設立会社では、合併の効力発生後、遅滞なく、一定事項を開示しなければならない（801条1項・815条1項）。無効の訴えの提訴権者が、無効の訴えを提起するかどうかを判断するための資料となる。

6）合併無効の訴え

合併契約の内容や合併手続に何らかの瑕疵があった場合でも、それが効力を生じた後で簡単に覆るようでは法的安定性を害してしまうことから、その無効は訴えによってのみ主張することができることとされ（828条1項7号・8号）、また、提訴権者や出訴期間は法定されている（同号・同条2項7号・8号）。提訴権者は、株主・合併を承認しなかった債権者などである。無効事由は法定されていないが、必要な決議や債権者異議手続が欠けたことは無効事由であると解される。

合併比率が不公正であることは無効事由か。当事会社の株主には株式買取請求権を行使する機会があるし、債権者には異議を申し立てる機会がある（異議を述べなかった債権者は提訴権者ではない）。そこで、合併比率の不公正は、合併無効事由ではないと解する見解が多数である（東京高判平成2年1月31日資料版商事法務77号193頁参照）。もっとも、合併比率は、各会社の状況や合併の目的などを勘案して当事会社間の契約で自由に定め得るのであって、各会社の財産状況

◎notice：吸収説

合併承認決議に取消事由がある場合も、株主総会決議取消しの訴えの制度に従い、決議の日から3か月以内に訴えを提起しなければならない（831条1項柱書）。しかし、合併の効力が発生した後は、合併の効力を争うには合併無効の訴えによるしかないと解される。取り消されれば決議は無効となり、承認決議の無効は合併無効事由と解されるから、決議の日から3か月は、決議取消しを主張する機会が保障されなければならない。

そこで、合併の効力発生前に決議取消しの訴えを提起していた場合は、効力発生後に訴えの変更をして、合併無効の訴えの中で決議取消事由の有無を争うことになる。合併の効力発生前に決議取消しの訴えを提起していなくても、決議の日から3か月以内なら、合併無効の訴えを提起して、決議取消事由の有無を争うことができる。

だけを見て一義的に公正な合併比率が算出されるわけではない。それを踏まえてなお不公正な合併比率での合併承認決議が行われたと評価されるとすれば、831条1項3号所定の「著しく不当な決議」が行われたといえることとなろう。そこで、同号所定のその他の要件を満たせば、株主総会承認決議の取消事由に当たる（取り消されれば決議は無効となり、合併無効を招来する）。

無効の確定判決は対世効を有し（838条）、遡及効は認められない（839条）。この場合は嘱託登記がされる（937条3項2号3号）。

(3) 会社分割（吸収分割・新設分割）

1) 意　　義

吸収分割は、一方の会社（F社）が、その財産・事業の全部または一部を、現存する別の会社（G社）に包括的に承継させる行為である（吸収分割を行うのはF社である）。承継させる財産は、後述の事業譲渡（(5)）と異なり、「事業」である必要はない（2条29号は「その事業に関して有する権利義務の全部又は一部」と規定している）。F社は吸収分割会社、G社は吸収分割承継会社と呼ばれる（図表13-4）。

新設分割では、ある会社（H社）が（2社以上でもよい）、財産・事業の全部または一部（2条30号は「その事業に関して有する権利義務の全部又は一部」と規定している）を、新たに設立する会社（I社）に包括的に承継させる行為である（新設分割を行うのはH社である）。H社は新設分割会社、I社は新設分割設立会社と呼ばれる。合併の場合と同様、新設分割設立会社の設立は、会社分割手続によって行われ、25条以下の規制の適用を受けるものではない（例外はある。814条1項参照。図表13-5）。

会社分割も組織法上の行為である。なお、吸収分割会社や新設分割会社は、条文上「消滅会社等」に含まれるが、分割後に消滅するわけではない。

吸収分割では、F社・G社間の契約により、その内容が定められる（757条）。それに対して、新設分割では、現存する会社は1社であることもあるので、H社が計画を作成することにより、その内容を定める（762条）。契約・計画で定められた資産・債務・雇用契約その他の権利義務が、承継の対象となる。なお、会社分割を行う会社は、株式会社または合同会社に限られる（承継会社・設立会

図表13-4 吸収分割（分割対価がG社株式であったとすると）

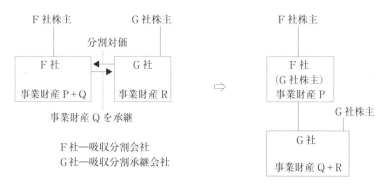

図表13-5 新設分割（分割対価にI社株式は含まれる）

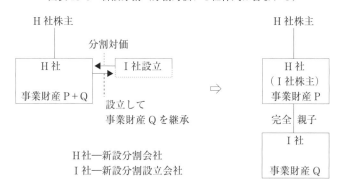

社の会社の種類には制限はない）。

2) 分 割 対 価

　合併と異なり、会社分割では、分割対価は、吸収分割会社（F社）・新設分割会社（H社）に交付される。すなわち、それらの株主に交付されるわけではないので、会社分割後も、分割会社の株主の地位に変動があるわけではない。もっとも、分割対価が吸収分割承継会社（G社）や新設分割設立会社（I社）の株式である場合、会社分割の効力発生と同時に、当該対価の交付を受けたF社・H社が剰余金の配当などを行うことにより、それらの株主に当該対価を取得させることもできる（758条8号・763条12号参照）。このときは、F社・H社の株主は、会社分割後、G社・I社の株主たる地位にも立つことになる。あたかも、分割対価が、直接、分割会社の株主に交付されたのと同じ結果となる

(**人的分割**という)。

吸収合併と同様、吸収分割においても**対価の柔軟化**が認められる (758条3号・4号)。対価が何かによって、分割後、F社とG社がどのような関係に立つかが定まる。対価が金銭のみであるときは (交付金分割)、F社・G社間の株式所有関係は従前のままであるし、対価がG社の親会社株式であるときは (三角分割、その実現のため800条が規定されている)、F社は、G社の親会社の株主となる。新設分割では対価の柔軟化は認められない (763条6号・8号)。人的分割が行われる場合でなければ、分割後、H社はI社の株主となる。

3) 手続1 (株主の利益保護)

会社分割では、当事会社の重要な財産や事業が移転することも認められるため、当事会社の株主に重大な影響を与える。そこで、合併と同様に、事前開示が求められ (782条・794条・803条)、**株主総会の特別決議による承認**が必要となるのが原則である (783条・795条・804条・309条2項12号)。もっとも、吸収分割の場合にも**略式の手続**が認められる (784条1項・2項・796条1項・2項)。また、分割会社は消滅するわけではないので、吸収分割承継会社のみならず (承継する財産が純資産額の5分の1以下の場合)、吸収分割会社・新設分割会社においても (承継させる財産が総資産額の5分の1以下の場合)、**簡易な手続**が認められる (784条3項・796条3項・805条)。

合併の場合と同様、株主には、吸収分割に法令定款違反がある場合、略式の手続をとり株主総会決議が不要となるが分割対価が著しく不当であるという場合に、**差止請求権**が認められている (784条の2・796条の2)。新設分割の場合は、法令定款違反がある場合である (805条の2)。ただし、上述の簡易な手続に当たる場合などは、原則として認められない (784条の2柱書ただし書・796条の2柱書ただし書。805条の2ただし書)。

会社分割においても、**反対株主の株式買取請求権**が認められる (785条2項・797条2項・806条2項)。もっとも、分割会社において簡易な手続が行われる場合は、認められない (785条1項2号・806条1項2号)。

4) 手続2 (債権者異議手続)

会社分割では、分割対価は分割会社に交付されるため、分割会社は、分割する財産に見合う対価を取得するのであって、人的分割が行われる場合でなけれ

ば、分割会社の責任財産が減少することはないはずである。そこで、吸収分割会社・新設分割会社の**債権者異議手続**は、人的分割が行われる場合は全債権者に認められるが、それ以外の場合は、会社分割によってその債権が承継され、承継会社が債務者となる（会社分割後に債務者が変更されてしまう）会社債権者に限られる（789条1項2号・810条1項2号）。すなわち、会社分割後も相変わらず分割会社に債権を追及し得る債権者（**残存債権者**という）は、債務者が変更するわけではないので、異議手続は認められない。吸収分割承継会社の財産状況や事業は変動することになるので、承継会社では全債権者に認められる（799条1項2号）。

手続等は、合併の場合とほぼ同様であるが、789条3項・810条3項所定の

◎ notice：濫用的会社分割の場合の残存債権者保護

会社法のもとでは、債務の履行の見込みがなくても会社分割を行うことができるようになったとの理解が一般化し（会施規183条6号・192条7号・205条7号は「債務の履行の見込み」を開示することとしており、「債務の履行の見込みがあること」まで開示する必要はなくなった）、濫用的な会社分割が行われる事例が増加した。すなわち、債務超過に陥った会社が、債権者を恣意的に選別したうえで、優良事業や資産だけを承継会社・設立会社に承継させ、それら会社に債務の履行を請求できない債権者（相変わらず分割会社に対する債権を有するが、当該会社には不良資産しか残っていない）を不当に害するなどの態様で行われる会社分割である。本文記述のように、人的分割の場合を除き、残存債権者には異議手続が認められない。また、それゆえ無効の訴えを提起することもできない。

<u>平成26年改正は、人的分割の場合を除き、分割会社が残存債権者を害することを知って会社分割をした場合、**残存債権者**は、分割会社と承継会社または設立会社との両方に履行の請求をすることができることとした（759条4項～7項・764条4項～7項）。ただし、承継会社が、残存債権者を害することを知らなかった場合は除かれる（759条5項）。「害することを知って」の解釈は、民法424条1項の解釈に準じるものと解される。</u>

その他、残存債権者の保護として、判例（最判平成24年10月12日金判1417号16頁）は、会社分割は組織法上の行為だが、要件を満たせば詐害行為取消権（民424条）を行使することもできるとしている。また、会社分割についても22条1項が類推適用されるから（最判平成20年6月10日判時2014号150頁。導入判例）、これによる救済を得られる可能性もある。さらに、法人格否認の法理の適用や倒産法上の否認権行使の余地もある。

方法で公告をする場合でも、分割会社に知れている不法行為債権者に対しては、各別の催告を省略することはできない（789条3項括弧）。また、異議を述べることができる分割会社の債権者が各別の催告を受けなかった場合（①各別の催告を受けるべきなのに受けなかった場合—789条3項・810条3項所定の方法で公告をする場合は、不法行為債権者以外の債権者は各別の催告を受けるべき場合には当たらない—、②分割会社に知れていないため各別の催告を受けなかった場合）、分割後も、分割会社と承継会社または設立会社との両方に履行の請求をすることができる（759条2項・3項・764条2項・3項）。

なお、雇用契約（労働契約）も、分割契約・分割計画次第で自由に承継させ得る。そこで、労働者保護の見地から、「会社の分割に伴う労働契約の承継等に関する法律」が定められている。それに従う事前協議が行われなかった労働者がいる場合など、当該労働者は労働契約承継の効力を争うことができる（最判平成22年7月12日民集64巻5号1333頁）。

5）効力の発生・会社分割無効の訴え

吸収分割の効力は、当事会社間の契約で定められた効力発生日に生じる（759条1項・758条7号）。新設分割の効力は、新設合併と同様、新設分割設立会社の成立の日に生じる（764条1項）。登記につき、923条・924条参照。また、効力発生後の事後開示手続がある（791条・801条2項・811条・815条2項）。

合併無効の訴え（(2) 6)）と同様に、会社分割無効の訴えの制度が定められている（828条1項9号・10号・同条2項9号・10号・838条・937条3項4号・5号）。

(4) 株式交換・株式移転

1）意　　義

株式交換・株式移転は、完全親子会社関係を作り出すための行為である。株式交換は、既存の複数の会社間で完全親子会社関係を作り出し、株式移転では、既存の会社（複数でもよい）が完全子会社となり、新設される会社が完全親会社となる。原則として、当事会社の財産・事業に変更をきたすわけではない。

株式交換は、完全子会社になろうとする会社（J社）の発行済株式のすべてを、完全親会社になろうとする会社（K社）に取得させる行為である（株式交換を行うのはJ社である。2条31号）。すなわち、J社株主は、その有するJ社株式を

強制的にK社に取得され、代わりにK社から対価を受け取る。これにより、J社株式はすべてK社が所有することになり、完全親子会社関係が形成される。J社は株式交換完全子会社、K社は株式交換完全親会社と呼ばれる（図表13-6）。

株式移転は、完全子会社になろうとする会社（L社、2社以上でもよい）の発行済株式のすべてを、新たに設立する会社（M社）に取得させる行為である（株式移転を行うのはL社である。2条32号）。上記と同様にM社とL社の間で完全親子会社関係が形成される。L社は株式移転完全子会社、M社は株式移転設立完全親会社と呼ばれる。株式移転設立完全親会社の設立も、25条以下の規制の適用を受けるものではない（例外はある、814条1項参照。図表13-7）。

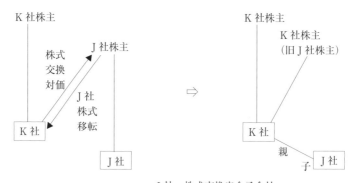

図表13-6　株式交換（株式交換対価がK社株式であるとすると）

J社―株式交換完全子会社
K社―株式交換完全親会社

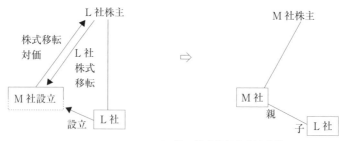

図表13-7　株式移転（株式移転対価にM社株式は含まれる）

L社―株式移転完全子会社
M社―株式移転設立完全親会社

株式交換・株式移転も組織法上の行為である。なお、株式交換完全子会社や株式移転完全子会社は、条文上「消滅会社等」に含まれるが、株式交換・株式移転後に消滅するわけではない。

株式交換では、J社・K社間の契約により、その内容が定められる（767条）。それに対して、株式移転では、現存する会社は1社であることもあるので、L社が計画を作成することにより、その内容を定める（772条）。なお、完全子会社となる会社は株式会社でなければならない。株式交換完全親会社は合同会社も認められるが、株式移転設立完全親会社は株式会社であることが求められる。

2）交換対価・移転対価

株式交換・株式移転では、交換対価・移転対価は、完全子会社となろうとする会社（J社・L社）の株主に交付される。吸収合併・吸収分割と同様、株式交換では、**対価の柔軟化**が認められる（768条1項2号）。対価が何かによって、J社株主が、株式交換後にK社とどのような関係に立つかが定まる。対価が金銭であるときは（交付金株式交換）、J社株主はK社と関係をもたないし、対価がK社の親会社株式であるときは（三角株式交換。その実現のため800条が規定されている）、K社の親会社の株主となる。株式移転では**対価の柔軟化**は認められない（773条1項5号7号）。L社株主は、株式移転後、M社株主となる。

3）手続1（株主の利益保護）

株式交換・株式移転では、完全子会社となろうとする会社（J社・L社）の株主は、強制的に株主たる地位を失わされることになる。株式交換完全親会社の株主は、株式交換の内容により、その持株比率に影響を受ける。そこで、合併や会社分割と同様に、事前開示が求められ（782・794条・803条）、**株主総会の特別決議による承認**が必要となるのが原則である（783条・795条・804条・309条2項12号）。もっとも、株式交換の場合にも**略式の手続**が認められる（784条1項2項・796条1項2項）。また、株式交換完全親会社（承継する財産が純資産額の5分の1以下の場合）、株式交換完全子会社・株式移転完全子会社において（承継させる財産が総資産額の5分の1以下の場合）、**簡易な手続**が認められる（784条3項・796条3項・805条）。

株式交換・株式移転においても、株主の差止請求権（784条の2・796条の2・805条の2）、**反対株主の株式買取請求権**が認められる（785条2項・797条2項・

806条2項)。

4) 手続2（債権者異議手続）

　株式交換・株式移転によっては、原則として会社財産は変動しないので、会社債権者に影響を与えない。ただし、交換対価が金銭であったり、新株予約権付社債を承継する場合の株式交換完全親会社では、会社財産が減少したり債務が増加する。また、完全子会社になろうとする会社の新株予約権付社債権者が、親会社の新株予約権付社債権者に変わる場合は、債務者が交代することになる。これらの場合に限って、**債権者異議手続**が認められる（789条1項3号・799条1項3号・810条1項3号）。手続等は、合併の場合と同様である。

5) 効力の発生・無効の訴え

　株式交換の効力は、当事会社間の契約で定められた効力発生日に生じる（769条1項・768条1項6号）。株式移転の効力は、新設合併・新設分割と同様、株式移転設立完全親会社の成立の日に生じる（774条1項）。株式移転の場合の登記につき、925条参照。また、効力発生後の事後開示手続がある（791条・801条3項・811条・815条3項3号）。

　合併無効の訴え（(2) 5)）・会社分割無効の訴え（(3) 5)）と同様に、株式交換無効の訴え・株式移転無効の訴えの制度が定められている（828条1項11号12号・同条2項11号12号・838条・839条・937条3項6号7号）。

(5) 事業譲渡等・事後設立

1) 事業譲渡等の意義

　事業譲渡に対する規制は第1編総則にもあり（21条～24条）、そこでは、事業譲渡が行われた場合の、①譲渡会社の競業避止義務、②譲渡会社の債権者・債務者の利益に配慮した規制が規定されている。

　他方、第2編第7章（467条～470条）の規制は、事業譲渡を行うには株主総会の特別決議による承認が必要だとの規制が中心である（467条・309条2項12号）。このように株主総会特別決議が必要になる事業譲渡とは何かが問題になっている。判例（最大判昭和40年9月22日民集19巻6号1600頁）は次のように判示したと解される。「第一編総則所定の事業譲渡は、①一定の事業目的のため組織化され、有機的一体として機能する財産（得意先関係等の経済的価値のある

事実関係を含む）の全部または重要な一部を譲渡し、②譲渡会社がその財産によって営んでいた事業活動の全部または一部を譲受人に受け継がせ、③譲渡会社がその譲渡の限度に応じ法律上当然に会社法21条に定める競業避止義務を負う結果を伴うものをいい、そして、第二編第七章で規制されている事業譲渡も、それと同義である」。

このように、最大判は、法概念の統一性を根拠として第7章の事業譲渡を定義するが、逆に法概念の相対性を根拠に、規制の趣旨が異なるのでここにいう事業譲渡は総則編とは異なる（上記①が満たされれば足りる）と解する見解もある。

上記の争いはあるが、事業の全部を譲渡する場合および事業の重要な一部を譲渡する場合は、**株主総会の特別決議による承認**が必要である（467条1項1号2号・309条2項12号）。また、他の会社の事業の全部を譲り受ける場合についても（467条1項3号）、事業経営に関する重要な契約の締結などをする場合についても（467条1項4号）、同様の規制を加えている。平成26年改正は、さらに、子会社の株式の全部または一部の譲渡の場合を加えた（467条1項2号の2）。これらの行為は「事業譲渡等」と呼ばれる（468条1項）。

もっとも、「事業の重要な一部の譲渡」（467条1項2号）について、譲渡財産が総資産額の5分の1を超えない場合、あるいは5分の1を超えても重要とはいえない場合は、株主に重大な影響を与えるとまではいえず株主総会の特別決議による承認は不要とされており（467条1項2号）、「事業譲渡等」には当たらない（よって、下記の反対株主の株式買取請求権も認められない）。また、「子会社の株式の全部または一部の譲渡」（467条1項2号の2）についても、譲渡財産が総資産額の5分の1を超えないとき、または譲渡後になお子会社の議決権の過半数を有している場合も、「事業譲渡等」に当たらない。

なお、事業の重要な一部の譲渡または事業全部の譲受けに当たらなくても（株主総会特別決議による承認は不要でも）、取締役会設置会社にとって重要な財産を処分したり譲り受けたりする場合は、取締役会決議による決定が必要である（362条4項1号）。

2）手　続　等

「事業譲渡等」に関する株主総会決議についても、**略式手続**がある（468条1項）。また、他の会社の事業の全部を譲り受ける場合に、**簡易な手続**が認めら

れる（468条2項・3項）。事業の一部の譲渡についてこれに類する場合はそもそも「事業譲渡等」に当たらないという規制になっているので (1) 参照)、簡易な手続はない。

事業全部の譲渡の承認決議と解散決議が同時に行われる場合、他の会社の事業の全部の譲受けにおいて簡易な手続に相当する場合を除き、「事業譲渡等」の場合も**反対株主の株式買取請求権**が認められる（469条1項)。

譲渡会社の債権者・債務者の利益に配慮した規制は、22条～23条の2に委ねられる。①譲渡会社の債権者は、事業を譲り受けた会社が、譲渡会社の商号を引き続き使用する場合には、譲受会社に対しても債権の追及をなし得る（22条1項)。商号が引き続き使用されている場合は、「同一の営業主体による営業が継続しているものと信じたり、営業主体の変更があったけれども譲受人により譲渡人の債務の引受けがされたと信じたりすることは、無理からぬもの」であるから、このように信頼した債権者を保護するための規定とされる（最判平成16年2月20日民集58巻2号367頁)。ただし、譲受会社が責任を免れる手段もある（同条2項)。また、②商号を引き続き使用しない場合でも、弁済の請求をすることができる場合もある（23条1項)。③商号を引き続き使用する場合には、譲渡会社の債務者が譲受会社にした弁済も有効とされる（22条4項)。外観信頼保護規定であり、善意・無重過失が要件とされている。いずれも、事業譲渡後も相変わらず譲渡会社に対する債権者または債務者である場合の規定だから、真実の法律関係に従って、譲渡会社に対する債権追及はでき、譲渡会社に対する弁済は有効である。<u>④平成26年改正は、譲渡会社が残存債権者を害することを知って事業譲渡をした場合、**残存債権者**は、譲渡会社と譲受会社との両方に履行の請求をすることができることとした（23条の2)。ただし、承継会社が、残存債権者を害することを知らなかった場合は除かれる（同条1項ただし書)。会社分割の場合の規制の新設（759条4項～7項・764条4項～7項）に合わせたものである。</u>

3) 効　　力

事業譲渡・譲受けによる財産の移転には、個別の財産につき手続が必要である（包括承継ではない)。対抗要件も個別に満たす必要がある。

「事業譲渡等」は取引行為である。そこで、その効力を争う特別の訴えの制

度は設けられていない。有効な株主総会決議を欠く事業譲渡・譲受けの効力について、判例（最判昭和61年9月11日判時1215号125頁）は、相手方からも無効主張できるし、追認もできない絶対的な無効と解している。

なお、事業の全部を譲渡しても、法人格が当然に消滅するわけではない（解散事由ではない）。対価を取得している場合は会社財産は存在しているし、定款を変更するなどしたうえで新しい事業を開始することはできる。

4) 事後設立規制

「事業譲渡等」に対する規制と異なる趣旨だが、同様に株主総会の特別決議による承認が必要となる財産取得行為が定められている。会社設立（組織再編行為によって設立される場合を除く）に際して、現物出資や財産引受けには厳格な規制が加えられるが（28条1項2号・33条）、その潜脱行為に対処するための規制であり、事後設立（規制）といわれる。

すなわち、会社の成立前から存在し、その事業のために継続して使用する財産を、成立後2年以内に取得するときは、株主総会の特別決議による承認を要する（467条1項5号）。ただし、当該財産を取得するための対価が会社の純資産額の5分の1を超えない場合は、不要である（同号ただし書）。

設　問

① 吸収合併・新設合併・吸収分割・新設分割・株式交換・株式移転・事業譲渡（ここでは事業の一部の譲渡のみでよい）は、それぞれどのような行為か。対価が株式であるとき、行為の前後で、当事会社とその株主との関係はどのように変化する（あるいは、しない）か。
② 上記①の各行為における略式の手続、簡易な手続とは、どのような意味であり、それぞれ、なぜそれが認められるか。
③ 上記①の各行為に際して、どのような場合に、なぜ債権者保護の規制が必要になるか。

【参考文献】
江頭憲治郎・中村直人編著『論点体系　会社法5』第一法規、2012年
江頭憲治郎・中村直人編著『論点体系　会社法6』第一法規、2012年
江頭憲治郎・中村直人編著『論点体系　会社法　補巻　平成26年改正』第一法規、2015年
落合誠一編『会社法コンメンタール　第12巻　定款の変更・事業の譲渡等・解散・清算(1)』商事法務、2009年

森本滋編『会社法コンメンタール　第17巻　組織変更、合併、会社分割、株式交換等(1)』商事法務、2010年

森本滋編『会社法コンメンタール　第18巻　組織変更、合併、会社分割、株式交換等(2)』商事法務、2010年

14章

会社の倒産と再生とは

【導入判例】 倒産時における倒産解除特約の有効性（最判平成20年12月16日判時2040号16頁）

〔事実〕 フルペイアウト方式によるファイナンスリース契約をリース業者甲とユーザー乙とで契約したところ、乙が民事再生手続開始の申立てをしたことから、甲は同契約における解除特約に基づき、同手続の申立ては無催告解除事由に該当するとして、リース契約を解除した。乙はこの解除特約は無効であることを争った。

〔判旨〕 最高裁は、本件解除特約において民事再生手続開始の申立てがあったことを解除事由とすることは、民事再生手続の趣旨、目的に反するとして無効と判断した。民事再生手続は、経済的に窮境にある債務者について、その財産を一体として維持し、全債権者の多数の同意を得るなどして定められた再生計画に基づき、債務者と全債権者との間の民事上の権利関係を調整し、債務者の事業または経済生活の再生を図るものであり（民再法1条参照）、担保の目的物も民事再生手続の対象となる責任財産に含まれる。

ファイナンスリース契約におけるリース物件は、リース料が支払われない場合には、リース業者においてリース契約を解除してリース物件の返還を求め、その交換価値によって未払リース料や規定損害金の弁済を受けるという担保としての意義を有するものであるが、同契約において、民事再生手続開始の申立てがあったことを解除事由とする特約による解除を認めることは、このような担保としての意義を有するにとどまるリース物件を、一債権者と債務者との間の事前の合意により、民事再生手続開始前に債務者の責任財産から逸出させ、民事再生手続の中で債務者の事業等におけるリース物件の必要性に応じた対応をする機会を失わせることを認めることにほかならないから、民事再生手続の趣旨、目的に反することは明らかというべきである旨判示した。

〔問題のポイント〕

法的倒産手続申立てがあった場合、有効であった契約を相手方が解除できるとする倒産解除条項は通常多くの契約書に記載がある。ところが、所有権留保付売買契約の買主に会社更生手続開始の申立てがあった場合に解除特約の有効性を否定した判例があったところ（最判昭和57年3月30日民集36巻3号484頁）、本件では民事再生事件においてフルペイアウトのファイナンスリース契約の倒産解除特約の効力を否定した。昭和57年判決ではその理由を、窮境にある株式会社の維持更生を図ろうとする会社更生手続の趣旨、目的（会更法1条）から判示したが、本件では担保目的物も民事再生手続の対象

となる責任財産となり、リース物件にも担保としての意義があるところ、それを倒産解除条項によって手続開始前に責任財産から逸出させてしまうことは民事再生手続の趣旨、目的に反するとした。さらに問題となるのは清算型手続における倒産解除条項の効力であるが、本判決で判示されたリース物件の必要性に応じた対応を原則不要とする清算型手続には本判決の射程が及ばないとする考え方もあるが、債権者平等の観点や双方未履行双務契約における管財人の選択権保護の観点から倒産手続の種類を問わず解除条項を無効とする見解が有力である。

1　会社と倒産との交錯

(1) 会社の一生のサイクル

　会社とは経済社会の生き物である。会社の一生を俯瞰すると、会社が設立されて（第2編第1章）、営業活動を行い次第に会社の規模が大きくなる。さらに拡大するために増資が行われ（第2編第2章第8節）、今度は肥大化した組織を効率化するために組織が再編される（第5編）。会社の寿命は30年とも50年ともいわれることがあるが、最終的に定款で定めた存続期間が満了したり解散事由が発生等すれば解散し（第2編第8章）、解散した場合には清算される（第2編第9章・481条）。この清算手続は、会社法が予定したいわば会社が健全に自然死を迎えることを前提にした手続である。他方で、清算の遂行に著しい支障をきたすべき事情がある場合、会社の財産状態が非常に悪く会社の帳簿上資産より負債が多くなり債務超過の疑いがある場合には会社法上の特別清算手続を申し立てることができる（第2編第9章第2節・510条）。また債務超過や全債権者に債務の支払ができない支払不能の事態に陥った可能性がある場合には、破産法に代表される各種倒産手続を選択することもできる。会社法においても取締役の責務として、「債務超過またはそれに近い状態の株式会社は……会社債権者の損害拡大を阻止するために取締役には再建可能性・倒産処理等を検討すべき義務が善管注意義務として課させれており、その任務懈怠が問題となる」（江頭 2015、505頁）とされている。

(2) 会社の倒産

倒産手続には、そのまま会社を清算してしまう方法（法的手続では破産手続・特別清算手続）と、会社を再建していく方法（法的手続では民事再生手続・会社更生手続）の2種類がある（図表14-1）。人間に例えれば、重病となりそのままご臨終となるのか、それとも外科手術を施すことで病気を治癒する方向に舵を切るかである。大きな分かれ目に遭遇する。

この点例えば米国では、会社の再建を中心とした法的再建手続（米国連邦倒産法第11章の手続であることからチャプター11手続と呼ばれる）が重視される。倒産手続を債務者企業の事業戦略の一環としてみて、意図的に倒産手続を申し立て、債務者の過大な債務を整理し、再建していくことで、経済的に窮している事業の復活を図るのである。健全な会社に復活することについて、きわめてビジネスライクな判断がなされているといえる。他方で、日本では倒産手続をビジネスの戦略として利用しようという機運は弱い。日本の倒産手続においては、伝統的・文化的に、米国の倒産法制のようにビジネスに利用しようとする土壌は債務者側にはなじまない。むしろ会社の再建手続においては、倒産したという社会のスティグマ（烙印）をどのように払拭して、会社を再建することができるかが実務上は問題となる。

事業の再生においては、早期に着手することが重要である。一般的に、会社の経営状態や財政状態が悪化し始めると、時間の経過とともに等比級数的に企業価値（EV, enterprise value）が劣化していく（図表14-2）。

図表14-1 清算と再建のイメージ図

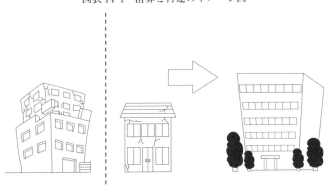

V部　会社間連携と組織再編

図表14-2　企業価値の劣化のイメージ図

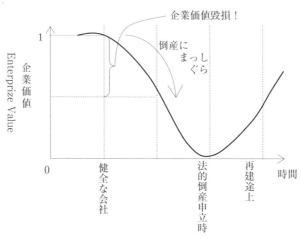

企業の価値は倒産手続に向かって等比級数的に下落する。倒産申立て、開始決定時が最低である。その後再建が可能であれば、負債の整理が行われ、同時に再建計画が立てられて、再建のめどが立ち企業価値が復活してくる（事業再生）。

　当初はゆっくりと財政状態が悪化していった会社も、次第に月単位の資金繰りが怪しくなり、それが週単位、数日単位となり最後には明日の資金繰りがもたずに倒産していく。下記2(3)で詳述するが、資金繰りに余裕があるうち、早期に再建に着手することで再建可能性が高まる。

2　事業の再生

(1) 事業の再生とは

　事業再生とは、文字通り「事業」そのものの再生を行うことである。関係する言葉に「企業再生」という言葉がある。明確な定義があるわけではないが、経済的に調子が悪くなった会社自体を丸ごと再生させるのが企業再生であり、企業そのものではなく、企業の特定の部門を再生させるのが事業再生といってもよいであろう。一つの企業といっても、最近では多角化されており、様々な種類の事業を一企業の内部で部門を設けて行っていることが通常である。その場合、企業自体を再生させるのであれば、企業内部の部門を再編し、儲からな

い部門を閉鎖し、儲かる部門に投資や人材を集中させることで企業の内部組織を再編し、再建していくこともできる。しかし、例えばその企業自体が過大な債務を負担しており、内部的な問題をいろいろ抱えている場合には、むしろ当該企業の一部門である儲かる事業を切り出して企業の外に出して、その事業自体を生かして再建していく方が効率がよい場合もある。当該企業には不要な部門であるが、競合他社にとっては魅力ある事業もある。この部門を切り出して、他社に売却したり、あるいは会社分割して競合他社と共同して事業を行うことで、事業自体を生かしていく場合もある。そのような部門の切り出しを行うために、法律上は、事業譲渡や会社分割の手法が使われることとなる（467条・第5編第3章。なお倒産法には事業譲渡の特則が設けられている。民再法42条等参照）。

(2) 事業の再生の2つの側面

　事業の再生には2つの側面がある。一つは事業の再構築であり、他方は財務の再構築である（図表14-3）。この事業の再構築とは、会社が行っている事業を赤字垂れ流しの体質から、利益が出る筋肉質な体質に転換することである。特に損益計算書の中で、営業利益がプラスの状態でなければ、その事業をやっている意味がない。上記で説明したように、企業は通常多角化した経営をしている場合が多いことから、その中から儲かる事業、核となる事業（コア事業）を選別し、そこに経営資源を集中していくことで再建を図る。他方で、儲からない事業、赤字の事業、将来性のない事業、儲かるにせよコア事業とは関係しない事業（ノンコア事業）からは撤退していくなり、他へ売却するなりの選択をしていくこととなる。

図表14-3　貸借対照表から見た事業再生

健全な会社		事業の再構築（資産を増やす）	倒産会社		
（資産の部）100	（負債の部）70		（資産の部）80	（負債の部）140	財務の再構築（負債を適正額に減らす等）
	（純資産の部）30			（純資産の部）△60	新規投資を行う

他方で財務の再構築とは、企業が当面の間は到底返済することができない過大な負債を、適正な負債額あるいは適正な支払条件まで債権者と債務者間で調整することを意味する。会社が倒産状態に陥るのは、会社の財産規模、売上規模と比較して過大な負債を負って、支払ができなくなる（おそれがある）からである。過大な負債を負うのは、例えば最新鋭の工場を建設したのに当てが外れて工場で生産する商品の受注を受けられなかった場合（過剰な設備投資、売上不振）、取引先が倒産して支払を受けられなくなった場合（手形不渡、連鎖倒産）、放漫経営、過当競争、景気低迷、需要の減退、資産の目減り等いろいろな事情が複合的に絡み合う場合もある。

このような過大な債務について、再建計画に基づき、債権者から支払条件を緩和してもらい、計画的支払の履行を約束する。支払条件の緩和の内容も様々あるが、債権者の負担が一番軽い方法は、支払期限の猶予である。例えば、今年中に到来する支払期限を延期して3年後としてもらう、支払を一括払いから分割払いに変更してもらう等である。本来支払うべき金額を減額してもらうことを債務免除（債権者からすると債権カット）という。債権者にとっては本来、債務者から支払ってもらえるはずの債権（金銭債権）を減額することとなり、両者に税務上の問題も関係してくる。債務免除額が適正であるか、債務免除後の残債務額がきちんと支払われる見込みがあるのかを、厳正に判断されることとなる。

場合によっては、債務免除には応じられないが、DES（DEBT EQUTIY SWAP, 債務と株式の交換）であれば応じられるという場合もある（199条1項3号）。これ

図表14-4　DESのイメージ図

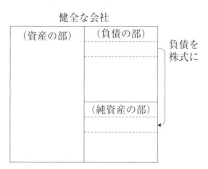

は過大な債権を株式に変じて、債権者が株主に変じる手法である（図表14-4）。しかし、債務者が上場していないオーナー企業である場合などには、債権者が株主となることを嫌う場合もあるし、税務上の問題もあり、常に使えるツールではない。その場合にはDDS（DEBT DEBT SWAP, 債権の劣後化）という手法が有効な場合もある。通常の債権を劣後債権とするわけであるが、劣後化の種類として支払を他の全債権が支払われてからとする場合や、清算時に支払われるとする場合等バリエーションがある。このDDSによる劣後化によって、劣後化した債権を株式と同様の資本と見なすことができ、銀行からの融資を得やすくなるメリットがある。

なお、債権残額がきちんと支払われる見込みがあるかは、上記の事業の再構築によって再建されるべきコア事業の将来性にも関係することである。したがって、事業の再構築と財務の再構築は密接な関係を有しており、いわば車の両輪のように、事業を再生するための必須の過程となる。

（3）事業再生の着手時期

事業の再生に着手する時期はいつか。下記図表14-5のS字曲線からも分かる通り、早期に事業再生が行われて再建が早まれば企業価値の劣化も進まず、むしろ企業価値の回復も早い。会社の経営状態がおかしくなった早期の段階で、私的整理を行い、債権者との話し合いで債権支払の猶予を中心とした財務の再

図表14-5　早期の事業再生で企業価値の復活の可能性が高まる

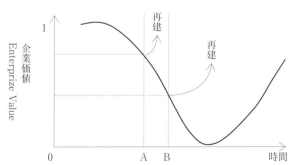

早期（A）に再建した方が、後から（B）再建するより、企業価値の毀損が少なく、再建しやすい。

構築（財務リストラ）を行いつつ、事業内容の再点検を行い、事業として再建できる中核となるコア事業を選択して、それに企業の人的資源と物的資源を集中するなど事業の再構築（事業リストラ）を行うことが再生の近道であることが多い。私的整理で上手くいかない場合には、再建型の法的倒産手続を申し立てて、債権者の債権カットを含むドラスティックな方法で会社の再建を図ることも検討しなければならない。例えていうと、債務者という患者が悪化して外科手術（法的手続）が必要なまで放置するのではなく、より軽度な内科治療（私的整理）で病気に対処できるのではないかという発想である。そのような再建手続が効をなさないと判断されるときには、会社を清算する手続を選択するほかない。

3　再建の手法―私的整理手続

会社や事業を再建する手法としては、大きく私的整理と法的整理とがある（図表14-6）。

(1) 私的整理の潮流

企業そのものがもっている価値（企業価値）は、会社が倒産に近づくにつれ、等比級数的に下落する。このように会社の企業としての価値が下落することを、会社の事業（価値）が毀損するという。事業の毀損が軽いうちは、債務者が債権者に依頼する支払条件の緩和も程度が軽いことから、債務者・債権者間での私的な話し合いを行う私的整理手続が適していることは上述の通りである。当事者間の話し合いであるので、秘密裏に行えるため対象となる債権者以外には私的整理を行っている事実が漏れず会社の信用を保持できる。話し合いにより債権の支払猶予や免除を得ることの合意が可能であれば、それに越したことはない。大口債権者から支払条件の緩和に関する同意が得られれば、債務者企業も資金繰りに追われることがなくなり、じっくり再建計画を考えて再建ができる可能性は高まる。法的手続と比較した場合にも、コストも比較的安価であり、また手続構造が複雑でないため、相対的に時間もかからない場合が多い。

ただし、私的整理にも弱点がある。私的整理に参加している対象となる債権者全員の同意を得ないと再建計画が成立しないことである。話し合いは、あく

図表14-6 私的整理と法的整理

> ◎ notice：伝統的な私的整理
> 　伝統的な私的整理とは、支払ができなくなった債務者が、債務者財産をすべて現金化して、当該現金を債権者に按分弁済を行う形が典型である。しかしこのような私的整理においては、誰が手続を主催するのか（債権者か、債務者代理人の弁護士か）、その手続は公正であるのか（整理屋等の介入がないか）、債権者平等を貫いているのか（一部の強行債権者に有利な取扱いをしていないか）、債務者の粉飾等の不正を正せるのか、一部債権者に不平等に有利な取引がなされたり、債務者の財産が債権者に有利に不当に減少されていないか（否認の問題）等、様々な問題が発生する。整理屋は債務者の財産を換金し、担保権者の担保実行を妨害し、集めた財産を自分だけで着服してしまう。担保債権者も、このような私的整理の交渉をきっかけとして、担保権の実行として競売申立て等を行う可能性もあり、このような担保権の実行を、私的整理手続では止めることはできない。

まで個々の債権者が同意してくれなければ効力がない。反対者が1人でもいれば、法的整理に移行して事業を再生するほかない。これまでと同様な支払条件を主張する強硬な債権者を懐柔し同意を取り付けるために、あるいは債務者財産の分配に関しても不正が行われる可能性もあり、伝統的な私的整理では、債権者の信用を得ることも困難な場合も多かった。

(2) 事業再生 ADR 手続

　そこで登場したのが、私的整理ガイドラインやそれをより使いやすい手続へと変更したともいうべき事業再生 ADR 手続である。そもそも、債権者と話し合いを行う場合にも、すべての債権者と話し合いを行うとなると全債権者の同意を得ることが難しい。特に、取引債権者には零細な業者も多い一方、原材料等の供給など事業再建に直結する重要なステークホルダーもおり、そのような債権者を私的整理に巻き込むことは、2次破綻のおそれがあるばかりでなく、私的整理の情報が漏れる可能性が高まり、取付騒ぎを誘発したり、取引先によからぬ噂が流れて債務者の信用がなくなるおそれもある。そこで債権者を取引債権者と金融債権者とに区分して、原則として金融債権者だけを対象債権者として私的整理を行う仕組みが私的整理のガイドラインや事業再生 ADR 手続では用いられている。債務者は通常多額の借財を金融機関から負っていることが多いことから、債務者の負債額に占める金融債権者の負債は取引債権者の負債と比べると、大きな割合を占めることが多く、金融債権者との交渉は債務者の財務のリストラのためには不可欠である。交渉が成功裏に終われば、債務者の負債の大きな割合が再構築され、債務者の再建の可能性が高まる。他方、取引債権者とは、これまでと同様の取引を継続することが事業そのものを毀損しないで、会社の再建可能性を高めることにつながる。そこで取引債権者には100％弁済を継続することとして、事業再生 ADR 手続で財務の再構築を行う対象には含めないのが原則となる。

　この事業再生 ADR は、平成 19 年に産業活力再生特別措置法の改正により創設された制度であり、いわば法的な根拠を有する私的整理手続であるといえる。現在では産業競争力強化法が根拠規定となっている。この手続を実施するのは民間紛争解決事業者であるが、現状では、事業再生実務家協会のみが唯一の認定された民間紛争解決事業者である。この事業再生事務家協会が選定し、債権者会議で選任された手続実施者（事業再生に精通した弁護士・会計士・コンサルタントなどの公正な第三者）が、債務者と金融債権者との間の権利調整を実施することで、手続が公正に行われることを担保し、債務者と債権者全員とで合意する再生計画が成立する。このような私的整理や官が行う私的整理（notice 参照）を準則型私的整理と呼ぶこともある。

> **◎ notice：官が行う私的整理手続**
> 　地域経済活性化支援機構や中小企業再生支援協議会のように官が関与した私的整理手続が行われているのも日本の現状である。地域経済活性化支援機構は、預金保険機構への政府および金融機関からの出資・拠出金に基づく同機構からの出資等により組成されおり、いわば官民が一体となり、地域経済の活性化を図り、併せて、地域の信用秩序の基盤を強化すべく、地域の企業の事業再生を支援し、地域の金融機関へ専門家を派遣し、さらに同機構自体が出資をするなど地域経済活性化事業活動の支援を行っている。また、中小企業再生支援協議会は、全国47都道府県の商工会議所内に協議会を設置し、事業再生に関する知識と経験とを有する専門家が窮境にある中小企業者からの相談を受け付け、解決に向けた助言や支援を行う。この両者の手続は現在私的整理として非常に有効であるとされているが、民業圧迫の懸念もある。

4　再建の手法—法的整理手続

（1）法的整理手続を選択する理由

　私的整理手続では、原則として債権者の全員一致が必要であることから、全員の同意をとることができない場合や困難な場合もある。特に事業毀損が激しく、債務者企業を再建するために、債権者の大幅な債務免除が必要である場合などには、債権者の足並みがそろわない場合も多々ある。そのような場合には、破産法、民事再生法、会社更生法等のいわゆる倒産法に基づき、裁判所の力を借りて法的整理を進めるのが妥当である場合も多い。

（2）民事再生法と会社更生法

　再建型倒産手続である民事再生法や会社更生法による再建とは、法定多数の債権者が再建計画に賛成した場合には、反対する少数の債権者を当該再建計画に拘束する仕組みである。
　民事再生手続の特徴は、原則としてDIP型手続であること、つまり債務者が会社であれば債務者会社の経営陣が手続の開始決定後も、そのまま経営陣としてとどまり民事再生手続を進行していくことである（民再法38条1項）。この点、破産手続であれば、手続の開始決定によって必ず破産管財人が選任される

のと対照的である（破産法31条1項）。経営陣が経営に失敗し、倒産手続に移行したのであるから退出するべきであるとの考え方もあるが、民事再生手続ではそのような考え方をとらず、むしろ現経営陣の事業に関する専門性や取引先との信頼関係により、会社の再建が効率的に進められるとの視点を重視している。

また対象とする債務者が、広く法人や自然人、学校法人等を含み、法人についても会社更生法のように株式会社に限定されていない点で使いやすい手続である（民再法1条、会更法1条）。

ただし、別除権者（担保権者等）は、原則として手続の枠外で自由に権利行使できるため、別除権者が債務者の再生に必要な工場や会社設備に設定した担保権を実行すると債務者の再建が非常に困難となるおそれがある（民再法53条）。

この点会社更生手続においては、対象債務者が、株式会社に限定されているものの、無担保債権者ばかりか担保債権者も手続内に取り込んでいく（会更法135条1項・同2条13項）。しかしそのために、重い手続構造となっており、中小企業よりは大企業向けの再建手続として適しているといわれている。会社更生手続においては、手続申立後の開始決定において、更生管財人の選任がなされる（会更法42条1項）。更生管財人には、伝統的には会社の再建に精通した弁護士が選任されるのが常であったが、既存の役員を管財人に選任することも法文上認められているため（会更法67条3項参照）、最近ではDIP型会社更生手続として、既存の役員が管財人として従前と同様に会社経営を行っていく形式の更生手続も行われる場合もある。

清算型倒産手続の典型である破産法では、支払不能の事実や債務超過の事実が破産手続の開始原因となっている。支払不能と債務超過は破産法において定義されており、支払不能とは債務者が支払能力を欠くために、その債務のうち弁済期にあるものにつき、一般的かつ継続的に弁済することができない状態であり（破産法2条11号）、債務超過とは債務を債務者財産でもって完済できない状態である（破産法16条1項）。法人破産においては、支払不能か債務超過であれば破産の申立原因となる（破産法15条1項・16条）。

他方で、民事再生法や会社更生法では、そのような状態となる一歩手前の支払不要や債務超過の「事実が生ずるおそれ」がある状態であれば申立てを認めている。会社に破産原因が現時点でなくても、将来そのような事実が発生する

可能性があれば申立てができる（民再法21条1項、会更法17条1項）。つまり民事再生や会社更生のような法的再建手続で、対象となる会社は、破産の対象となる経済状態が破綻した会社ばかりではなく、破産の一歩または二歩手前の状態にある会社、経済状態が悪化しているが方法によっては企業（事業）価値の毀損を防止・回復して、経済的窮境を脱することができる会社も含まれている。

(3) 破産法を利用した再建手法

　破産法は通常清算型倒産手続と認識されているが、事業再生手法としても活用できる。具体的には、開始決定と同時に選任された破産管財人が、破産会社事業を継続し（破産法36条）、その間に会社の事業のうち利益の出る部分の事業を切り出して売却先を選定して、継続営業している当該事業を売却する。要件としては、裁判所の許可が必要であり、裁判所は当該許可の前に労働組合等の意見を聞かなければならないが（破産法78条2項3号・同条4項）、債権者の意見までは聞く必要がないことから開始決定後に早期の売却が可能となり、事業の毀損を抑えて高額で事業を売却できる可能性がある。ちなみに民事再生手続において、再生計画外で事業を譲渡するには、裁判所の許可が必要であり、その

◎ **notice：倒産と関連したその他手続**

　特別清算手続は、会社法の中に規定されている会社の清算手続である（第2編第9章第2節）。会社の清算中に、当該会社に債務超過の疑いがあったり、清算の遂行に著しい支障をきたすべき事情があることが判明した場合、裁判所の監督下で、より厳格に会社の財産の調査を行い、清算計画に基づき按分弁済を行う。対象債権者は無担保債権者である。

　事業再生に特定調停手続も利用できる。この手続の目的は「支払不能に陥るおそれのある債務者等の経済的再生に資するため……債務者が負っている金銭債務に係る利害関係の調整を促進すること」である（特定債務等の調整の促進のための特定調停に関する法律、以下「特定調停法」）。これは金銭債務の調整に特化した民事調停の特例であり、事業再生の専門知識を有する民事調停委員により構成される調停委員会が、債務者の経済的再生に資するとの観点から経済的合理性を有する適当な調停条項を定め（特定調停法17条）、あるいは裁判所が調停に代わる決定（特定調停法22条、民事調停法17条）をすることで、債務者の事業の再建を図ることが可能となる。

前提として裁判所は再生債権者の意見を聞く必要がある（民再法42条2項）。

設　問

取引先の会社が法的倒産の申立てをした場合、債権者である取引先に対して、債務者会社から取引の継続を希望してきた。このような場合債権者取引先が取引継続を可能とするためには、債務者側でどのような配慮をすることが必要であるか。

【参考文献】
伊藤眞『破産法・民事再生法（第3版）』有斐閣、2014年
江頭憲治郎『株式会社法（第6版）』有斐閣、2015年
事業再生実務家協会編『事業再生ADRのすべて』商事法務、2015年

あとがき

　平成26年6月20日「会社法の一部を改正する法律」（以下改正法）が、「会社法の一部を改正する法律の施行に伴う関係法律の整備等に関する法律」とともに成立し、同月27日に公布されました。本書は、今回の会社法改正を反映した『最新改正　会社法』です。特に、今回の改正部分の重要な記述に下線を引き、改正法の主要点を明確にしました。会社法は、会社就職だけでなく社会常識としての基本的知識ですが、必要であると同時に理解しにくい法分野でもあり、読みやすい、また分かりやすい内容にと心がけたところです。

　まえがきのお言葉は、長くご指導をいただいた塩田親文先生よりいただきました。塩田先生は立命館大学の商法研究会の座長をされ、長くご指導をいただきました。さらには商事関係法の研究と専門書執筆の機会を私に多く与えていただきました。改めて感謝申し上げる次第です。

　八千代出版の前社長大野俊郎氏の在任中に会社法の単著の執筆のお勧めをいただきましたが、単著では私個人の能力を超えるため、出版に当たっては、以前よりご縁のある法学界・実務界での著名な諸先生方の執筆協力を得られたのは幸いでした。本書出版では、現社長の森口恵美子氏に出版をご快諾、遅筆の私に根気よく尽力いただき、編集部の井上貴文氏には今回も詳細な校正をしていただきました。

　皆々様のご協力によって本書を上梓することができましたことを厚く感謝を申し上げます。

平成28年3月吉日
永田　均

判例索引

最高裁判所

最判昭和 27 年 2 月 15 日民集 6 巻 2 号 77 頁	7
最判昭和 30 年 10 月 20 日民集 9 巻 11 号 1657 頁	47
最判昭和 31 年 11 月 15 日民集 10 巻 11 号 1423 頁	124
最判昭和 35 年 3 月 15 日判時 218 号 28 頁	124
最判昭和 36 年 3 月 31 日民集 15 巻 3 号 645 頁	209
最判昭和 37 年 1 月 19 日民集 16 巻 1 号 76 頁	123, 129
最判昭和 38 年 8 月 8 日民集 17 巻 6 号 823 頁	131
最判昭和 38 年 9 月 5 日民集 17 巻 8 号 909 頁	148
最判昭和 38 年 12 月 6 日民集 17 巻 12 号 1633 頁	19, 35, 207
最判昭和 38 年 12 月 6 日民集 17 巻 12 号 1664 頁	154
最判昭和 39 年 10 月 15 日民集 18 巻 8 号 1671 頁	9
最判昭和 39 年 12 月 11 日民集 18 巻 10 号 2143 頁	149-50
最判昭和 40 年 6 月 29 日民集 19 巻 4 号 1045 頁	129
最大判昭和 40 年 9 月 22 日民集 19 巻 6 号 1600 頁	252
最判昭和 40 年 9 月 22 日民集 19 巻 6 号 1656 頁	148
最判昭和 40 年 11 月 16 日民集 19 巻 8 号 1970 頁	44
最判昭和 41 年 7 月 28 日民集 20 巻 6 号 1251 頁	48
最判昭和 42 年 3 月 14 日民集 21 巻 2 号 378 頁	125-6
最判昭和 42 年 9 月 28 日民集 21 巻 7 号 1970 頁	124
最判昭和 43 年 11 月 1 日民集 22 巻 12 号 2402 頁	111
最大判昭和 43 年 12 月 25 日民集 22 巻 13 号 3511 頁	154
最判昭和 44 年 2 月 27 日民集 23 巻 2 号 511 頁	2, 3
最判昭和 44 年 4 月 3 日民集 23 巻 4 号 737 頁	7
最判昭和 44 年 6 月 26 日民集 23 巻 7 号 1175 頁	9
最大判昭和 44 年 11 月 26 日民集 23 巻 11 号 2150 頁	159
最判昭和 44 年 12 月 18 日裁判集民 97 号 799 頁	123
最判昭和 45 年 4 月 2 日民集 24 巻 4 号 223 頁	123
最判昭和 45 年 6 月 24 日民集 24 巻 6 号 625 頁	8
最判昭和 45 年 7 月 2 日民集 24 巻 7 号 731 頁	7
最判昭和 45 年 7 月 9 日民集 24 巻 7 号 755 頁	131
最判昭和 45 年 8 月 20 日判時 607 号 79 頁	123, 131
最判昭和 45 年 8 月 20 日民集 24 巻 9 号 1305 頁	154
最判昭和 45 年 11 月 24 日民集 24 巻 12 号 963 頁	91
最判昭和 46 年 3 月 18 日民集 25 巻 2 号 183 頁	119, 123
最判昭和 46 年 3 月 18 日判時 630 号 90 頁	123
最判昭和 46 年 7 月 16 日判時 641 号 97 頁	209
最判昭和 46 年 10 月 13 日民集 25 巻 7 号 900 頁	154
最判昭和 47 年 6 月 2 日民集 26 巻 5 号 957 頁	9
最判昭和 47 年 6 月 15 日民集 26 巻 5 号 984 頁	161
最判昭和 47 年 11 月 8 日民集 26 巻 9 号 1489 頁	53
最判昭和 48 年 5 月 15 日民集 27 巻 6 号 700 頁	40
最判昭和 48 年 5 月 22 日民集 27 巻 5 号 655 頁	156
最判昭和 48 年 6 月 15 日会社百選 4 版 44 頁	76

最判昭和 48 年 10 月 26 日民集 27 巻 9 号 1240 頁	4
最判昭和 50 年 4 月 8 日民集 29 巻 4 号 350 頁	205
最判昭和 51 年 12 月 24 日民集 30 巻 11 号 1076 頁	111, 122
最判昭和 54 年 11 月 16 日民集 33 巻 7 号 709 頁	122, 124
最判昭和 55 年 3 月 18 日判時 971 号 101 頁	161
最判昭和 57 年 3 月 30 日民集 36 巻 3 号 484 頁	257
最判昭和 58 年 6 月 7 日民集 37 巻 5 号 517 頁	123, 132
最判昭和 58 年 11 月 1 日刑集 37 巻 9 号 1341 頁	8
最判昭和 60 年 3 月 26 日判時 1159 号 150 頁	150
最判昭和 60 年 12 月 20 日民集 39 巻 8 号 1896 頁	108
最判昭和 61 年 9 月 11 日判時 1215 号 125 頁	28, 255
最判昭和 62 年 4 月 16 日判時 1248 号 127 頁	162
最判昭和 63 年 3 月 15 日判時 1273 号 124 頁	76
最判平成 2 年 4 月 17 日民集 44 巻 3 号 526 頁	131
最判平成 2 年 11 月 8 日判時 1372 号 131 頁	188
最判平成 2 年 12 月 4 日民集 44 巻 9 号 1165 頁	99
最判平成 4 年 10 月 29 日民集 46 巻 7 号 2580 頁	123
最判平成 4 年 12 月 18 日民集 46 巻 9 号 3006 頁	150
最判平成 5 年 3 月 30 日民集 47 巻 4 号 3439 頁	40
最判平成 5 年 9 月 9 日判夕 833 号 149 頁	128
最判平成 5 年 9 月 9 日判時 1477 号 140 頁	128
最判平成 5 年 12 月 16 日民集 47 巻 10 号 5423 頁	209
最判平成 6 年 7 月 14 日判時 1512 号 178 頁	199, 209
最判平成 7 年 3 月 9 日判夕 877 号 176 頁	128
最判平成 7 年 3 月 9 日判時 1529 号 153 頁	128
最判平成 7 年 4 月 25 日平 7 年重判 85 頁	77
最判平成 8 年 3 月 19 日民集 50 巻 3 号 615 頁	8
最判平成 9 年 1 月 28 日判時 1599 号 139 頁	98
最判平成 9 年 1 月 28 日民集 51 巻 1 号 71 頁	209
最判平成 9 年 9 月 9 日平 7 年重判 5 頁	76
最判平成 11 年 12 月 14 日判時 1699 号 156 頁	98
最判平成 12 年 10 月 20 日判時 1730 号 26 頁	9
最判平成 13 年 1 月 25 日判時 1740 号 85 頁	45
最判平成 14 年 4 月 25 日判時 1785 号 31 頁	9
最判平成 14 年 4 月 25 日判夕 1091 号 215 頁	9
最判平成 15 年 2 月 27 日民集 57 巻 2 号 202 頁	50
最判平成 16 年 2 月 20 日民集 58 巻 2 号 367 頁	233, 254
最判平成 17 年 7 月 15 日民集 59 巻 6 号 1742 頁	4
最判平成 17 年 7 月 15 日判時 1910 号 99 頁	4
最判平成 17 年 7 月 15 日判夕 1191 号 193 頁	4
最判平成 18 年 8 月 10 日民集 60 巻 4 号 1273 頁	94
最決平成 19 年 8 月 7 日民集 61 巻 5 号 2215 頁	91, 213
最判平成 20 年 2 月 22 日判時 2003 号 144 頁	6
最判平成 20 年 6 月 10 日判時 2014 号 150 頁	232, 248
最判平成 20 年 7 月 1 日刑集 62 巻 7 号 2101 頁	184
最判平成 20 年 7 月 1 日判時 2019 号 10 頁	184
最判平成 20 年 12 月 16 日判時 2040 号 16 頁	257

最判平成 21 年 1 月 15 日民集 63 巻 1 号 1 頁	189
最判平成 21 年 2 月 17 日金判 1317 号 49 頁	52
最判平成 21 年 3 月 10 日民集 63 巻 3 号 361 頁	87, 96
最判平成 21 年 4 月 17 日民集 63 巻 4 号 535 頁	148
最決平成 21 年 5 月 29 日金判 1326 号 35 頁	80
最判平成 21 年 7 月 9 日判時 2055 号 147 頁	156-7
最決平成 21 年 11 月 9 日判タ 1317 号 142 頁	162
最決平成 21 年 11 月 9 日判時 2069 号 156 頁	162
最判平成 21 年 12 月 7 日金法 1891 号 43 頁	186
最判平成 22 年 3 月 15 日刑集 64 巻 2 号 1 頁	8
最判平成 22 年 7 月 12 日民集 64 巻 5 号 1333 頁	249
最判平成 22 年 7 月 15 日判時 2091 号 90 頁	134
最判平成 22 年 7 月 15 日金判 1347 号 12 頁	156
最決平成 22 年 12 月 7 日民集 64 巻 8 号 2003 頁	92
最判平成 23 年 4 月 19 日民集 65 巻 3 号 1311 頁	66
最判平成 24 年 2 月 29 日民集 66 巻 3 号 1784 頁	66
最判平成 24 年 3 月 23 日民集 240 号 149 頁	8
最決平成 24 年 3 月 28 日判時 2157 号 104 頁	92
最判平成 24 年 4 月 24 日民集 66 巻 6 号 2908 頁	199, 209
最判平成 24 年 10 月 12 日金判 1417 号 16 頁	248
最判平成 27 年 2 月 19 日金判 1467 号 10 頁	98
最判平成 27 年 2 月 19 日民集 69 巻 1 号 51 頁	205

高等裁判所

名古屋高判昭和 29 年 5 月 26 日下民集 5 巻 5 号 738 頁	124
大阪高判昭和 30 年 2 月 24 日下民集 6 巻 2 号 333 頁	124
東京高判昭和 43 年 6 月 3 日民集 23 巻 2 号 523 頁	2
大阪高判昭和 58 年 6 月 14 日判タ 509 号 226 頁	131
大阪高判昭和 58 年 6 月 14 日金判 690 号 39 頁	131
大阪高決昭和 58 年 10 月 27 日判時 1106 号 139 頁	77
東京高判平成 2 年 1 月 31 日資料版商事法務 77 号 193 頁	244
大阪高判平成 2 年 3 月 30 日金判 877 号 16 頁	103
東京高判平成 3 年 3 月 6 日金法 1299 号 24 頁	124
高松高判平成 4 年 6 月 29 日判タ 798 号 244 頁	127
大阪高判平成 11 年 3 月 26 日金判 1065 号 8 頁	125
東京高決平成 20 年 9 月 12 日金判 1301 号 28 頁	80
東京高判平成 22 年 7 月 7 日判時 2095 号 128 頁	122
東京高判平成 23 年 8 月 30 日判時 2134 号 127 頁	186
福岡高判平成 24 年 4 月 13 日金判 1399 号 24 頁	220
東京高判平成 24 年 12 月 17 日判時 2190 号 27 頁	8
東京高決平成 25 年 10 月 8 日金判 1429 号 56 頁	65
東京高決平成 25 年 10 月 8 日金判 1457 号 2 頁	65
大阪高判平成 27 年 5 月 21 日金判 1469 号 16 頁	164

地方裁判所

大阪地判昭和 27 年 10 月 2 日下民集 3 巻 10 号 1366 頁	35
東京地判昭和 30 年 7 月 8 日下民集 6 巻 7 号 1353 頁	131

東京地判昭和 31 年 6 月 13 日下民集 7 巻 6 号 1550 頁	209
新潟地判昭和 42 年 2 月 23 日判時 493 号 53 頁	208
東京地判昭和 48 年 2 月 18 日判タ 291 号 232 頁	125
東京地判昭和 56 年 3 月 26 日判時 1015 号 27 頁	152
大阪地判昭和 58 年 5 月 11 日判タ 502 号 189 頁	152
東京地判昭和 60 年 3 月 26 日金判 732 号 26 頁	127
東京地判昭和 60 年 10 月 29 日金判 734 号 23 頁	124-5
東京地判昭和 63 年 1 月 28 日判時 1263 号 3 頁	124
大阪地堺支判昭和 63 年 9 月 28 日判時 1295 号 137 頁	124
東京地判平成元年 7 月 25 日判時 1317 号 28 頁	208
東京地判平成 2 年 9 月 3 日判時 1376 号 110 頁	162
福岡地判平成 3 年 5 月 14 日判時 1392 号 126 頁	103
京都地判平成 4 年 2 月 5 日判時 1436 号 115 頁	162
東京地判平成 6 年 3 月 28 日判時 1496 号 123 頁	205
松江地判平成 6 年 3 月 30 日資料版商事法務 134 号 101 頁	103
東京地判平成 7 年 3 月 28 日判時 1557 号 104 頁	17
浦和地判平成 11 年 8 月 6 日判タ 1032 号 238 頁	131
浦和地判平成 11 年 8 月 6 日金判 1102 号 50 頁	131
浦和地判平成 12 年 8 月 18 日判時 1735 号 133 頁	125
大阪地判平成 12 年 9 月 20 日判時 1721 号 3 頁	157
東京地判平成 13 年 1 月 25 日判時 1760 号 144 頁	224
福井地判平成 15 年 2 月 12 日判時 1814 号 151 頁	8
東京地判平成 15 年 10 月 10 日金判 1178 号 2 頁	30
東京地判平成 16 年 5 月 13 日金判 1198 号 18 頁	102, 124
東京地決平成 16 年 6 月 23 日金判 1213 号 61 頁	156
大阪地判平成 19 年 4 月 13 日判時 1994 号 94 頁	185
東京地判平成 19 年 12 月 6 日判タ 1258 号 69 頁	128
広島地判平成 21 年 4 月 22 日金判 1320 号 49 頁	99
東京地判平成 22 年 9 月 6 日判タ 1334 号 117 頁	66
東京地判平成 24 年 9 月 11 日金判 1404 号 52 頁	128
大阪地判平成 25 年 12 月 26 日金判 1435 号 42 頁	164
山口地宇部支判平成 26 年 12 月 4 日金判 1458 号 34 頁	208

大審院

大判大正 15 年 7 月 5 日刑集 5 巻 8 号 303 頁	8
大判昭和 2 年 7 月 4 日民集 6 巻 428 頁	29
大判昭和 2 年 11 月 26 日刑集 6 巻 11 号 468 頁	8
大判昭和 11 年 2 月 25 日民集 15 巻 281 頁	5

事項索引

■ア 行

赤字会社の政治献金	8
預合い	19, 33, 207
1円設立	34
著しく不公正な発行方法	208
一人設立	20
移転対価	251
委任状争奪戦（プロキシー・ファイト）	111
遺留分の放棄	86
LLC（Limited Liability Company）	13
黄金株	81
親会社	225

■カ 行

外観法理	147
開業準備行為	27
会計監査	166
会計監査人	170
会計監査報告	171
会計参与	173
会計参与報告	174
会社設立無効の訴え	36
会社の不存在	37
会社不成立	37
会社分割	245
会社分割無効の訴え	249
仮装払込み	35
合併	239
合併対価	240
合併無効の訴え	244
株券	43-4
株式	41
――の質入	53
――の消却	60
――の相互保有	59
――の相続	98
――の発行	201
――の分割	62
――の併合	60
――の無償割当て	63
株式移転	249
株式移転完全子会社	250
株式移転設立完全親会社	250
株式移転無効の訴え	252
株式交換	249
株式交換完全親会社	250
株式交換完全子会社	250
株式交換無効の訴え	252
株式等売渡請求制度	66
株式引受け	25
株式振替制度	45
株主権	88
――の行使に関する利益供与	157
株主総会	106
株主総会決議取消しの訴え	121
株主総会決議不存在確認の訴え	130
株主総会決議無効確認の訴え	129
株主総会の集中日	106
株主代表訴訟	95
株主提案権	109
株主の「頭割り」	82
株主平等の原則	89
株主名簿	47
株主有限責任原則	159
株主割当て	201
簡易合併	242
簡易な手続	242, 247, 251, 253
監査委員会	177
監査等委員会	179
監査等委員会設置会社	141, 178
監査報告	167
監査法人	170, 173
監査役	165
監査役会	168
監視・監督義務	156
間接損害	160
間接取引	153
議案通知請求権	109
議案提案権	109
企業会計原則	187
企業価値	259
議決権の代理行使	111-2
議決権の不統一行使	111
危険な約束	29
擬似発起人	33
基準日	48, 106

事項索引

議事録	114	三角分割	247
議題提案権	109	残存債権者	248, 254
キャッシュ・アウト	66	自益権	41, 89
吸収合併	239	事業承継ガイドライン	85
吸収合併消滅会社	239	事業譲渡（等）	252-3
吸収合併存続会社	239	事業持株会社	223
吸収説	244	自己株式	55
吸収分割	245	——の処分	201
吸収分割会社	245	事後設立	28, 255
吸収分割承継会社	245	自己取引	153
共益権	41, 89	事実上の会社	37
競業取引	152	事実上の取締役	162
業務監査	166, 222	執行と監督の分離	140-1, 175
組合企業	5	執行役	177
経営判断の原則	135, 156	指定買受人	50
欠損	235	資本金	42
——の塡補	235	——の額の減少（減資）	235
減資無効の訴え	237	資本充実責任	31
現物出資	29, 210	資本不変の原則	234
現物出資財産等の調査免除	30	指名委員会	177
権利株	52	指名委員会等設置会社	140, 175
権利行使者	98	社外監査役	168-9
公開会社	104, 137	社外取締役	139-40, 175, 179
公開買付け（TOB）	65	社債	214
交換対価	251	社債管理者	215
公認会計士	170, 173	社債原簿	215
交付金合併（キャッシュ・アウト・マージャー）	241	従業員持株制度	51
		授権資本制度	25
交付金株式交換	251	出資の履行	206
交付金分割	247	種類株主総会	117
公募（時価発行）	202	種類創立総会	26
コーポレート・ガバナンス	139	純粋持株会社	221
子会社株式の譲渡	230	準備金の額の減少	237
子会社による親会社株式の取得禁止	59	常勤監査役	168
子会社の保護	227	商号	23
個別株主通知	46, 92	少数株主権	89, 107
		譲渡制限株式	49
■サ 行		書面投票	112
再建	259	所有と経営の分離	135-6, 139
財産引受け	28-9	知れている債権者	236, 243
財産不足価額塡補責任	31	新株予約権	211
最低資本金	24	——の譲渡	213
債務超過	258	新株予約権付社債	216
債務免除	262	新設合併	239
裁量棄却	126	新設合併消滅会社	239
三角合併	241	新設合併設立会社	239
三角株式交換	251	新設分割	245

277

新設分割会社	245
新設分割設立会社	245
人的分割	247
信用・労務	12
スクイーズアウト（少数株主の締め出し）	66, 229
ストックオプション	149
清算	259
税理士	173
税理士法人	173
責任限定契約	159
責任の一部免除	158
説明義務	103, 113
設立中の会社	27
設立登記	26
設立費用	30
全員出席総会	108
善管注意義務	151, 155-6
専門家の証明	31
総会検査役	110
相互保有株式	110
相対的無効	154
創立総会	26
組織変更	237
——の無効の訴え	238

■タ 行

大会社	104, 138
対価の柔軟化	241, 247, 251
第三者割当て	202
退職慰労金	149
対世効	36
代表執行役	177
たこ配当	198
多重代表訴訟	230
妥当性監査	166
単元株制度	93
単独株主権	89
忠実義務	151, 155
中小企業経営者アンケート	83
中小企業の会計に関する指針	187
直接損害	160
直接取引	153, 157
DES	262
DDS	263
定款	23
定款変更	233

定時株主総会	107
適法性監査	166
電子投票	112
同一性説	27
登記簿上の取締役	161
倒産解除特約	257
登録質	54
特殊決議	114-5
独任制	165
特別決議	114-5
特別支配会社	242
特別取締役	145
特別法定責任説	159
特別利益	30
特別利害関係人	125

■ナ 行

内部統制システム	143, 157, 176, 181
二重課税	16
任務懈怠	155
任務懈怠責任	32

■ハ 行

払込みの仮装	207
払込みの仮装行為	33
判決の遡及効	132
判決の対世的効力	131
一株一議決権の原則	110
表見代表取締役	147
不存在確認請求	208
普通決議	114-5
分割対価	246
分配可能額	157
変態設立事項	29
包括承継	239
報酬委員会	177
法人格否認の法理	159
ホールディングシステム	221
募集株式発行等の無効	208
募集設立	23
発起設立	22
発起人	22, 27
——の報酬	30
発起人組合	22

■マ 行

マネジメント・バイアウト（MBO, 経営

者による企業買収)	65
見せ金	19, 34, 207
無額面株式	60
無効原因	209
名義書換	44, 47
名目的取締役	161
持株会社の責任	224
持株会社の取締役の責任	224
モニタリング・モデル	175

■ヤ　行

有限責任性	5

4倍ルール	24

■ラ　行

ライツ・イシュー（ライツ・オファリング）	211
濫用的会社分割	248
利益供与の禁止	94, 117
利益相反取引	153, 157
略式合併	242
略式質	54
略式（の）手続	242, 247, 251, 253
臨時株主総会	107

〔編著者〕

永田 均（ながた・ひとし）　1章・4章・10章
元・国士舘大学大学院法学研究科教授。
公正取引委員会　独占禁止政策協力委員、労働基準監督署　労働関係紛争担当参与、国立大学法人琉球大学法科大学院教授、金融行政アドバイザリー（金融庁・財務局委嘱）、弁護士会　綱紀委員会委員、東京簡易裁判所司法委員・民事調停委員、防衛省防衛施設中央審議委員を歴任。
〔主要著書・論文〕
『企業法研究Ⅰ―企業構造と病理―』（単著）信山社、2001年。『企業行動と現代消費者法のシステム』（編著）中央法規、2003年。『企業法務戦略』（共著）中央経済社、2007年。『Q&A企業法務における損害賠償の実務』（共著）ぎょうせい、2007年。『日本法の論点（第1巻）』『日本法の論点（第3巻）』（共著）文眞堂2011、2013年。「商号への消費者信頼保護機能の拡大と限界」立命館法学304号、2005年。「会社分割と債務の行方」龍谷法学43巻4号、2011年。「商事留置権と不動産商事留置権の成否」青森法政論叢第12号、2011年。「民事調停における争点整理と和解範囲」龍谷法学第44巻第4号、2012年。

〔執筆者（掲載順）〕

遠藤喜佳（えんどう・きよし）　東洋大学法学部教授　2章
〔主要論文〕
「商号の続用と責任」比較法雑誌第32巻2号、1998年
「商法から企業法へ」法学新報第114巻11・12号、2008年

西尾幸夫（にしお・ゆきお）　元・関西学院大学大学院司法研究科教授　3章・5章・11章
〔主要著書・論文〕
『現代企業法の新展開（小島康裕教授退官記念）』（共著）信山社、2001年
「親子会社関係規制は必要か―中間試案の問題点」龍谷法学第44巻4号、2012年

首藤 優（しゅとう・ゆたか）　帝京大学法学部専任講師。博士（法学、中央大学）　6章
〔主要論文〕
「役員等の責任軽減に関する考察」中央大学大学院研究年報第38号、2008年
「ライブドア事件判決から見る金融商品取引法21条の2」帝京法学第29巻1号、2014年

松井英樹（まつい・ひでき）　東洋大学法学部教授　7章・8章
〔主要論文〕
「株式買取請求権の行使をめぐる諸問題」白山法学第9号、2013年
「違法な剰余金配当の効力について」白山法学第10号、2014年

大川 俊（おおかわ・しゅん）　獨協大学法学部教授　9章
〔主要論文〕
「デラウェア州会社法における取締役の誠実性概念の展開」沖縄大学法経学部紀要第15号、2011年
「デラウェア州会社法における取締役の忠実義務の拡張」沖縄大学法経学部紀要第17号、2012年

阿部信一郎（あべ・しんいちろう）　中央大学法科大学院客員教授　12章・14章・罰則規定（32頁・162頁・217頁）
〔主要著書〕
『論点体系会社法4』（共著）第一法規、2012年
『企業法務の実務Q&A』（編著）三協法規出版、2015年

三浦 治（みうら・おさむ）　中央大学法学部教授。岡山大学名誉教授　13章
〔主要論文〕
「利益相反取引に基づく取締役の対会社責任」岡山大学法学会雑誌第59巻1号、2009年
「組織再編行為と株主代表訴訟の原告適格―2012年『会社法制の見直しに関する要綱』を受けて―」札幌法学第24巻2号、2013年

最新改正　会社法

2016 年 5 月 10 日　第 1 版 1 刷発行
2018 年 5 月 15 日　第 1 版 2 刷発行

編著者——永田　均
発行者——森口　恵美子
印刷所——松本紙工
製本所——グリーン
発行所——八千代出版株式会社

〒101-0061　東京都千代田区神田三崎町 2-2-13
TEL　03-3262-0420
FAX　03-3237-0723
振替　00190-4-168060

＊定価はカバーに表示してあります。
＊落丁・乱丁本はお取り替えいたします。

ISBN 978-4-8429-1681-1　　© 2016 Hitoshi Nagata et al.